Paco Underhill
Warum kaufen wir?

Paco Underhill

Warum kaufen wir?

Die Psychologie des Konsums

Aus dem Amerikanischen
von Brigitte Hilgner

Econ

Die Originalausgabe erschien 1999 unter dem Titel Why we buy.
The Science of Shopping *im Verlag Simon & Schuster, New York.*

2. Auflage 2000

Der Econ Verlag ist ein Unternehmen der
Econ Ullstein List Verlag GmbH & Co. KG

ISBN 3-430-19250-1

Lektorat: Julika Jänicke
Gesetzt bei Franzis print & media GmbH, München
Druck und Bindung: GGP Media, Pößneck

Widmung

Seit 1987 haben mir ein paar wichtige Kollegen dabei gehol-
fen, eine gute Idee in ein lebensfähiges Unternehmen zu verwandeln. Inzwischen hat Envirosell rund zwanzig vollbe-
schäftigte Mitarbeiter und fünfzig Teilzeitkräfte auf der
ganzen Welt, aber ohne die sechs erwähnten Kollegen wäre
mein Leben nicht, was es heute ist. Dieses Buch ist ihnen
gewidmet.

Tom Moseman
Barbara Weisfeld
Tony Trout
Craig Childress
Lee Smith
Anne Marie Luthro

Ich möchte ihnen für ihr Engagement beim Aufbau von Envirosell, ihre Geduld und ihre Beiträge zu diesem Buch danken.

Inhalt

IV

I

WIR FORSCHEN NICHT AUF DEN SAMOAINSELN,
SONDERN IM EINZELHANDEL:
DIE PSYCHOLOGIE DES KONSUMS

1. Eine Wissenschaft wird geboren

Sie brauchen für einen Einsatz im Einzelhandel die folgende Grundausrüstung: bequeme Schuhe und den üblichen amerikanischen Tarnanzug – khakifarbene Hosen, olivgrünes Polohemd und gute, dicke dunkelbraune Socken.

Ihre Aufgabe: Streifen Sie durch den Laden, schlendern Sie umher, spazieren Sie herum … stopp, bleiben Sie stehen.

Ziehen Sie Clipboard und Kugelschreiber hervor.

Psst. Nutzen Sie die Zimmerpalme als Deckung. Dort drüben steht Ihr erstes heutiges Opfer. Ihr Beobachtungsobjekt ist die Frau um die vierzig in braunem Trenchcoat und blauem Rock. Sie hält sich in der Abteilung für Badezimmerartikel auf. Sie fasst Handtücher an. Schreiben Sie das auf – sie hat eines befingert, zwei, drei, insgesamt vier. Sie hat gerade einen Blick auf das Preisschild an einem Handtuch geworfen. Schreiben Sie das auch auf. Vorsicht, sie hebt den Kopf – bleiben Sie unauffällig im Mittelgang. Sie nimmt nun zwei Handtücher von dem Warentisch und verlässt damit die Abteilung. Stoppen Sie die Zeit. Folgen Sie ihr nun den Gang entlang, bis sie wieder stehen bleibt.

Ein ganz gewöhnlicher Tag bei der Feldforschung; unser Labor ist wieder einmal ein Kaufhaus in Schwierigkeiten. Im Dienst der Psychologie des Konsums konzentrieren wir uns auf die Haushaltswaren-Abteilung. Aber fangen wir besser mit einer grundsätzlichen Frage an: Seit wann gibt es diese wissenschaftliche Disziplin überhaupt?

Der Anfang der Psychologie des Konsums hätte sich so gestalten können: Ein Zweig der Anthropologie widmet sich dem Studium moderner Käufer in situ – ein hochgestochener lateinischer Ausdruck für Käufer am Einkaufsort –, in Interaktion mit dem Umfeld des Einzelhandels (d.h. nicht nur in Geschäften, sondern auch in Banken oder Restaurants). Die Interaktion kann sich auf jedes Regal beziehen, jede Theke und jeden Warentisch, jedes Plakat, jedes Transparent, jede Broschüre, jede Orientierungshilfe und jegliche Art interaktiver Computerinformation; auf alle Ein- und Ausgänge, die Fenster und die Wände, die Aufzüge und Rolltreppen, Auffahrten und Treppen, die Kassen, Schalter und Theken, die Toiletten, jeden Zentimeter eines jeden Ganges – kurz gesagt: auf jeden einzelnen Winkel vom hintersten Ende des Parkplatzes bis in die letzte Ecke des Kaufhauses selbst.

Wenn die Anthropologie das alles erforscht hätte ... ich meine damit keine simple Untersuchung des Ladens an sich, sondern eine Analyse dessen, was die Menschen dort tun, wo sie hingehen und wo nicht und welche Wege sie nehmen; was sie sehen und übersehen, was sie lesen oder ignorieren; wie sie auf die Objekte reagieren, auf die sie stoßen, kurz gesagt: *wie sie einkaufen* – eine genaue anatomische und verhaltenspsychologische Studie darüber, wie sie einen Pullover aus dem Regal nehmen, um ihn zu begutachten, oder die Aufschrift auf einer Packung mit Vitamintabletten lesen oder die Speisekarte in einem Fast-Food-Restaurant; wie sie mit einem Einkaufskorb umgehen oder auf die Schlange vor dem Geldautomaten reagieren – ich wiederhole: *Wenn* die Anthropologie auf all dies geachtet hätte, nein, nicht nur geachtet, sondern jedes bisschen Information zusammengetragen, verarbeitet, in Tabellen eingetragen und mit anderen verglichen hätte, angefangen bei der ganz allgemeinen Information (Wie viele Leute betreten dieses Geschäft an einem typischen Samstagvormittag, aufgeschlüsselt nach Alter, Geschlecht und Anzahl der Personen in jeder Gruppe potenzieller Käufer?) bis zur sehr spezifischen (Kaufen von den männlichen Kunden unter 35 Jahren diejenigen häufiger eine Packung Cornflakes, die darauf die Angaben über die Nährstoffe lesen, oder eher jene, die nur einen Blick auf das Bild vorn auf der Packung werfen?), dann müssten wir jetzt nicht versuchen, die Psychologie des Konsums zu erfinden.

Aber die Anthropologie hat diesen Einzelheiten keine Beachtung geschenkt, und daher gibt es von meinem Büro aus gesehen in einem Raum am anderen Ende des Korridors etwa 50 Kameras; die meisten davon sind Camcorder, aber es gibt auch digitale Kameras und solche für Standbilder, außerdem ein paar altmodische Super-8-Geräte mit Zeitraffer. Daneben stapeln sich leere 8-mm-Videobänder mit einer Laufzeit von jeweils zwei Stunden. Insgesamt füllen wir pro Fallstudie 500 Bänder. Pro Jahr bearbeiten wir etwa 14 Fälle, das bedeutet 7000 Bänder pro Jahr. (1992, als wir viele Super-8-Filme mit Zeitraffer verbrauchten – um genau zu sein: Material im Wert von 60 000 Dollar –, waren wir laut Kodak weltweit der größte Verwender dieser Art von Filmen.) In dem Raum befinden sich außerdem etwa ein Dutzend Handcomputer, in die wir die Antworten aus Tausenden von Interviews mit Käufern eintippen, ein paar Laptops sowie eine ganze Reihe von Stativen, Ständern, Linsen, weiteren Accessoires für Kameras sowie jede Menge von Klebebändern zum Abdecken von Kabeln. Ach ja, und stabile Kästen und Kisten für alles, denn die Sachen werden viel durch die Gegend transportiert. In diesem einen Raum verwahren wir eine Ausrüstung, die der Abteilung für soziale Anthropologie oder experimentelle Psychologie jeder Universität zur Ehre gereichen würde, sogar einer Universität mit wohlverdientem Ruf für ihre weltweite Forschung, die Tonnen von originärem Material beackert.

Trotz dieser Hightech-Ausrüstung ist das wichtigste Hilfsmittel bei unserer Forschung immer noch ein ganz gewöhnliches Stück Papier, das wir Beobachtungsbogen nennen, in den Händen von Individuen, die wir als Beobachter bezeichnen. Beobachter sind für die Psychologie des Konsums die Feldarbeiter vor Ort, die Wissenschaftler des Konsums oder, um genauer zu sein, der Konsumenten. Meistens bewegen sich unsere Leute heimlich, still und leise auf den Spuren ihrer Beobachtungsobjekte durch die Geschäfte und schreiben alles auf, was die Käufer so tun. Üblicherweise beginnt es damit, dass sich ein Beobachter unauffällig in der Nähe eines Geschäftseingangs aufhält und darauf wartet, dass ein Kunde den Laden betritt. Sobald das geschieht, beginnt die Observation. Der Beobachter hängt wie eine Klette an dem ahnungslosen Individuum (es können auch mehrere sein), solange sich dieses in dem Geschäft aufhält (ausgenommen natürlich die Zeit im Umkleideraum oder auf der Toilette), und schreibt praktisch alles, was die Person tut, auf den Beobachtungsbogen. Wenn der Laden sehr groß ist, dann arbeitet ein Team von Beobachtern zusammen, um weniger aufzufallen.

Wie es sich für eine Wissenschaft gehört, die sich aus der Praxis entwickelt hat, weitab von den Elfenbeintürmen der akademischen Welt, sind unsere Beobachter nicht die typischen akademischen Forscher. Anfangs beschäftigten wir Studenten der Umweltpsychologie, aber wir stellten fest, dass diese häufig für unsere Arbeit ungeeignet und zu sehr mit Lehrbuchtheorien belastet waren, die sie anwenden wollten. Folglich brachten sie oft nicht die notwendige Geduld auf, die man braucht, um viele, viele Käufer lange Zeit zu beobachten, um zu erfassen, was sie wirklich machen. Ein anderes Problem waren die mangelnde Ausdauer und das fehlende Stehvermögen der Studenten: Wir arbeiten zwar nicht in der staubigen Hitze Mesopotamiens, aber zwölf Stunden unter den Leuchtröhren in einem Kaufhaus auf den Beinen zu sein ist auch kein Vergnügen.

Die Feldarbeit in den Natur- und Sozialwissenschaften ist schwierig. Wir entdeckten, dass kreative Leute mit Köpfchen – Künstler, Schauspieler, Schriftsteller, ein Puppenspieler – oft das mitbrachten, was wir für unsere Zwecke brauchen. Abgesehen davon, dass sie keine Theorien beweisen oder zu Fall bringen wollen, basieren ihre professionellen Fähigkeiten oft auf ihrer Beobachtungsgabe. Es kommt uns auch zugute, dass sie flexibel bei ihrer Zeiteinteilung sind; wenn dann der brasilianische Brauereibesitzer, der Tamponhersteller aus Australien oder der Betreiber einer amerikanischen Fast-Food-Kette irgendwann bei uns anruft, dann haben unsere Feldarbeiter noch genügend freie Tage in ihrem Terminkalender und sind neugierig genug, um sich die Sache einmal anzuschauen.

Wenn wir jemanden finden, von dem wir glauben, dass er oder sie die nötige Veranlagung und Intelligenz für diese Arbeit mitbringt, dann durchläuft diese Person ein Trainingsprogramm. Es gibt viel zu lernen, zum Beispiel: Wie beobachte ich eine Person und mache mir gleichzeitig Notizen? Wie kann ich beurteilen, ob jemand wirklich eine Schautafel liest oder bloß in den Spiegel neben der Tafel schaut? Außerdem müssen wir den Kandidaten die wichtigste Fähigkeit eines jeden Beobachters beibringen: Wie stehe ich nahe genug bei einer Person, um diese genau beobachten zu können, aber ohne dass sie dies merkt? Für unsere Arbeit ist es unumgänglich, dass der Käufer nicht merkt, dass er beobachtet wird. Andernfalls können wir nie sicher sein, dass sich die Person natürlich verhält. Es überrascht uns allerdings immer wieder, wie nahe man einem Menschen in einem Geschäft kommen kann, ohne dass er von einem Notiz nimmt. Wir haben entdeckt, dass es keine gute Idee ist, sich hinter den Käufer zu stellen – wir alle kennen das Gefühl, beobachtet zu werden. Aber wenn man sich neben den Kunden stellt, dann nimmt er einen aus den Augenwinkeln nur als einen weiteren Kunden wahr – d.h. als etwas Harmloses, das man übersehen kann. Von der Seite kann man nahe genug an eine Person herankommen, um genau zu sehen, was sie tut. Sie können beispielsweise sicher sein, dass dieser Mensch gerade neun Golfhandschuhe angefasst hat und nicht acht oder zehn. Dann konfrontieren wir unsere potenziellen Mitarbeiter mit dem wirklichen Leben, schicken sie in ein Geschäft und beobachten sie bei der Arbeit. Die meisten scheiden in dieser Phase aus – man kann den Leuten die notwendige Technik für diese Arbeit beibringen, aber nicht die erforderliche Intelligenz oder die Begeisterungsfähigkeit, die man wirklich braucht, um diese Arbeit gut zu machen.

In den USA ist mehr als die Hälfte unserer Kerntruppe von dreißig Beobachtern seit über fünf Jahren bei uns, manche arbeiten schon seit zehn oder mehr Jahren mit uns zusammen. Die Arbeit ist hart, aber sie macht süchtig. In Gruppen von

drei bis zehn Leuten, unter Leitung eines unserer Festange-
stellten, reisen diese Beobachter quer durch die Vereinigten
Staaten und Kanada, aber auch durch Europa, Südamerika
und Australien. Sie besuchen alle möglichen Verkaufsstellen,
Banken, Fast-Food-Restaurants, elegante Modeboutiquen,
Diskountläden von der Größe eines Flugzeughangars und
alles, was es sonst noch gibt. Um die Arbeit auf internatio-
naler Basis einfacher und effizienter zu gestalten, haben wir
seit drei Jahren ein Forschungsteam mit Stützpunkt in Mailand und seit zwei Jahren eines, das von Sydney in Australien aus operiert.

Der Beobachter muss nicht nur jeden einzelnen Schritt des
Käufers aufschreiben und bei Wiederholungen genau mit-
zählen, er muss auch prägnante Aussagen über das generelle
Verhalten des Beobachteten machen und intelligente Schlüs-
se aus seinen Observationen ziehen. Diese Notizen bilden
einen weiteren, anekdotenhaften Korpus von Informationen
über eine bestimmte Umgebung und die Art und Weise, wie
Menschen sie nutzen.

Die Formulare, die unsere Beobachter verwenden, wurden
im Laufe der zwei Jahrzehnte entwickelt und verbessert,
während derer wir schon in diese Art der Forschung involviert sind. Sie sind der Schlüssel zu der ganzen Studie, eine
wirkliche Errungenschaft auf dem Gebiet der nichtdigitalen
Informationsspeicherung und -abrufung. Am Ende eines
jeden Projekts ist auf den Beobachtungsbögen eine Masse von
Daten gesammelt worden. Sie werden alle ins Büro gebracht,
wo der Projektleiter die Formulare »säubert«, das heißt, er
stellt sicher, dass jeder Code lesbar ist und jedes Kästchen,
das ausgefüllt werden sollte, auch tatsächlich ausgefüllt wurde. Dann verbringen die Mitarbeiter in der Datenerfassung
einen Tag oder mehr damit, die Datenbank im Computer mit
allen Informationen zu füttern, mit jeder einzelnen Notiz auf
jedem einzelnen Beobachtungsbogen.

Die Liste der Details, die wir analysieren können – also das
Produkt, das wir liefern können – wächst mit jedem Projekt,
das wir übernehmen. Beim letzten Nachzählen stellten wir
fest, dass wir bisher neunhundert verschiedene Aspekte der

Interaktion zwischen Käufer und Laden analysiert haben. Infolgedessen wissen wir eine ganze Menge darüber, wie sich Menschen in einem Geschäft benehmen. Wir können genau sagen, wie viele Männer beziehungsweise Frauen, die Jeans mit in die Umkleidekabine nehmen, eine davon kaufen werden (65 Prozent beziehungsweise 25 Prozent). Wir können auch sagen, wie viele Leute, die in eine Firmenkantine gehen, die Informationen über Nährstoffe auf einer Packung Chips lesen, ehe sie diese kaufen (18 Prozent), verglichen mit Menschen, die in einem Imbiss um die Ecke Mittag essen (2 Prozent). Oder wie viele der potenziellen Käufer, die sich an einem Samstag unverbindlich in einem Geschäft umsehen, am Vormittag (4 Prozent) beziehungsweise nachmittags nach 17 Uhr (21 Prozent) tatsächlich einen Computer kaufen. Oder wie viele Käufer in einem Haushaltswarengeschäft eines Einkaufszentrums Einkaufskörbe benutzen (8 Prozent) und wie viele derjenigen, die Einkaufskörbe nehmen, tatsächlich etwas kaufen (75 Prozent), verglichen mit dem Prozentsatz der Käufer unter denjenigen Kunden, die keinen Einkaufskorb benutzen (34 Prozent). Natürlich nutzen wir unsere Erfahrung aus der Vergangenheit, um Vorschläge zu machen, wie man potenzielle Kunden dazu bringen kann, sich einen Einkaufskorb zu nehmen, denn die Psychologie des Konsums ist vor allem eine praktische Disziplin, die sich bemüht, Forschung und vergleichende Analyse zu nutzen, um Läden und Produkte dem Käufer näher zu bringen.

Da wir diese Wissenschaft im Rahmen unserer Arbeit erfunden haben, handelt es sich dabei um ein quicklebendiges Untersuchungsgebiet. Wir wissen nie ganz sicher, was wir finden werden, bis wir es gefunden haben, und selbst dann müssen wir mitunter innehalten und überlegen, was wir da eigentlich entdeckt haben. Zum Beispiel sind wir eher zufällig auf ein Phänomen gestoßen, das wir »Anrempel-Effekt« nannten. Im Rahmen einer unserer frühen Untersuchungen für das Kaufhaus Bloomingdale in New York hatten wir eine Kamera auf den Haupteingang im Erdgeschoss gerichtet und zufälligerweise wurde auf diese Weise auch ein Ständer mit Krawatten gefilmt, der nahe bei der Tür im Hauptgang des Geschäftes stand. Als wir uns das Video anschauten, um zu eruieren, wie die Käufer während der Stoßzeiten durch die Tür kamen, fiel uns etwas Seltsames im Zusammenhang mit dem Krawattenständer auf. Käufer gingen darauf zu, blieben davor stehen und schauten sich die Schlipse an, bis sie ein- oder zweimal von Leuten angerempelt wurden, die das Geschäft betreten oder verlassen wollten. Nach ein paar solchen Rempeleien gingen die meisten potenziellen Käufer aus dem Weg und gaben die Suche nach einer Krawatte auf. Wir beobachteten dies unzählige Male, bis offensichtlich war, dass Käufer – insbesondere Frauen, obwohl es auch in schwächerem Maße auf Männer zutrifft – es nicht mögen, wenn sie angerempelt werden. Um derartige Berührungen zu vermeiden, lassen sie auch Waren links liegen, die sie eigentlich interessieren. Als wir unseren Auftraggeber dazu befragten, erfuhren wir, dass die Abverkäufe von diesem Krawattenständer in der Tat niedriger waren, als man bei einem Display am Hauptgang des Geschäftes erwartet hätte. Wir schlossen daraus, dass der geringe Erfolg auf den »butt-brush-Effekt« zurückzuführen war.

Als ich dem Leiter des Geschäfts unsere Ergebnisse präsentierte, sprang er vom Konferenztisch auf, griff nach dem Telefonhörer, rief jemanden im Erdgeschoss des Ladens an und ließ den Krawattenständer sofort etwas zur Seite schieben. Einige Wochen später rief mich der Leiter der Planungsabteilung dieses Unternehmens an und berichtete, die Verkäufe von diesem Ständer seien rasch und beträchtlich gestiegen. Seitdem sind wir auf unzählige ähnliche Situationen gestoßen, in denen Käufer durch zu engen Raum abgeschreckt wurden. In allen diesen Fällen ließ sich das Problem durch eine kleine Veränderung lösen.

Ein anderer »Zufallsfund« aufgrund unserer geduldigen Beobachtung und Analyse ergab sich im Rahmen einer Supermarktstudie für einen Hersteller von Hundefutter. Als wir den Gang mit der Tiernahrung aufmerksam beobachteten, fiel uns auf, dass das eigentliche Hundefutter von Erwachsenen gekauft wurde, aber die Leckerbissen – Hundekuchen mit

Lebergeschmack und dergleichen – häufig von Kindern oder älteren Menschen mitgenommen wurden. Uns wurde bewusst, dass Haustiere für ältere Menschen Ersatzkinder sind, Wesen, die man verwöhnen möchte. Und während Kinder meistens keine Lust haben, Bello regelmäßig zu füttern, macht es ihnen großen Spaß, ihn mit Hundekuchen voll zu stopfen. Genauso wie Eltern der Bettelei der lieben Kleinen am Keksregal nachgeben, tun sie es auch beim Hundekuchen.

Da bisher niemandem aufgefallen war, wer wirklich die Leckerbissen für Haustiere kauft (beziehungsweise wer deren Kauf entscheidend beeinflusst), wurden diese Waren üblicherweise auf einem der oberen Regale im Supermarkt platziert. Daher erfasste unsere Kamera auch Kinder, die am Regal hochkletterten, um die Leckereien zu erreichen. Wir beobachteten eine ältere Dame, die eine Rolle Alufolie dazu benutzte, um den gewünschten Hundekuchen aus einem oberen Regal herab zu katapultieren. Wir empfahlen unserem Kunden, die Leckerbissen in einer Höhe zu platzieren, wo auch Kinder und kleine alte Damen sie erreichen können. Der Kunde folgte unserem Rat und der Umsatz stieg über Nacht.

Wenn die Inneneinrichtung eines Geschäfts entworfen und die Ware platziert wird, übersieht man mitunter vor lauter Details ganz einfache Sachen. Es gibt einen Satz, den ich meinen Kunden immer wieder sage: Das Naheliegende fällt nicht immer ins Auge.

Als wir uns die Kosmetikabteilung in einem Drogeriemarkt genau anschauten, beobachteten wir eine etwa sechzigjährige Frau, die zu einem Wandregal ging, es genau betrachtete und sich dann hinkniete, um den Artikel zu finden, den sie brauchte – eine Abdeckcreme, die nicht besonders schick verpackt ist und daher ganz unten im Regal untergebracht wurde. In einem ähnlichen Fall beobachteten wir in einem Warenhaus einen übergewichtigen Mann, der versuchte, in einem großen Displayständer Unterwäsche in seiner Größe zu finden; er musste sich weit nach vorn beugen, um das Gewünschte ganz unten, fast schon auf Fußbodenhöhe, zu finden. In beiden Fällen hätte logisches Denken dazu führen müssen, die Regale und Ständer bedarfsgerecht für die Käufer zu entwerfen und nicht, um dem Geschmack des Designers zu entsprechen. Wir gaben den Rat, die Abdeckcreme weiter oben zu platzieren und dafür etwas für Teenager in Bodenhöhe unterzubringen – Teenager finden, was sie suchen, egal wo es versteckt ist.

Bei manchen Untersuchungen erstellen wir mit Hilfe aller Informationspuzzlestücke, die wir zu fassen bekommen, ein umfassendes Porträt eines Geschäfts oder auch nur einer einzelnen Abteilung. Ein bedeutender Jeanshersteller wollte wissen, wie sich seine Produkte in bestimmten Warenhäusern verkauften; daher begaben wir uns an einem Wochenende in vier verschiedene Geschäfte, zwei in Neuengland und zwei in Südkalifornien. Die jeweiligen Abteilungen sahen sich alle ähnlich – der Jeansbereich war ziemlich quadratisch, umfasste acht bis zwölf Warentische und einige Wandregale. Wir begannen damit, von jeder Abteilung einen genauen Plan zu zeichnen mit allen Warenauslagen und den Gängen, die zu der Abteilung führten, sowie allen Hinweistafeln und dem Werbematerial. Während des Wochenendes beobachteten wir 815 Käufer genau und nahmen noch wesentlich mehr mit der Kamera auf, mit Zeitraffer und auf Videokassetten. Wir gaben besonders auf die »Eingänge« zur Abteilung Acht – unser Ausdruck für jeden Weg, der in ein bestimmtes Terrain im Geschäft oder daraus heraus führt. Bevor unser Kunde nicht wusste, welcher Zugang besonders beliebt war, konnte er keine klare Entscheidung darüber treffen, was wo ausgestellt und wo das Werbematerial am besten platziert werden sollte, um die Kunden anzulocken.

Als wir mit unserer Studie fertig waren, konnten wir genau sagen, welcher Prozentsatz der Kunden welche Wege in die verschiedenen Abteilungen benutzte. Sobald wir das wussten, wurde beispielsweise auch klar, dass viele der Hinweistafeln falsch platziert waren; der gesunde Menschenverstand riet, ein Hinweisschild gegenüber dem Haupteingang des Geschäfts zu postieren, aber wir entdeckten, dass die meisten Jeanskäufer aus einer völlig anderen Richtung zu dieser Ware kamen. Auch das große Neonlogo unseres Kunden sowie ein Bildschirm, auf dem Rockvideos gezeigt wurden, wiesen in die falsche Richtung, wenn sie die größtmögliche Anzahl von Kunden anziehen sollten. Wir folgten Kunden von Warentisch zu Warentisch, beobachteten, wo sie stehen blieben, was sie lasen, ob ihnen die Monitore mit den Videofilmen auffielen, wie sie mit der Ware umgingen und ob sie etwas mit in die Umkleidekabinen nahmen. Wir erfassten auch, dass manche Kunden Jeans für eine andere Person zu kaufen schienen. Einige der Leute, die wir filmten, wurden auch von unseren Interviewern befragt, sodass wir ihre demographischen Daten, ihre Einstellung und ihre Meinungen mit ihrem Verhalten korrelieren konnten, um beispielsweise herauszufinden, ob junge Käufer mit einem Highschool-Abschluss, die behaupteten, nur Markenjeans zu kaufen, die Preisschilder lasen.

Wenn die Marktforschung beendet und die Zahlen verarbeitet und analysiert worden sind, müssen wir entscheiden, was die Informationen, die wir erhalten haben, wirklich bedeuten. Wenn wir beispielsweise herausfänden, dass ein großer Prozentsatz der männlichen Kunden ein Paar Jeans aus dem ersten Regal kauft, das ihnen im Weg steht, und dass die meisten dieser Kunden von den Accessoires in der Herrenabteilung in den Jeansbereich kommen und nicht aus den Damenabteilungen beziehungsweise von der Rolltreppe, dann würden wir unserem Kunden raten, auf ein Warendisplay in größter Nähe zur Herrenabteilung zu drängen. Vielleicht gibt es aber auch irgendeinen anderen wesentlichen Faktor – vielleicht kaufen Männer, die von einer Frau begleitet werden und die Jeansecke von der Damenabteilung aus betreten, mehr Jeans als Männer, die alleine sind. In dem Fall wäre die beste Platzierung ganz in der Nähe der Damenabteilung. Solange wir die Daten nicht erfasst haben, kann das niemand genau sagen.

Mitunter werden wir auch beauftragt, eine kleine Interaktion im Einzelhandel minutiös zu untersuchen. Ein derartiges Projekt wurde von dem Hersteller einer bedeutenden Haarwaschmittelmarke initiiert, der wissen wollte, wie der Entscheidungsfindungsprozess bei Frauen abläuft, die für die Schönheitspflege No-Name-Produkte oder Eigenmarken eines Geschäfts kaufen. Der Kunde wollte wissen, welche »Werte« in der jeweiligen Kaufsituation für die Frauen wichtig sind – nach welchen Kriterien entscheidet die Kundin, die am Vormittag ein No-Name-Produkt im Supermarkt kauft und am Nachmittag zur Parfümerie Douglas geht, was sie wo kaufen wird? Ist sie der Meinung, dass ihre Haut das teure Markenprodukt verdient, während eine Handelsmarke für ihr Haar gut genug ist? In der Vergangenheit haben nur Leute, die rechnen mussten, Eigenmarken gekauft, aber heute findet man diese in jedem Einkaufskorb.

Nennen wir sie Käuferin Nr. 24: eine Frau über dreißig in gelben Hosen und einem weißen Pulli, begleitet von einem kleinen Mädchen im Vorschulalter. Am Mittwochmorgen um 10.37 Uhr betritt sie im Supermarkt den Gang mit Kosmetikartikeln. Sie hat einen Einkaufskorb, keinen Einkaufswagen, und hat bereits Wattepads der Handelsmarke gewählt, außerdem eine große Packung mit Johnson's Babypuder, und ihre Schnappschüsse vom Fotostand abgeholt. Sie hält eine Einkaufsliste in der Hand und einen Werbezettel des Geschäfts. Sie geht direkt auf das Regal mit Haarwaschmitteln zu und nimmt eine Flasche der Marke Panten in die Hand, liest das Etikett auf der Vorderseite, nimmt dann eine Flasche der Eigenmarke in die Hand, liest auch da das Etikett auf der Vorderseite, sieht anschließend auf den Preis der Panten-Flasche, dann auf den Preis der Flasche mit der Eigenmarke, legt die Eigenmarke in ihren Einkaufskorb und verlässt die Kosmetikabteilung, 49 Sekunden nachdem sie dorthin gekommen ist. In dieser kurzen Beobachtungszeit mussten viele Daten gesammelt werden – was die Frau anfasste, was sie las und in welcher Reihenfolge, insgesamt etwa 25 verschiedene Daten. Wenn wir an einem Tag 100 Käufer in der Kosmetikabteilung dieses Geschäfts beobachten, dann kann dies zu etwa 2500 verschiedenen Einzeldaten führen. Nachdem die Frau die Abteilung verlassen hat, wird sie von uns befragt, insgesamt stellen wir 20 verschiedene Fragen. Das bedeutet, wir müssen aus den 25 Beobachtungsdaten und den 20 Antworten eine Matrix erstellen – eine echte Herausforderung.

Meines Wissens hat bisher keine Universität versucht, im Einzelhandel in dem Maße Verhaltensforschung zu betreiben, wie wir es tun. Meine Kollegen aus dem akademischen Umfeld beobachten das, was wir hier machen, mit einer Mischung aus Neid und Grauen – Neid, weil man uns beauftragt, diese Arbeit zu machen, und dafür bezahlt, Grauen, weil wir viel riskieren und für den Erfolg oder Misserfolg unserer Empfehlungen verantwortlich gemacht werden. Nach fast zwanzigjähriger Arbeit auf diesem Gebiet stehen auf unserer Kundenliste die Spitzenunternehmen der Wirtschaft, und obwohl wir uns mitunter irren, kommen drei Viertel der Kunden, die wir einmal beraten haben, mit weiteren Aufträgen zu uns.

Ich gebe gerne zu, dass ich »zufällig« dazu gekommen bin, mich mit der Psychologie des Konsums zu beschäftigen. Vor über zwanzig Jahren, als ich noch studierte, bewunderte ich einen der renommiertesten Sozialwissenschaftler Amerikas, William H. Whyte, Autor solch einflussreicher Bücher wie *The Organization Man, The Last Landscape, City – Rediscovering the Center* und *The Social Life of Small Urban Spaces*. Außerdem hat er in den frühen siebziger Jahren das Street Life Project ins Leben gerufen und 1974 zusammen mit Fred Kent und Robert Cook das Project for Public Spaces, PPS (Projekt für den öffentlichen Raum), bei dem ich zwei Jahre lang beschäftigt war. PPS, mit seiner Zentrale in New York, trägt nach wie vor dazu bei, Stadtlandschaften zu erhalten.

William H. Whyte oder »Holly«, wie er von seinen Freunden genannt wird, war damals ein liebenswerter Don-Quichotte-Typ. Er hatte die grauen Haare und die aristokratische Haltung eines typischen WASP-Bankiers (weiß, von angelsächsischer Herkunft und protestantisch), aber er hatte sich in die Straßen von New York City verliebt, und es war ihm ein echtes Anliegen herauszufinden, wie die Menschen die Stadt am besten nutzen könnten. Whytes größter Beitrag war seine Erforschung der Nutzung des öffentlichen Raumes durch die Menschen – Straßen, Parks, Plätze und so weiter. Mit Hilfe von Zeitrafferkameras, versteckten Beobachtern und Interviewern legten er und seine Helfer ein Raster über einen Stadtplatz oder einen kleinen Park und studierten ihn genau, Minute für Minute, über mehrere Tage. Am Ende der Studie konnten sie einem alles über jede Bank, jeden Mauervorsprung, jeden Weg, jeden Springbrunnen und jeden Busch erzählen, vor allem aber, wie die Menschen darauf reagierten, sie nutzten, um dort Mittag zu essen, sich zu sonnen, sich mit anderen zu treffen, Leute zu beobachten, ein Nickerchen zu machen oder einfach nur friedlich und vergnügt herumzuspazieren. Whyte und seine Kollegen maßen alles – die ideale Breite eines Mauervorsprungs, um darauf zu sitzen, wie Sonnenschein, Schatten und Wind die Nutzung eines Parks beeinflussten und wie das Umfeld eines öffentlichen Platzes, die Bürotürme, Baustellen, Schulen oder das Viertel, in dem er liegt, die dortige Lebensqualität beeinflussten.

Whyte war ein Wissenschaftler der Straße im eigentlichen Wortsinn – einer der ersten, was eigentlich erstaunlich ist, wenn man bedenkt, wie lange es schon Straßen gab, ehe er auf die Idee kam, sie zu beobachten. Seine Erkenntnisse werden verwendet, um die Nutzung des öffentlichen Raumes für die Bürger zu verbessern, was dazu führt, dass die Nutzungsmöglichkeiten der gesamten Stadt verbessert werden. Whyte beobachtete ein bestimmtes Umfeld quasi durch eine Art Objektiv und machte aufgrund seiner Erkenntnisse Verbesserungsvorschläge; meine Arbeit über das Einkaufsverhalten verdankt sowohl seinen Methoden als auch meiner frühen Arbeit für PPS sehr viel.

1977 unterrichtete ich an der City University of New York und gab Kurse im Fachbereich für Umweltpsychologie über die Technik der Feldarbeit. Außerdem arbeitete ich in einer Bar im Herzen Manhattans, dem Ear Inn, dessen Teilhaber ich war. Einer meiner Kunden und Freunde dort hatte den Auftrag, für das Lincoln Center Hinweistafeln zu entwerfen, jenes Zentrum für die darstellenden Künste, in dem das Metropolitan Opera House, das New York State Theater, die Avery Fisher Hall und noch einige andere Bühnen untergebracht sind. Er erzählte mir, dass sie jemanden bräuchten, der die Nutzung der unterirdischen Passagen analysieren sollte, die alle die verschiedenen Gebäude mit den Tiefgaragen und der U-Bahn verbanden. Damals gab es da unten einen kleinen, provisorischen Verkaufsladen, und das Lincoln Center wollte ermitteln lassen, ob sich dort ein größeres Geschäft rentieren würde. Zuallererst mussten sie aber herausfinden, ob ein solcher Laden die Fußgängerwege zu sehr einengen würde. Mit der Unterstützung meines Freundes bekam ich das Projekt.

Ich rekrutierte also einige meiner Studenten als Helfer, wir schnappten uns ein paar Kameras, legten die Beobachtungsposten fest und fingen an zu zählen und Planquadrate einzutragen. Die Frage, ob ein Laden zu viel Platz wegnähme, war leicht zu beantworten – wir zäunten einen Raum ein, der genau der geplanten Größe des Geschäfts entsprach, und beobachteten und filmten dann die Fußgänger, die in der Stoßzeit durch die Passagen gingen. Vier Wochen nach Arbeitsbeginn legte ich meinen Bericht vor, und die Geschäftsleitung des Lincoln Center bewilligte den Bau von mehreren Läden und Treffpunkten für Besichtigungen in den unterirdischen Passagen. Sie prosperieren noch heute.

Das Lincoln Center folgte den meisten meiner Vorschläge. Ich empfahl beispielsweise, Bänke in den Passagen aufzustellen, besonders für ältere Bürger, die das Lincoln Center besuchten. Zunächst stimmte mein Kunde diesem Vorschlag nicht zu, doch nach sechs Monaten und zahlreichen Beschwerden von älteren Leuten wurden die Bänke aufgestellt. Ich machte mich auch dafür stark, die Anzahl der Damentoiletten zu verdoppeln, aber die Direktoren des Centers – alles Männer – wollten davon nichts hören. Noch heute, zwanzig Jahre nachdem die Studie vorgelegt wurde, bilden sich lange Schlangen vor der Tür zu den Damentoiletten, wenn in dem Center viel Betrieb ist.

Während ich die Daten für meinen Bericht sammelte und mir stundenlang die Filme ansah, die wir gedreht hatten, fielen mir zwei Frauen auf, die an der Kasse standen, um zu bezahlen. Die eine Frau, die möglicherweise die Oper besuchte, sah recht wohlhabend aus. Sie hatte mehrere Schachteln vor sich auf der Theke gestapelt. Neben ihr stand ein junges Mädchen, dessen Einkauf in eine kleine braune Papiertüte paßte. Ich konnte auf dem Video nicht genug sehen, um sagen zu können, was da vor sich ging, aber meine Neugier war geweckt.

Am nächsten Tag ging ich in den Laden und unterhielt mich mit der Verkäuferin, die mir erzählte, die Dame, Ehefrau eines mexikanischen Diplomaten, habe ein paar kunstvolle Spieldosen als Geschenke mitnehmen wollen. Die Spieldosen waren teuer und sie kaufte etwa ein Dutzend davon, im Gesamtwert von fast 9000 Dollar. Sie wollte schnell bezahlen, ehe die Pause vorbei war, und sie wollte, dass ihr die Spieldosen nach Hause geliefert würden. Aufgrund ihres Diplomatenstatus musste auch die Umsatzsteuer vom Verkaufspreis abgezogen werden. Gelinde gesagt: eine komplizierte Angelegenheit. Aber die konnte erst erledigt werden, nachdem die Verkäuferin das junge Mädchen bedient hatte, das mit seinem Artikel zuerst an die Kasse gekommen war – einem Kugelschreiber.

Selbst einem reinen Akademiker wie mir war klar, dass man das Bezahlen an der Kasse anders organisieren und vereinfachen konnte. Die zwei geschilderten Transaktionen sollten nicht beide die gleiche Verkäuferin beschäftigen. Und dann ging mir ein Licht auf. Warum sollte ich nicht das Handwerkszeug der Stadtanthropologen dazu verwenden, um zu untersuchen, wie Menschen sich beim Einkaufen verhalten?

Ein paar Jahre vorher hatte ich eine Auseinandersetzung zwischen dem angesehenen Soziologen und Autor Erving Goffman und Jack Fruin, dem leitenden Ingenieur der Flughafenaufsicht von New York und New Jersey, mitverfolgt. Jack steckte damals mitten in einem Großprojekt, Planung und Bau des Newark International Airport. Er äußerte sich frustriert über die akademische Welt – er versuche, Wissenschaftler dazu zu bewegen, seinen Ingenieuren und Architekten zu helfen, aber statt der klaren Ratschläge, auf die er gehofft hatte, blockierten ihn die Akademiker mit ihrem Unbehagen, ihr theoretisches Wissen auf konkrete Entwurfsprobleme anzuwenden. Goffman argumentierte auf höherem intellektuellem Niveau, aber ich weiß noch, dass ich damals dachte, mir würde es viel mehr Spaß machen, für Jack als für Erving zu arbeiten. Erving versteckt sich in seinem Elfenbeinturm. Jack steht mitten im Leben und handelt.

Kurz nach meinem Projekt für das Lincoln Center saß ich mit ein paar Freunden in einem Nachtclub in Greenwich Village. Einer der Männer an unserem Tisch war ein junger Angestellter von Epic Records, einem Label von CBS, und ich schilderte ihm meine großartige Idee, alles, was in einem Geschäft passiert, zu beobachten und auszuwerten – den Gedanken, dass man etwas Wichtiges lernen könnte, wenn man wissenschaftliches Handwerkszeug auf das Einkaufsverhalten anwendete. Nach ein paar Bier muss meine Idee interessant geklungen haben, denn der Typ sagte: »Schick mir ein Angebot!«

Voller Elan stand ich am nächsten Morgen früh auf, holte meine Schreibmaschine heraus und schrieb ein Exposé. Ich schickte es ab und wartete. Wartete etwa ein Jahr. Natürlich habe ich während dieser Zeit weitere Briefe abgeschickt und irgendjemanden am Telefon zu erreichen versucht, aber Fehlanzeige. Die Psychologie des Konsums steckte eben noch in den Kinderschuhen.

Und dann, aus heiterem Himmel, rief mich eine Frau an, die bei CBS Records für die Marktforschung verantwortlich war. Sie erklärte, sie hätten mein Angebot in irgendeiner verstaubten Ablage gefunden, fänden es faszinierend und wollten wissen, ob ich daran interessiert sei, ein Schallplattengeschäft zu analysieren?

Klar, sagte ich und war überglücklich, dass ein bedeutendes amerikanisches Unternehmen tatsächlich meine Erforschung der Gewohnheiten moderner Konsumenten fördern würde – mit ungefähr, glaube ich, 5000 Dollar. Ich rief sofort ein paar meiner Studenten an, besorgte einige Notizblöcke und Kameras mit Zeitraffer und machte mich auf den Weg zu einem Schallplattengeschäft in einem Einkaufszentrum in New Jersey.

Heute, fast zwei Jahrzehnte, einige hunderttausend Stunden auf Videokassette und viele persönliche Beobachtungen später, erscheint diese Studie fast rührend primitiv. Aber damals hatte ich das Gefühl, als ob ich am laufenden Band Neues entdeckte.

Um nur ein Beispiel zu nennen: In den späten siebziger Jahren, als diese Studie durchgeführt wurde, waren die traditionellen 45er-Schallplatten der Verkaufsschlager. Klugerweise hatte man im Geschäft die Liste der bestverkauften Singles aus der Zeitschrift *Billboard* bei den Schallplattenständern aufgehängt, um den Verkauf zu fördern. Unsere Aufnahmen zeigten, dass die meisten Käufer der Singles Jugendliche waren – aber die Liste der Verkaufsschlager hing so hoch oben an der Wand, dass sich die Kids auf die Zehenspitzen stellen und den Hals verrenken mussten, um die Tophits lesen zu können. Wir machten dem Geschäftsführer den Vorschlag, die Liste etwas tiefer zu hängen, und eine Woche später rief er an, um uns mitzuteilen, dass der Verkauf der Singles um 20 Prozent gestiegen sei. Einfach so! Es funktionierte!

Dieser erste Versuch, verstehen zu lernen, wie Geschäfte funktionieren, hatte genug Information geliefert, um mir klarzumachen, dass ich auf dem richtigen Weg war. Zu meiner großen Überraschung waren Aspekte, die mir logisch und offensichtlich erschienen, für meine Kunden großartige Erkenntnisse. Ganz eindeutig hatte ich mich auf ein Gebiet begeben, wo das, was ich tat, wertvoll war, aber mir waren weder die Zusammenhänge noch die Folgen klar. Damals, vor fast zwanzig Jahren, wusste ich, dass es da eine Wissenschaft gab – ich musste sie nur entdecken. Irgendwo gab es etwas, was man einmal die Psychologie des Konsums nennen würde.

Ehe es die Psychologie des Konsums gab, existierten wenigstens zwei andere Methoden, um festzustellen, was in einem Laden vor sich ging. Der übliche Weg, sich ein Geschäft genau anzusehen, ist der Blick auf »die Rolle« – die Information, die der Kassenstreifen liefert und die zeigt, wann wie viel von was auch immer gekauft wurde. Diese Methode nutzt praktisch jeder Einzelhändler, von der größten, hoch entwickelten internationalen Kette bis zum Zeitschriftenladen an der Ecke. Es ist eine gute Methode, um festzustellen, wie sich der Laden insgesamt in diesem Quartal, diesem Jahr oder an irgendeinem Tag entwickelt hat, und sie ist letztendlich auch das einzige wirklich wichtige Maß dafür, wie gesund das Geschäft ist und wie es sich entwickelt. Während der letzten zwei Jahrzehnte sind die Informationen, die man an den Kassen sammelt, immer detaillierter geworden. Dank der Strichcodierungen, die sich scannen lassen, dank der Einführung von Kundenkarten und der Auswertung von Kreditkartenquittungen wissen die Geschäfte und Marketingfachleute recht genau, was sich gut verkauft und wer was kauft. Aber mit den Daten, die man auf den Kassenrollen findet, gibt es zwei grundsätzliche Probleme. Das erste besteht darin, dass der Einzelhandel viel besser in der Lage ist, diese Daten zu sammeln, als Systeme und Prozesse zu entwickeln, um diese Daten auf zeitgemäße Weise auszuwerten. Das zweite Problem ist, dass es ausgesprochen kurzsichtig ist, von der Kassenrolle auf das gesamte Geschäft zu schließen.

Wenn Geschäftsleute versuchen, zu viel aus der Kassenrolle herauszulesen, kann das zu Trugschlüssen führen. Als gutes Beispiel hierfür mag eine Buchhandlung dienen, für die wir ein Marktforschungsprojekt durchführten. Kurz vorher hatte man dort einen großen Warentisch mit herabgesetzten Büchern direkt hinter dem Eingang platziert, wo die Kunden sie sofort sahen. Das funktionierte wunderbar – fast jeder blieb stehen, um wenigstens kurz zu stöbern, und der Prozentsatz der Kunden, die mindestens ein Buch kauften, war hoch. Gemessen an den Einnahmen schien dieser Warentisch daher ein immenser Erfolg zu sein.

Wir stellten bei unserer Beobachtung der Kunden allerdings fest, dass die Zahl derjenigen, die an dem besagten Tisch stehen blieben und dann auch noch durch den übrigen Laden spazierten, niedriger war, als sie hätte sein sollen. Um das festzustellen, war einer unserer Beobachter zu jeder vollen Stunde durch das ganze Geschäft gelaufen und hatte notiert, wie viele Kunden in jeder Abteilung waren, an den Kassen, in der Cafeteria und so weiter. Das ist die so genannte Käuferdichtemessung, die wir immer als Teil einer Einzelhandelsstudie durchführen, und sie sagt uns eine Menge:

Man erhält sofort eine Momentaufnahme von allen Leuten, die sich im Geschäft aufhalten, man sieht, wohin es sie zieht und wohin nicht; man sieht, ob die Architektur oder die Warenanordnung Käufer in irgendeiner Weise davon abhält, in bestimmte Abteilungen zu gehen; man sieht, wie sich Kunden durch den Laden bewegen oder auch nicht. Und tatsächlich, die Beobachtung jeder einzelnen Abteilung ergab, dass die Zahl derjenigen Kunden, die über den Eingangsbereich hinaus noch weiter in den Laden hineingingen, gleich bleibend niedrig war. Die Bewegungen der Kunden, die wir auf unsere Beobachtungsbögen zeichneten, entsprachen einem flachen Bogen – die Konsumenten kamen in den Laden, blieben vor dem Tisch mit Sonderangeboten stehen, schauten sich dann vielleicht noch ein oder zwei Regale an, aber sie bewegten sich nie sehr weit vom Eingang weg, ehe sie sich zur Kasse wandten. Natürlich war das kein Zufall – die Kunden wählten etwas vom Wühltisch und gingen dann direkt zur Kasse, um ihr Schnäppchen zu bezahlen, und verließen das Geschäft, ohne sich die Bestseller oder irgendwelche anderen Bücher, die zu normalen Preisen angeboten wurden, auch nur anzusehen. Die Interviews, die wir mit Kunden führten, zeigten noch eine andere fatale Auswirkung: Da der Schnäppchentisch so im Vordergrund stand, erwarb das Geschäft den Ruf eines Billiganbieters, nicht den eines Ladens, in dem man ein brandneues tolles Buch finden würde. Der Erfolg des Wühltisches führte zum Misserfolg des übrigen Ladens.

So viel zum Thema »Aussagefähigkeit der Kassenrolle«.

Die zweite Methode der Informationssammlung, die von allen angewandt wird, die mit Marktforschung zu tun haben, sind Umfragen (telefonisch oder persönlich), das heißt, die Leute werden gefragt, was sie gerade gesehen haben, taten oder zu tun beabsichtigen. Dann, am Ende einer langen Liste von Fragen, werden ein paar demographische Daten abgefragt (Alter, Schulbildung, Einkommen, Geschlecht, Rasse etc.). Auf der Grundlage dieser Information wird ein großer, dicker Aktenordner mit Mutmaßungen gefüllt: Vierzigjährige, weiße verheiratete Mütter von zwei Kindern mit Collegeausbildung, die in einem der nordöstlichen Vororte leben und einen Kombiwagen fahren, würden Sahnedesserts noch lieber kaufen, wenn der Fettgehalt reduziert würde. Oder: Männer, die Coca-Cola im Supermarkt kaufen, geben an, dass ihnen diese Marke nicht so oft auffallen würde, wenn das Label nicht mehr rot wäre. Oder: Ein Viertel aller Universitätsabsolventen isst wenigstens einmal in der Woche Nudelgerichte. Man kann alle möglichen Verbindungen und Korrelationen feststellen, und solche Studien liefern eine Menge Marketingdaten. Aber sie sagen herzlich wenig darüber aus, was wirklich in dem Geschäft passiert, wenn Konsumenten und Waren an einem Ort aufeinander treffen. Es gibt Untersuchungen darüber, was die Kunden in einem Laden gesehen und getan haben, aber die Antworten sind oft fragwürdig. Mitunter erinnern sich die Leute einfach nicht an jede Kleinigkeit, die sie gesehen oder getan haben – sie gingen nicht in dem Bewusstsein einkaufen, dass sie sich hinterher an alles erinnern müssten. Im Verlauf einer von uns durchgeführten Parfümstudie behaupteten einige der befragten Kunden, sie hätten den Kauf von verschiedenen Marken ernsthaft in Erwägung gezogen, die das betreffende Geschäft gar nicht führte.

Wenn wir nur dann in Geschäfte gingen, wenn wir tatsächlich etwas einkaufen müssen, und wenn wir dann nur das kaufen würden, was wir wirklich brauchen, würde die Wirtschaft zusammenbrechen. Punkt.

Glücklicherweise hat die wirtschaftliche und technische Entwicklung in der zweiten Hälfte des zwanzigsten Jahrhunderts zu viel mehr Einkäufen geführt, als irgendjemand vorherzusagen wagte, zu mehr Einkäufen, als jemals vorher irgendwo auf der Welt getätigt wurden. Heutzutage muss man sich regelrecht anstrengen, nichts einzukaufen. Selbst wenn man sich von Läden und Museen und Restaurants fern hält, hat man immer noch 24 Stunden am Tag sieben Tage in der Woche die Möglichkeit, im Internet einzukaufen, außerdem gibt es da noch den billigen Cousin dieser Variante, Teleshopping. Darüber hinaus muss man auch noch einen großen

Bogen um den eigenen Briefkasten machen, um all den Versandhauskatalogen zu entgehen.

Die Experten sind sich darin einig, dass es infolgedessen viel zu viel Einzelhandel gibt – viel zu viel wird zum Verkauf angeboten, in viel zu vielen Geschäften. Selbst eine starke Wirtschaft kann mit dem Wachstum des Einzelhandels nicht Schritt halten. Den Geburtenraten nach zu schließen, werden neue Geschäfte viel schneller geboren als neue Kunden.

In den USA eröffnen Einzelhändler nicht länger Geschäfte, um neue Märkte zu bedienen. Sie eröffnen Geschäfte, um jemand anderem Kunden wegzunehmen. Da der Konkurrenzkampf zunimmt, braucht man einen neuen Ansatz, um erfolgreich zu sein – eine Wissenschaft, könnte man sagen.

Es gibt noch einen anderen Grund dafür, warum die Psychologie des Konsums heute so einflussreich ist. Vor ein paar Generationen waren die Werbebotschaften sehr verlässlich und wurden in konzentrierter Form gesendet. Es gab drei Fernsehnetze, nur Mittelwelle-Radio mit eingeschränktem Frequenzbereich, eine Handvoll Zeitschriften, die in hoher Auflage im ganzen Land zirkulierten, sowie eine Tageszeitung in jeder Stadt, die alle Erwachsenen lasen. Für die bedeutenden Markenartikel wurde in diesen Medien geworben, und die Werbebotschaft kam laut, deutlich und zuverlässig an. Heute haben wir fast hundert verschiedene Fernsehkanäle, wir haben Fernbedienungen und Videorecorder, die es uns ermöglichen, jeglicher Art von Werbung auszuweichen, wenn wir das möchten. Es gibt UKW-Radiosender, unzählige verschiedene Special-Interest-Zeitschriften sowie das World Wide Web mit einer ständig wachsenden Zahl von Sites, die uns Information oder Unterhaltung bieten; andererseits lesen immer weniger Menschen die Tageszeitung. Alles das bedeutet, dass es immer schwieriger wird, die Konsumenten zu erreichen und sie davon zu überzeugen, dass sie irgendetwas kaufen sollen.

Gleichzeitig erleben wir, wie der Einfluss von Markennamen schwindet. Nicht dass Marken wertlos wären, aber die Markenbindung ist nicht mehr so eng, wie sie in der Vergangenheit war. Vor ein oder zwei Generationen wählte man in jungen Jahren bestimmte Marken aus und blieb ihnen dann bis zum allerletzten Einkauf im Leben treu. Wer ein Buick-Mann war, kaufte Buicks. Eine Marlboro-Frau rauchte nur Marlboro. Man wählte seine Favoriten – Coca oder Pepsi, Knorr oder Maggi, Lux oder Palmolive-Seife – und blieb dabei. Heute wird gewissermaßen jedes Mal eine neue Entscheidung getroffen und nichts kann als selbstverständlich vorausgesetzt werden.

Das heißt, dass Marken und die traditionelle Werbung zwar das Markenbewusstsein wecken und die Kaufbereitschaft der Leute erhöhen, aber beides lässt sich nicht immer in reale Verkäufe umsetzen. Die gängigen Marketingwerkzeuge funktionieren, aber sie funktionieren nicht mehr so gut wie in der Vergangenheit. Viele Kaufentscheidungen werden erst im Laden getroffen, oder werden dort zumindest stark beeinflusst. Käufer lassen sich von den Eindrücken und Informationen im Geschäft selbst leiten; es sind nicht mehr Markentreue und Werbung, die bestimmen, was gekauft wird.

Infolgedessen sind der Laden selbst und die Gänge im Laden ein wichtiges Medium geworden, um eine Botschaft rüberzubringen und ein Produkt tatsächlich zu verkaufen. Ein bestimmtes Gebäude, ein bestimmter Platz sind zur großen, dreidimensionalen Werbung für sich selbst geworden. Hinweisschilder, Position im Regal, der Platz, den die Ware einnimmt, und spezielle Displays machen es entweder wahrscheinlich oder unwahrscheinlich, dass ein Konsument einen bestimmten Artikel (oder überhaupt irgendetwas) kaufen wird. Die Psychologie des Konsums will aufzeigen, wie man dieses Wissen nutzen kann: Wie man Plakate entwirft, die von Kunden tatsächlich gelesen werden, und wie man sicherstellt, dass jede Botschaft am richtigen Platz ist. Wie entwirft man Displayständer so, dass sich die Kunden die Ware darin bequem und mühelos ansehen können? Wie stellt man sicher, dass für Käufer jeder Teil des Geschäfts zugänglich ist und sie ihn auch nutzen möchten? Die Liste dessen, was man tun kann, ist lang – ich denke, lang genug, um ein Buch damit zu füllen.

Schließlich und endlich beweisen unsere Studien, dass ein

Kunde umso mehr kauft, je länger er in einem Geschäft verweilt. Die Zeit, die ein Kunde in einem Geschäft verbringt, hängt davon ab, wie angenehm und vergnüglich dieser Aufenthalt ist. Genauso wie die Arbeit von Holly Whyte die Nutzbarkeit städtischer Parks und Plätze verbesserte, genauso schafft die Psychologie des Konsums ein besseres Umfeld im Einzelhandel – letztendlich sind wir einerseits eine Art Fürsprecher der Konsumenten, wovon andererseits gleichzeitig unsere Kunden, die Einzelhändler, profitieren.

2. Was Einzelhändler nicht wissen

Bevor wir fortfahren, sollten wir einen Moment innehalten und die Psychologie des Konsums nicht vom wissenschaftlichen, sondern vom praktischen Standpunkt aus betrachten, das heißt von der Warte des Einzelhändlers. Er oder sie ist sicherlich ein Teil der Gleichung, die wir untersuchen, denn er oder sie vermittelt uns sozusagen die Einkaufserfahrung. Außerdem ist der Einzelhändler derjenige, von dem erwartet wird, dass er unsere Lektionen verinnerlicht und dann das umsetzt, was wir herausgefunden haben. Und da es sein Laden ist, den wir unter die Lupe nehmen, sollte man fairerweise die Frage stellen: Wie viel weiß der Einzelhändler schon von sich aus?

Er weiß oft viel weniger, als man zunächst annimmt. In dem nach wie vor auf keiner Karte genau verzeichneten, unerforschten Land des Einzelhandels gibt es tatsächlich einen überaus gescheiten und fähigen Mann, einen der Leiter einer Handelskette mit Milliardenumsatz, der mit seiner Antwort auf die folgende einfache Frage völlig falsch liegt: Wie viele der Menschen, die eines Ihrer Geschäfte betreten, kaufen dort tatsächlich etwas?

Man meint, er müsse das doch wissen, und dieser Mann ist nicht dumm. Er weiß eine ganze Menge darüber, was in den Tausenden von Geschäften vorgeht, die zu seiner Kette gehören, und er lernt jeden Tag mehr darüber – wirklich wichtige Sachen, wie die Anzahl der insgesamt getätigten Käufe und deren Wert in Dollar, den durchschnittlichen Wert eines Einkaufs und den gesamten Umsatz eines Geschäfts an einem bestimmten Tag, verglichen mit dem gleichen Tag vor einem Jahr, sowie die Verkaufszahlen aus verschiedenen Regionen, den Gewinn, den die Kette mit jedem einzelnen Artikel erzielt, oder den Gewinn pro Ladentyp und vielleicht sogar pro Mondphase.

Alles das weiß er.

Als ich ihn fragte, wie viele der Leute, die eines seiner Geschäfte betreten, tatsächlich etwas kaufen, antwortete er: So gut wie alle. Und das war nicht nur seine Antwort, sondern auch die Antwort des riesigen, PC-vernetzten, Daten sammelnden, Zahlen verarbeitenden, Kennziffern liebenden Konzerns, dem er vorstand. Alle Mitarbeiter im Konzern waren sich einig: Was wir als Abschlussrate bezeichnen – der Prozentsatz der Kunden, die tatsächlich etwas kaufen –, liegt nahe bei hundert Prozent. Letztendlich, so wurde argumentiert, gingen die Kunden zu einem ganz bestimmten Zweck in die Geschäfte der Kette, sie suchten dort ganz bestimmte Waren. Daher glaubte die Geschäftsleitung, dass Kunden nur dann nichts kauften, wenn das, was sie suchten, gerade ausverkauft war.

Um ehrlich zu sein: Die Kennziffer »Abschlussrate«, die verdeutlicht, dass man Kunden erst dazu bringen muss, tatsächlich etwas zu kaufen, war dem besagten Herrn und seinem Konzern völlig fremd (und sie ist heute noch vielen anderen erfolgreichen Unternehmen und ihren Direktoren nicht bekannt).

Ich stellte ihm damals die Frage, weil wir gerade eine groß angelegte Untersuchung der Läden seiner Kette abgeschlossen hatten. Ich wusste, wie hoch die Abschlussrate lag, weil wir hunderte von Stunden unter anderem damit zugebracht hatten, die Menschen zu zählen, die in die Läden gingen, und auch diejenigen, die tatsächlich etwas kauften. Im Vergleich zu anderen Läden dieser Art war die Abschlussrate gut. Aber sie war nur halb so hoch, wie mein Gesprächspartner glaubte. Um genau zu sein: 48 Prozent der Leute, die in die Läden gingen, kauften etwas.

Mein Gesprächspartner, der wusste, wie wertvoll Informationen sind, war verblüfft und wollte mehr hören. Aber andere in seinem Konzern glaubten nicht, was wir sagten, waren wütend, beleidigt und überzeugt, dass wir uns gewaltig verrechnet hätten. Daher führten sie ihre eigene interne Version unserer Untersuchung durch, stellten sich an die Tür von ein oder zwei ihrer Läden, zählten die Leute, die hineingingen, sowie diejenigen, die das Geschäft wieder mit einer Tüte in der Hand verließen.

Sie kamen zu dem gleichen Ergebnis wie wir. Was letztendlich eine gute Nachricht für sie war. Es bedeutete schließlich, dass ein erfolgreicher Konzern durch ein paar ganz konkrete Änderungen noch besser werden konnte. Wenn man heute mit diesem Konzernleiter redet, wird er einem sagen, dass unsere Untersuchung »eine grundlegende Änderung der seit langem gehegten Überzeugungen und Glaubenssätze in diesem Unternehmen« bewirkt hatte. In den Läden wurde einiges verändert, bei dem gesamten Design, den Displays, dem Warenangebot und dem Personal, und ich zweifle nicht, dass infolgedessen die Abschlussrate gestiegen ist und daher mehr Geld verdient wird.

Die Ergebnisse unserer Untersuchung waren auch für die gesamte Planung des Unternehmens von Bedeutung. Wir wiesen nach, dass die Basis für hohe Wachstumsraten – die von der Wall Street erwartet und von allen anderen recht gerne gesehen werden – im einzelnen Geschäft liegt, dass man also gar nicht den Konzern vergrößern muss, was teuer ist und wofür einem früher oder später die Luft ausgeht.

Die Abschlussrate hängt sehr stark von der Art des Geschäfts oder dem einzelnen Artikel ab. In einigen Bereichen eines Supermarkts liegt die Abschlussrate wahrscheinlich nahe bei hundert Prozent (etwa bei Milchprodukten und Toilettenpapier). In einer Kunsthandlung voll teurer Gemälde kauft vielleicht nur jede hundertste Person, die den Laden betritt, und das ist viel. Egal was verkauft wird, es lässt sich nicht leugnen, dass die Abschlussrate ein immens wichtiges Kriterium für die Leistung eines Ladens ist. Marketing, Werbung, Promotionmaterial und die Lage eines Geschäftes sorgen dafür, dass potenzielle Kunden in den Laden kommen, aber dann müssen die Ware, die Angestellten und der Laden selbst sie dazu bringen, tatsächlich etwas zu kaufen. Die Abschlussrate misst, wie man die vorhandenen Mittel nutzt – sie zeigt, wie gut (oder wie schlecht) das gesamte Unternehmen dort funktioniert, wo es wirklich zählt: im Laden selbst. Die Abschlussrate ist für den Einzelhandel das, was die geschossenen Tore beim Fußball sind: Weiß man nicht, wie hoch sie ist, kann man zwar sagen, dass ein Verein sich in der letzten Saison sehr angestrengt hat, aber man weiß nicht, ob der Verein Meister wurde oder abstieg. Wenn man die Abschlussrate nicht kennt, weiß man nicht, ob man zu den Siegern oder den Verlierern gehört.

Trotzdem wissen viele Geschäftsleute rein gar nichts über die Abschlussrate. Dieser Erfolgsmaßstab wird von den Business Schools kaum genutzt. Er hat nichts mit Gewinnspannen oder dem Ertrag des investierten Kapitals oder den verfügbaren Mitteln oder dergleichen zu tun. Es geht nur darum, was sich innerhalb der vier Wände eines Ladens abspielt. Ich kenne noch ein paar andere wenig genutzte Messmethoden, die erfassen, was in einem Geschäft passiert.

Einmal fragte ich einen der Geschäftsführer eines Kosmetikunternehmens, wie viel Zeit Frauen tatsächlich in einem Laden damit verbringen, Make-up zu kaufen. »Etwa zehn Minuten«, sagte er. »Hmm«, antwortete ich nur, da ich aufgrund einer Studie, die wir gerade für ihn fertig gestellt hatten, wusste, dass die durchschnittliche Kundin etwa zwei Minuten in der Kosmetikabteilung zubrachte. Eine Frau, die tatsächlich etwas kauft, bleibt dort nur dreißig Sekunden länger.

Die Zeit, die ein potenzieller Kunde in einem Geschäft verbringt (ausgenommen die Zeit, die er oder sie mit Schlangestehen verbringt), hat vielleicht den größten Einfluss darauf, wie viel er oder sie kauft. Immer wieder haben unsere Untersuchungen diesen direkten Zusammenhang aufgezeigt. Wenn der Kunde durch den ganzen Laden (oder den größten Teil des Ladens) geht und sich viele Waren anschaut, braucht er eine Menge Zeit. In einem Geschäft für Elektrotechnik, das wir untersuchten, blieben Nichtkäufer 5 Minuten und 6 Sekunden, verglichen mit Käufern, die 9 Minuten und 29 Sekunden dort zubrachten. In einem Spielwarengeschäft blieben Käufer mehr als 17 Minuten, verglichen mit 10 Minuten, die Nichtkäufer sich dort aufhielten. In manchen Geschäften halten sich Käufer drei- oder viermal so lange auf wie Nichtkäufer. Viele Faktoren beeinflussen auf die eine oder andere Art die Länge des Einkaufstrips, und das Studium dieser Faktoren ist unsere Hauptaufgabe. Die meisten Ratschläge, die wir Einzelhändlern geben, beziehen sich auf Methoden, wie man Kunden dazu bringt, länger in einem Geschäft zu bleiben. Aber ehe man die Verweildauer in einem Laden erhöhen kann, muss man erst einmal wissen, wie lange sich die Kunden normalerweise dort aufhalten.

Es gibt noch eine weitere gute Methode, einen Laden zu beurteilen: anhand der Kontaktquote, das heißt anhand des Prozentsatzes der Kunden, die mit einem der Angestellten in Berührung kommen. Heutzutage ist das besonders wichtig, da viele Unternehmen ihre Betriebskosten senken, indem sie insgesamt weniger Leute anstellen, davon weniger voll beschäftigen und viel mit Hilfskräften arbeiten. Unsere Marktforschung zeigt einen direkten Zusammenhang: Je mehr Kontakt es zwischen Kunden und den Angestellten gibt, umso höher die durchschnittlichen Ausgaben pro Einkauf. Ein Gespräch mit einem Verkäufer motiviert den Kunden stark.

Wir untersuchten eine große Kette für Oberbekleidung, in der die Kontaktquote bei 25 Prozent lag, was bedeutet, dass drei Viertel aller potenziellen Kunden überhaupt nicht mit einem Verkäufer oder eine Verkäuferin sprachen. Diese Quote lag gefährlich niedrig – sie bedeutete, dass die Kunden vermutlich durch den Laden spazierten, sich frustriert, verloren oder verwirrt fühlten oder einfach nur Informationen wollten und (mehrmals) versuchten, einen Angestellten zu finden, der ihnen helfen könnte. Es hieß auch, dass die Angestellten nicht viel Zeit damit zubrachten, aktiv etwas zu verkaufen.

Sie füllten die Regale auf, standen an der Kasse und hatten kaum Zeit, zwischendurch noch etwas anderes zu tun. Dadurch war ein unterdurchschnittlicher Umsatz des Ladens praktisch garantiert. Die Gründe waren offensichtlich.

Es gibt noch einen letzten, ganz einfachen Maßstab: Wartezeiten. Wie wir an anderer Stelle aufzeigen werden, haben sie den stärksten Einfluss auf die Zufriedenheit der Kunden. Aber nur wenige Einzelhändler sind sich der Tatsache bewusst, dass der Eindruck, den die Käufer vom Service in einem Laden haben, mit jeder Sekunde schlechter wird, die sie in einer Schlange (oder sonst wo) warten müssen. Viel beschäftigte Manager hassen es generell, warten zu müssen, aber oft begreift der Einzelhandel einfach nicht, dass es normalen Menschen genauso geht. Der Vizepräsident einer Kette von Haushaltswaren-Geschäften war entsetzt, als wir ihm eine Videoaufnahme von einer Frau vorführten, die gerade 22 Minuten lang in einem seiner Geschäfte eingekauft hatte, sich dann in eine lange Schlange vor der Kasse stellte, dort stehen blieb, bis ihr dämmerte, dass sie sich in der Wartehölle befand, und dann ihren vollen Einkaufswagen stehen ließ und ging. Wir waren nicht überrascht – wir beobachten das laufend. Einmal arbeiteten wir für eine Bank, die sich bereit erklären wollte, Kunden fünf Dollar zu zahlen, wenn sie fünf Minuten oder länger warten mussten. Nachdem wir zwei Tage lang die Schlangen vor den Schaltern beobachtet hatten, teilten wir unserem Kunden mit, dass ihn sein Plan etwa dreimal so viel kosten würde, wie er dafür veranschlagt hatte. Der Plan wurde aufgegeben und die Bank bemühte sich, die Wartezeiten zu verkürzen.

Mein letzter Punkt hat nichts mit irgendwelchen Maßzahlen zu tun, die wir in einem Geschäft erheben, aber er ist ein bemerkenswertes Beispiel für Unwissenheit im Geschäftsleben: Viele Geschäftsführer wissen nicht einmal, wer ihre Kunden sind. Ich habe bereits den Hersteller von Hundekuchen und anderen Leckerbissen für Haustiere erwähnt, dessen Produkte üblicherweise auf den oberen Regalen angeboten wurden, weil niemand wusste, dass die Käufer hauptsächlich alte Leute und Kinder sind. Wir untersuchten eine Kette von familienfreundlichen Restaurants, die zu viele Tische für zwei Personen und nicht genug für vier Personen anbot, was in Stoßzeiten zu erheblichen Schwierigkeiten führte – bloß weil sich niemand die Mühe gemacht hatte, einmal zu zählen, wie viele Personen üblicherweise zusammen zum Essen kamen.

Es passiert laufend, dass Einzelhändler nicht wissen, wer in ihren Geschäften einkauft. Ein Zeitungsstand am Greeley Square in New York City wollte seinen Umsatz erhöhen und hatte vor, deswegen den Raum für Zeitschriften zu vergrößern. Wir wiesen darauf hin, dass ein hoher Prozentsatz der Kunden entweder Koreaner – der Platz liegt am Rande eines großen koreanischen Wohngebietes – oder Hispano-Amerikaner waren. Wir rieten ihm, koreanische Zeitungen und Getränke anzubieten, die bei Lateinamerikanern beliebt sind, und die Verkaufszahlen stiegen sofort.

In New York, Los Angeles und anderen Großstädten beobachten wir laufend, dass ausländische Kunden frustriert sind, weil unsere Läden und Restaurants ihre Bedürfnisse nicht berücksichtigen. Man geht fast überhaupt nicht auf asiatische Kunden ein, obwohl sie zahlreich sind und oft eine Menge Geld für Luxuswaren ausgeben. Aber es gibt keine Umrechnungstabellen für Kleidergrößen, keine Umrechnungstabellen für andere Währungen, nicht einmal ein kleines Hinweisschild auf Japanisch oder Koreanisch, das Kunden darüber informiert, welche Kreditkarten akzeptiert werden. Gescheite Einzelhändler sollten Angestellte belohnen, die ein wenig Japanisch, Deutsch, Französisch oder Spanisch lernen – schon eine Hand voll Sätze in der Fremdsprache würden einen Vorteil bedeuten, wie jeder weiß, der schon einmal im Ausland eingekauft hat. Restaurants sollten Speisekarten auf Japanisch und Deutsch anbieten.

Aber es muss nicht an ausländischen Kunden liegen, wenn Einzelhändler überhaupt keine Ahnung davon haben, wer sich in ihr Geschäft verirrt. Ich habe immer gerne den Drogeriemarkt einer bundesweiten Kette in Washington, D.C. besucht, wo ein umfangreiches Angebot an Färbe- und sonstigen Pflegeprodukten für blondes Haar angeboten wurde – ein Geschäft, in dem ungefähr 95 Prozent der Käufer Afroamerikaner sind. Ich fand auch einen Drogeriemarkt in Minneapolis im Norden der USA amüsant, der zu einer Kette mit Hauptquartier in Florida gehört: Im Laden stand eine breite Palette von Sonnenschutzmitteln an prominenter Stelle – mitten im Oktober.

II

WIE MAN SICH IN EINEM LADEN RICHTIG BEWEGT: DIE TECHNIK DES EINKAUFENS

Das erste Prinzip, das der Psychologie des Konsums zugrunde liegt, ist auch das einfachste: Es gibt gewisse physische, anatomische Möglichkeiten, Fähigkeiten, Einschränkungen und Gegebenheiten, die allen Menschen gemeinsam sind, und das Einzelhandelsumfeld muss diesen Eigenschaften angepasst werden.

Anders ausgedrückt: Geschäfte, Banken, Restaurants und ähnliche Räume müssen den menschlichen Anforderungen gemäß gestaltet sein. Es gibt ganz offensichtlich Unterschiede zwischen einzelnen Kunden aufgrund ihres Geschlechts, ihres Alters, ihres Einkommens und ihres Geschmacks. Aber es gibt noch viel mehr Aspekte, die alle Kunden gemein haben. Diese Tatsache und die daraus folgende Überlegung – dass Läden der Natur der Individuen entsprechen sollten, von denen sie benutzt werden – scheinen so offensichtlich, dass man meint, sie kaum erwähnen zu müssen. Diejenigen, die solche Läden entwerfen, planen und betreiben, sind schließlich auch Menschen, die hin und wieder selbst Kunden sind. Man sollte meinen, es wäre einfach, alles richtig zu machen.

Doch ein Großteil unserer Arbeit besteht darin, aufzudecken, wie der Einzelhandel die menschliche Anatomie einfach ignoriert und sich nicht darauf einstellt und wie anatomische und physiologische Aspekte unser Verhalten bestimmen. Ich rede hier wirklich über die einfachsten Dinge, zum Beispiel die Tatsache, dass wir nur zwei Hände haben und dass sich diese in Ruhestellung etwa in einer Höhe von 90 cm über dem Boden befinden. Oder dass unsere Augen sich auf das scharf einstellen, was sich direkt vor uns befindet, aber auch eine periphere Wahrnehmung haben und die Größe dieser Peripherie teilweise von der jeweiligen Umgebung bestimmt wird und dass wir uns lieber Menschen als Objekte ansehen. Oder dass es möglich ist, vorherzusagen und sogar genau zu bestimmen, wie und wo Menschen gehen – dass wir berechenbaren Pfaden folgen und, in Reaktion auf unser Umfeld, schneller werden, langsamer gehen oder ganz stehen bleiben.

Die Bedeutung des Gesagten ist klar: Wohin Kunden gehen, was sie sehen und wie sie darauf reagieren, bestimmt die Art des Einkaufserlebnisses. Entweder sehen sie Waren und Hinweistafeln klar und deutlich, oder eben nicht. Sie kommen leicht an Artikel heran oder nicht. Sie bewegen sich gemächlichen Schrittes durch eine Abteilung oder gehen schnell hindurch – oder gar nicht erst hin. Alle diese physiologischen und anatomischen Faktoren spielen gleichzeitig eine Rolle, bestimmen eine komplizierte Verhaltensmatrix, die man verstehen muss, wenn sich der Einzelhandel erfolgreich dem Käufer anpassen will.

Die wichtigste Lektion, die uns die Psychologie des Konsums gelehrt hat, ist diese: Zugang zur Ware und Rentabilität sind eng und unlösbar miteinander verbunden. Wenn man den ersten Faktor mit allen seinen Aspekten berücksichtigt, ist die Rentabilität gesichert. Wenn man ein Einzelhandelsgeschäft gestaltet und leitet, das den individuellen Bedürfnissen der Kunden entspricht, hat man einen erfolgreichen Laden geschaffen. In den folgenden fünf Kapiteln sehen wir, wie ganz elementare Aspekte – wie viel eine menschliche Hand halten kann, wie viel ein Mensch in Bewegung höchstens lesen kann, sogar die physischen Bedürfnisse der Nichtkunden – das Einkaufserlebnis mitbestimmen.

3. Die Übergangszone

Betrachten wir einen ganz gewöhnlichen Parkplatz. Es fällt auf, dass sich alle Leute ziemlich rasch auf das Geschäft zu bewegen. Kommt das daher, dass ihnen allen so viel daran liegt, dorthin zu kommen? Ja, vielleicht, aber ich habe viel Zeit damit verbracht, Leute beim Überqueren eines Parkplatzes zu beobachten, und sie machen es alle so – sie gehen schnell. Auf einem Parkplatz geht man nicht bummeln. Hier ist nicht die Fifth Avenue oder irgendeine Hauptstraße. Hier gibt es Autos, die beschleunigen, Auspuffgase und Asphalt, mit den Naturgewalten als Zugabe – Regen, Wind, Kälte, Hitze. Über-all auf der Welt herrscht auf allen Parkplätzen immer furchtbares Wetter.

Geht man von dort aus zum Laden, sieht man als Erstes Schaufenster vor sich, hinter denen sich Waren befinden. Oder sind es Plakate? Oder Waren *und* Hinweistafeln? Schwer zu sagen, weil das Sonnenlicht sich so in den Fensterscheiben spiegelt. Oder weil es draußen dunkel und die Schaufensterbeleuchtung nicht hell genug ist. Die meisten Einzelhändler passen die Beleuchtung nicht der Tageszeit an, was bedeutet, dass die Sicht entweder tagsüber oder nachts ziemlich schlecht ist, vielleicht sogar rund um die Uhr.

Angenommen, man kann den Inhalt der Schaufenster erkennen: Irgendetwas ist ausgestellt, Schaufensterpuppen oder ein Stillleben. Was auch immer es ist, der Maßstab stimmt nicht. Zu viele kleine Sachen sind ausgestellt, die wir aus einiger Entfernung nicht genau sehen können. Das periphere Sehfeld des Menschen wird umso kleiner, je schneller man geht. Aber sobald wir nahe genug herankommen, um die Waren zu sehen und die Plakate zu lesen, haben wir keine Lust mehr anzuhalten und hinzuschauen. Wir haben uns diesen raschen Parkplatzschritt angewöhnt, der so gut für Herz und Kreislauf ist und der uns direkt zum Eingang führt. Was auch immer diese Schaufenster erreichen sollen – wenn die Fenster auf den Parkplatz blicken, dann muss die Botschaft, die sie vermitteln, groß und fett gedruckt und kurz und prägnant sein, sonst ist sie glatte Verschwendung.

Wir öffnen die Tür und betreten das Geschäft. Immer noch voll Schwung und Elan. Ich habe noch nie gesehen, dass jemand über die Schwelle eines Geschäfts tritt und dann stehen bleibt. Das wäre eine gute Methode, um einen Stau zu verursachen. Was passiert, sobald die Kunden das Geschäft betreten haben? Sie sind erst einmal damit beschäftigt, sich an die Umgebung zu gewöhnen – sie gehen langsamer, ihre Augen passen sich den neuen Licht- und Raumverhältnissen an, sie schauen hin und her, um alles erfassen zu können. Das alles passiert gleichzeitig. Außerdem sortieren ihre Ohren, Nasen und Nervenenden alle übrigen Reize – sie analysieren die Geräusche und Gerüche, beurteilen, ob es in dem Laden warm oder kalt ist. Das heißt, hier geht eine Menge vor sich, und ich kann mit einiger Sicherheit garantieren, dass diese Leute noch nicht richtig in dem Geschäft sind, sie brauchen noch ein paar Sekunden Zeit. Wenn man die Beobachtung lange genug fortsetzt, kann man genau vorhersagen, wo die meisten Kunden langsamer werden und der Übergang zwischen draußen sein und drinnen sein stattfindet. Die Stelle ist fast für alle Leute die gleiche und hängt von dem Design des Ladeneingangsbereichs ab.

Das heißt, egal was sich in dem Bereich befindet, den die Kunden durchqueren, ehe sie sich richtig an ihre Umgebung angepasst haben, sie nehmen es nicht zur Kenntnis. Sollte da ein Displayständer mit Ware stehen, werden sie ihn nicht bemerken. Falls da ein Hinweisschild ist, gehen sie vermutlich zu schnell, um zu erfassen, was darauf steht. Wenn die Verkäufer sie mit einem herzlichen »Kann ich Ihnen helfen?« begrüßen, werden sie mit »Nein, danke« anworten. Wenn man einen Stoß Prospekte oder einen Turm von Einkaufskörben direkt hinter der Eingangstür platziert, nehmen Kunden sie kaum wahr und werden sie so gut wie nie mitnehmen. Schiebt man die Prospekte und Einkaufskörbe drei Meter weiter in den Laden hinein, werden sie im Nu verschwinden. Das ist ein Naturgesetz: Kunden, die einen Laden betreten, brauchen eine Landebahn.

Wenn ich mich mit meinen Kunden unterhalte, dann weisen sie jedes Mal darauf hin, dass alles, was wir über die Übergangszone am Eingang herausgefunden haben, zu unserer wichtigsten, nützlichsten Arbeit gehört. Möglicherweise handelt es sich dabei auch um die überraschendste Neuigkeit, die wir unseren Kunden übermitteln. Ich glaube, das liegt hauptsächlich daran, dass unser Ratschlag einem grundlegenden menschlichen Bedürfnis zuwiderläuft: Wir alle wollen ganz vorn sein, vor den anderen, die Ersten, an der Spitze stehen. Die Ersten machen den größten Gewinn.

Im Einzelhandel dagegen ist »ganz vorn« oft der Bereich im Laden, in dem man ganz und gar nicht sein möchte. Einzelhändler lassen Hersteller dafür bezahlen, dass sie deren Namen an der Eingangstür anbringen, was auf den ersten Blick eine sinnvolle Marketingausgabe zu sein scheint – schließlich sieht jeder die Eingangstür. Aber dann fällt einem auf, dass Kunden, die sich der Tür nähern, nur nach der Klinke schauen und irgendeinen Hinweis suchen, ob sie drücken oder ziehen sollen. Bisher haben wir noch keinen Kunden gesehen, der stehen blieb, um zu lesen, was auf der Tür geschrieben steht. Es gibt nur eine Zeit, zu der jeder innehält, um das zu lesen: wenn das Geschäft geschlossen hat. Das mag als Marketingwerkzeug seinen Wert haben, aber es kann kein großer sein.

Heutzutage haben viele Läden automatische Türen, was das Leben der Kunden erleichtert, besonders wenn sie Tüten und Päckchen mit sich tragen oder einen Kinderwagen schieben. Aber die Leichtigkeit, mit der man ein Geschäft betreten kann, vergrößert nur den Übergangsbereich – nichts sorgt jetzt mehr dafür, dass man seine Schritte verlangsamt. Für manche Geschäfte, besonders die kleineren, ist es vorteilhaft und nicht von Nachteil, wenn der Eingang ein echtes Schwellengefühl vermittelt. Selbst eine angedeutete Schwelle – eine leicht quietschende Tür oder Türangel genügt oft schon. Eine spezielle Beleuchtung im Eingangsbereich sorgt auch für eine klare Trennung zwischen drinnen und draußen.

Ein großes Geschäft kann es sich leisten, im Eingangsbereich etwas Platz zu verschwenden. Ein kleiner Laden kann das nicht. In beiden Fällen können die Verkäufer zwei vernünftige Maßnahmen hinsichtlich der Übergangszone ergreifen: Sie können akzeptieren, dass sie in diesem Bereich nichts Wesentliches erreichen, und sie können etwas unternehmen, um dieses Areal so klein wie möglich zu halten.

Eine wunderbare Lektion darüber, was man im Eingangsbereich und in der Übergangszone nicht machen sollte, haben wir dank eines großen, cleveren Unternehmens gelernt: In den frühen achtziger Jahren hat Burger King mit einer neuen Salatbar experimentiert. Um das Konzept groß einzuführen, wurde beschlossen, in den Testrestaurants Eingangs- und Ausgangstür zu vertauschen. Bis dahin war immer die Tür, die dem Parkplatz am nächsten lag, der Eingang gewesen. Dieser Eingang wurde nun in einen Ausgang umgewandelt, und direkt hinter dem Fenster daneben wurde die Salatbar platziert. Gedacht war, dass man vom Auto auf den alten Eingang zugehen und die Salatbar sehen würde, woraufhin einem das Wasser im Mund zusammenlaufen sollte, sodass man durch den neuen Eingang in das Restaurant und direkt auf den Kopfsalat zugehen würde.

Etwas völlig anderes passierte: Kunden gingen auf den alten Eingang zu und suchten die Klinke – die im Rahmen der Umstrukturierung entfernt worden war. Sie traten dann ein paar Schritte zurück, kratzten sich am Kopf und suchten einen Weg, um doch noch in das Restaurant zu kommen. Sie würdigten die Salatbar keines Blickes – sie waren viel zu sehr damit beschäftigt, den Eingang zu finden! Und nachdem sie den gefunden hatten und frustriert und hungrig ins Lokal platzten, wollten sie nur noch die Theke finden und wie üblich ihren Burger mit Pommes frites bestellen. In diesem Umfeld hatte die Salatbar überhaupt keine Chance.

Eine andere schlechte Idee hinsichtlich der Gestaltung der Übergangszone hatte das Management einer Kette für Sportartikel, das anordnete, dass jeder Kunde binnen fünf Sekunden nach Betreten des Geschäfts von einem Verkäufer begrüßt werden sollte. In der Realität lief das dann so ab: Man marschierte in den Laden und sah sich sofort einer Schlange eifriger Verkäufer gegenüber, die wie Geier direkt hinter der Eingangstür lauerten, um sich mit einem herzlichen »Hallo« auf den Kunden zu stürzen.

Vor ein paar Jahren haben wir noch eine Art entdeckt, wie man die Übergangszone falsch nutzen kann: Wir testeten einen interaktiven Informationscomputer, den eine Abteilung von IBM für die Kmart-Kette entwickelt hatte. Er hatte einen Sensorbildschirm und eine Tastatur und man konnte ihn beispielsweise fragen, wo die Herrenunterwäsche zu finden sei, oder er druckte einem einen Ladenplan aus oder einen Kupon für T-Shirts oder Socken. Eine großartige Idee und hervorragend umgesetzt. Der Computer würde eine große Hilfe für die Kunden darstellen und der Laden müsste niemanden mehr dafür bezahlen, hinter einem Pult zu stehen und den Leuten zu sagen, wo sie Kinderpullover finden könnten – und das 72-mal am Tag.

Es dauerte jedoch nicht lange, bis der Geschäftsleitung ein kleiner Schönheitsfehler auffiel: Kaum jemand nutzte den Computer. Das Problem bestand darin, dass niemand, nachdem er erst ein paar Schritte in das Geschäft hinein gemacht hat, zugeben will, dass er nicht weiß, wo er hingehen muss. An dem Punkt hat man sich noch nicht lange genug umgeschaut, um zu wissen, dass man sich nicht auskennt. Die Platzierung der Computer in zu großer Nähe zur Eingangstür hatte sie in teure elektronische Skulpturen verwandelt. Das Geschäft hat das ganze Konzept fallen lassen, aber ich bin sicher, es hätte funktioniert – vielleicht ein wenig weiter drinnen im Laden, an dem Punkt, an dem Kunden wirklich klar wird, dass sie Hilfe brauchen.

Was aber kann man mit der Übergangszone anfangen? Man kann Kunden begrüßen – nicht unbedingt, um ihnen den Weg zu weisen, sondern nur, um »Guten Tag« zu sagen, sie daran zu erinnern, wo sie sind, das Werben zu beginnen. Sicherheitsexperten sind sich einig, dass die einfachste Methode, Ladendiebstahl zu verhindern, darin besteht, jeden einzelnen Kunden mit einem kurzen »Hallo« zu begrüßen. Sam Walton, der Gründer der Wal-Mart-Kette, ist zu der schlichten Erkenntnis gelangt, dass ein Geschäft eine nette alte Dame zur Begrüßung der Kunden einstellen müsste, und keiner von ihnen würde mehr zu stehlen wagen.

Man könnte einen Einkaufskorb oder einen Ladenplan oder einen Kupon anbieten. Es gibt ein tolles Geschäft in Manhattan, Takashimaya, in dem der livrierte Türsteher den Kunden einen hübsch gedruckten Ladenplan in die Hand drückt, der in jede Tasche paßt. Rechts vom Eingang, in der Übergangszone, ist die Blumenabteilung. Wenn man hereinkommt, sieht man die Abteilung aus den Augenwinkeln, aber normalerweise geht man nicht hinein. Man denkt sich jedoch: Ach, Blumen, gute Idee, die nehme ich mit, wenn ich wieder rausgehe. Was sehr sinnvoll ist, denn man möchte natürlich nicht in dem Geschäft einkaufen gehen und einen feuchten Blumenstrauß mit sich herumtragen.

Direkt hinter der Eingangstür in den Bekleidungsgeschäften von Gap und auch in deren jüngerem, modernerem Ableger, Old Navy, befindet sich ein so genannter Power-Display-Ständer – ein riesiger, horizontaler Ständer, beispielsweise mit Pullovern oder Jeans, der wie eine Barriere wirkt, die dafür sorgt, dass Kunden langsamer gehen. Wie eine Bodenschwelle, die einen langsamer fahren lässt. Er dient auch als riesige Reklametafel. Sie sagt nicht unbedingt: »Kauf mich«. Sie sagt: »Bleib einen Moment stehen und schau, womit du beinahe zusammengestoßen wärst.«

Eine andere Lösung, die ich im Untergeschoss von Filene gesehen habe, ist die, die Übergangszone völlig aufzulösen, das heißt, nicht nur aufzulösen, sondern sie zu zerstören. Direkt hinter der Eingangstür haben sie eine große Kiste mit extrem preisreduzierter Ware aufgestellt; das Angebot ist so günstig, dass die Kunden wirklich anhalten. Daraus lernen wir etwas über Regeln – man muss ihnen entweder folgen oder beherzt gegen sie verstoßen. Eine Regel ignorieren oder sie nur ein kleines bisschen umgehen ist normalerweise das Schlimmste, was man machen kann.

Unsere Erkenntnis, dass es nicht immer gut ist, ganz vorn zu sein, bezieht sich nicht nur auf die Übergangszone, sondern auf den ganzen Laden. Es ist in jeder Abteilung so, dass das

Produkt, das der Kunde zuerst sieht, nicht unbedingt davon profitiert. Mitunter ist sogar das Gegenteil der Fall. Wenn zwischen dem Ladeneingang und dem Produkt etwas mehr Raum liegt, hat das Auge des Kunden auch mehr Zeit zum Schauen, während er sich dem Artikel nähert. Eine gewisse visuelle Erwartung wird geweckt. Jemand, der sich beispielsweise in der Computerabteilung eines Geschäfts umsieht, wird höchstwahrscheinlich nicht vor dem ersten Modell, das er sieht, stehen bleiben und es kaufen, ohne es mit anderen Modellen zu vergleichen. Aber wenn er sich etwa die halbe Abteilung angesehen hat, fühlt er sich wahrscheinlich sicher und informiert genug, um eine Entscheidung zu treffen. Auch auf Messen mag es so scheinen, dass ein Stand direkt neben dem Eingang erstrebenswert sei, in Wirklichkeit ist das eine schlechte Lage. Besucher eilen auf ihrem Weg in die Halle daran vorbei, oder, noch schlimmer, vereinbaren ein Treffen mit Freunden oder Kollegen direkt am Eingang, wodurch der (falsche) Eindruck entsteht, dass vor dem ersten Stand ein großes Gedrängel herrscht, was potenzielle Kunden abschreckt. Außerdem ist es direkt neben dem Eingang normalerweise zugig. Man hat das Gefühl, sich in einem Korridor aufzuhalten.

Meistens möchten Firmen, die Produkte für die Schönheitspflege anbieten, in der Kosmetikabteilung eines Kaufhauses nicht gleich den ersten Stand haben – sie wissen, dass Frauen, die die Produkte vor dem Spiegel ausprobieren, das ungestört und unbeobachtet tun wollen. Das ist nicht der einzige Grund, warum man sich für die eigenen Produkte ein ruhiges Umfeld wünscht. Junge Frauen kaufen Haartönungen, um mit der Mode zu gehen; sie haben etwas vor, und für dieses Ereignis wollen sie ein bisschen mehr Glanz als üblich, oder sie sehnen sich einfach nach Veränderung und probieren daher eine neue Haarfarbe aus. Ältere Frauen dagegen kaufen Haarfärbemittel wie Massenware – sie benutzen schon seit fünfzehn Jahren ein und dieselbe Farbschattierung, und da die grauen Haare stetig zunehmen, kaufen sie Haarfarben so häufig wie Seife. Dieser Unterschied führt dazu, dass ältere Käuferinnen ihre Farbe suchen und finden, eine Packung schnappen und wieder gehen, während sich die jüngeren die Ware im Regal und die einzelnen Packungen etwas genauer ansehen müssen, ehe sie etwas kaufen. Hinsichtlich der Haarpflege insgesamt haben wir festgestellt, dass ältere Frauen ein Drittel weniger Produkte einkaufen als junge, 2,1 Artikel im Vergleich zu 3,1 Artikel pro Kauf. Das heißt, in einem Geschäft mit überwiegend junger Kundschaft verkaufen sich Haarfarben am besten, wenn sie an einem ruhigen Platz angeboten werden, was normalerweise der hintere Teil des Ladens ist. Wenn die Mehrheit der Käuferinnen schon älter ist, verkaufen sich Haarfarben in der Nähe des Eingangs am besten – diese Käuferschicht braucht sich nicht lange umzusehen.

Zu guter Letzt noch eine Geschichte über einen besonders tollen und teuren Displayständer für Chips und Knabbergebäck, sehr hübsch gemacht mit der Zeichentrickfigur Chester der Gepard, der, ausgelöst durch einen Bewegungssensor, zu jedem vorbeigehenden Kunden sagte: »Wenn Sie etwas zum Knabbern suchen, dann sind Sie hier richtig.« Die Firma, deren Ware in dem Ständer platziert war, hatte eine Menge Geld dafür bezahlt, damit er ganz vorn in einigen Supermärkten aufgestellt wurde. Die Ständer funktionierten so gut, dass Chester ständig Kunden begrüßte, was dem Kassenpersonal schnell auf die Nerven ging, denn es musste sich die schleppende Stimme täglich acht Stunden lang anhören. Es dauerte nicht lange, bis die Angestellten in wenigstens einem Supermarkt das Problem ein für alle Mal lösten: Sie zogen einfach den Stecker raus, was den auf Dauer verstummten Chester sofort viel liebenswerter machte.

4. Man braucht beide Hände

Das Wetter ist frostig und der Kunde ist eine Frau. Was schließen wir daraus? Wir schließen daraus, dass sie mindestens eine Handtasche dabei hat, dass sie einen Mantel trägt, den sie möglicherweise ausziehen möchte, wenn sie im

Geschäft ist, was bedeutet, dass sie den auch auf dem Arm tragen muss. Sie hat zwei gesunde Hände. Aber sie hat nur eine davon zum Einkaufen frei.

Wenn sie jetzt etwas auswählt, dann wird sie es in ihrer freien Hand tragen und gar keine mehr frei haben. Wenn der eingekaufte Artikel klein und leicht ist, kann sie ihn unter einen Arm klemmen. Vielleicht hängt sie sich auch die Handtasche über die Schulter oder den Unterarm. Dann hat sie, grob gerechnet, eineinviertel Hände frei. Wenn sie nun aber noch etwas mitnimmt, hat sie wirklich keine Hand mehr zur freien Verfügung. Die Kundin muss schon hoch motiviert sein, wenn sie jetzt nicht aufgibt. Die menschliche Anatomie setzt diesem Einkauf ein Ende.

Dies ist ein klassisches Thema der Psychologie des Konsums. Die physischen Details (die meisten Kunden haben zwei Hände) sind wohl bekannt. Aber kein Mensch macht sich klar, was das bedeutet! Niemand hat es beobachtet, niemand denkt daran, niemand geht darauf ein, niemand nimmt Kenntnis davon. Es wird einfach ignoriert.

Ich habe mich zum ersten Mal mit der Frage »Wie viele Hände hat der Mensch?« auseinander gesetzt, als ich einen Zeitungsladen an einem der belebtesten Orte auf dieser Erde, dem Grand Central Bahnhof in New York, untersuchte. Wir richteten unsere Kameras auf den Laden und beobachteten ihn zu den Hauptgeschäftszeiten, das heißt in den Stoßzeiten am Morgen und Abend.

Der Erfolg des Geschäftes hing davon ab, ob es eine ganz wichtige Aufgabe erfüllte: eine hohe Zahl von Transaktionen in den Stoßzeiten abzuwickeln, in denen wirklich jeder in Eile ist, entweder auf dem Weg vom Zug ins Büro am Morgen oder vom Büro zum Zug am Abend. Hastende Pendler werfen einen Blick auf den Laden, um zu sehen, wie viel Betrieb dort ist. Wenn sie den Eindruck gewinnen, dass sie schnell reinsausen, eine Zeitung, eine Zeitschrift, Zigaretten oder Kaugummi kaufen und dann ebenso schnell wieder rauslaufen können, gehen sie hin. Wenn es so aussieht, als sei der Laden voller Kunden, die zahlen wollen und nervös auf die Uhr schauen, gehen sie weiter. Sie sagen sich: Zu viel Mühe, ich verpasse am Ende noch meinen Zug, es ist leichter, anderswo einzukaufen.

Uns fiel ein weiterer Aspekt auf, der mit dem Wohl und Wehe eines Zeitungsladens eng zusammenhängt: Jeder Kunde trug bereits etwas in einer Hand, entweder einen Aktenkoffer, eine Einkaufstasche, eine Handtasche oder ein Lunchpaket. Heutzutage geht so gut wie niemand mit leeren Händen zur Arbeit. Wenn man einmal darüber nachdenkt, fällt auf, dass es heutzutage äußerst selten im Leben eines Amerikaners vorkommt, dass er (oder sie) beide Hände frei hat. Selbst die Rucksäcke, die viele inzwischen benutzen, sorgen nicht dafür, dass wir die Hände frei haben – sie machen es nur möglich, dass wir noch mehr als früher mit uns tragen. Menschen sind wie zweibeinige Packtiere, und es wundert mich immer wieder, wie viel wir glauben, mit uns tragen zu müssen, egal, wohin wir gehen.

Der letzte wichtige Aspekt unserer Untersuchung war der Laden selbst, der dem typischen Design entsprach – ein niedriges Regal mit den Tageszeitungen, darüber Regale für die Zeitschriften und darüber Süßigkeiten, Kaugummi und Pfefferminzbonbons. Mitten in dem runden Raum waren die Kassen.

Dank unserer Videoaufnahmen konnten wir jede Transaktion in ihre einzelnen Komponenten aufgliedern. Wir haben das Folgende beobachtet: Eine Person mit Aktenkoffer nähert sich dem Regal, bückt sich und ergreift eine Zeitung. Dann richtet sie sich auf und hält die Zeitung dem Kassierer vor die Nase, damit er sehen kann, was gewählt wurde. In diesem Moment stellt der Kunde entweder den Aktenkoffer auf den Boden oder klemmt die Zeitung unter den Arm, der den Aktenkoffer hält, und streckt mit der freien Hand dem Kassierer das Geld entgegen. Die Person beugt sich leicht vor und dem Kassierer entgegen und wartet mit ausgestreckter Hand auf das Wechselgeld. Das wird dann in die Tasche gesteckt und der Aktenkoffer wieder aufgenommen – oder die Zeitung, die man sich unter den Arm geklemmt hatte, wird jetzt in die freie Hand genommen –, und dann dreht man sich um und verlässt den Zei-

tungsladen, indem man sich an den anderen Leuten vorbei-
drängelt, die auch kaufen wollen.

Wer auch immer diesen Laden entworfen hat, war offensichtlich der Meinung, die beste Anordnung sei die, mit der
man die meiste Ware ausstellen kann. Vielleicht war der
Ladenbesitzer der gleichen Ansicht. Aber aus Sicht der Kunden war die Inneneinrichtung des Geschäfts völlig unzweck-
mäßig. Es hätte eine Abstellmöglichkeit etwa in Ellbogenhöhe
geben sollen – eine Möglichkeit, den Aktenkoffer oder die
Handtasche oder die Einkäufe abzustellen, während man
nach Geld sucht und auf die Rückgabe des Wechselgeldes
wartet. Kurz gesagt: eine Theke.

Stattdessen war die einzige waagrechte Oberfläche in
Schienbeinhöhe zwar gut geeignet, um Zeitungen auszubrei-
ten, verwandelte aber jede Transaktion in ein unbeholfenes
Ballett, mit einem vornübergebeugten, einhändigen Pendler
als Hauptdarsteller. Folglich zwang jeder Einkauf den Kunden zu mehr Schritten, als genau genommen notwendig
waren, und verlängerte dadurch die Einkaufszeit – auch
Bruchteile von Sekunden summieren sich –, was die Gesamt-
zahl an möglichen Transaktionen während der Stoßzeit redu-
zierte. Der Laden war überfüllt, Kunden wurden abgeschreckt
und es wurden weniger Einkäufe als grundsätzlich möglich
getätigt. Eine bessere Gestaltung – eine, die die menschliche
Anatomie berücksichtigt – hätte vermutlich weniger Raum
für Waren, aber mehr Raum für Kunden gelassen.

Das Problem der fehlenden Hand ist ganz einfach zu lösen.
Mit Einkaufskörben. Doch auch sie sind ein wunderbares Beispiel für etwas, das ich weiter vorn schon erwähnt habe, nämlich die komplizierte Matrix aus anatomischen Gegebenheiten und menschlichem Verhalten, die uns beim Einkaufen
leitet. In einer sehr erfolgreichen Buchhandlung in der Nähe
von meinem Büro steht ein Turm von Einkaufskörben am
üblichen falschen Platz – in einer Ecke direkt hinter dem Eingang. Selbst wenn wir den Aspekt der Übergangszone einmal
außer Acht lassen, deutet das aus einem ganz anderen Grund
auf schlechte Planung. Es zeigt, dass Einzelhändler überhaupt
nicht begreifen, was Kunden in ihrem Geschäft tun. Das ist

ein bemerkenswerter Fehler, wenn man bedenkt, dass auch Geschäftsleute hin und wieder einkaufen gehen und daher in der Lage sein sollten, die Welt aus der Perspektive des Kunden zu sehen. Aber irgendwie funktioniert das nicht.

So, wie die Einkaufskörbe in diesem Laden platziert sind, kann man nur annehmen, dass sich die Einzelhändler den Denkprozess ihrer Kunden beim Betreten einer Buchhandlung folgendermaßen vorstellen: Also, heute plane ich, vier Bücher, eine Schachtel Kunstpostkarten und eine Zeitschrift zu kaufen, daher nehme ich mir als Erstes einen Einkaufskorb, um alle Produkte zu verstauen. Der gesunde Menschenverstand sagt uns dagegen, dass sich Menschen durchaus nicht so verhalten – es ist eher wahrscheinlich, dass jemand mit dem Gedanken an ein bestimmtes Buch eine Buchhandlung betritt, dieses Buch findet und dann noch auf ein anderes stößt, das ihn interessiert. Solche Augenblicke sind für den Einzelhandel entscheidend, denn wenn Kunden auf einmal keine Spontankäufe mehr tätigten, dann bräche unsere ganze Wirtschaft zusammen. Für viele Geschäfte entscheiden Spontan- und Zusatzkäufe darüber, ob der Laden rote oder schwarze Zahlen schreibt.

Wie auch immer, sobald unsere Kundin auf ein zweites Buch stößt, das ihr gefällt, wünschte sie, sie hätte einen Korb. Und wenn in genau diesem Moment tatsächlich ein Korb da ist – unübersehbar und bequem in Reichweite, sodass sie ihn *ohne anzuhalten* mitnehmen kann –, dann wird sie sich wahrscheinlich einen nehmen. Und dann geht sie vielleicht weiter und nimmt noch ein drittes und viertes Buch mit. Vielleicht kauft sie sogar ein Lesezeichen.

Die Lehre, die man daraus ziehen kann, scheint offensichtlich: In einem Laden sollten überall dort Einkaufskörbe verteilt sein, wo Kunden sie vermutlich brauchen werden. Wenn in Amerika alle Einkaufskörbe in vielen Läden ganz einfach vom Ladeneingang zum hinteren Ende der Geschäfte gebracht würden, dann wären sie sofort nützlicher, denn viele Kunden denken erst dann ernsthaft an einen Kauf, nachdem sie sich ein bisschen umgeschaut haben. Der Turm aus Einkaufskörben sollte mindestens 1,5 Meter hoch sein, um sicherzustellen, dass er von jedermann gesehen wird und dass alle Kunden ohne sich zu bücken einen Korb nehmen können, denn Kunden bücken sich ungern, besonders dann, wenn sie keine Hand frei haben.

Man müsste auch das Design der Körbe überdenken. Der Laden, den wir gerade beobachten, hat flache Plastikkörbe mit herunterklappbaren Bügeln aus Stahl, die gleiche Art, die auch in Supermärkten verwendet wird. Sie sind wunderbar, wenn man Flaschen, Gläser oder sonst irgendetwas Zerbrechliches einkauft, aber im Falle von Büchern, Büroartikeln oder Textilwaren sind sie sinnlos. Sobald der Korbinhalt schwerer wird, lassen sich die Bügel nicht mehr bequem in der Hand halten, man kann den Korb aber auch nicht über die Schulter oder den Unterarm hängen, was jeder vernünftige Mensch gerne tun würde. Folglich will man den Korb nicht zu voll laden. Wie tragen wir normalerweise Bücher? In Tragetaschen oder Tüten. Ein Ständer mit Tragetaschen aus Leinen wäre hier viel angebrachter und hätte den zusätzlichen Vorteil, dass man sie auch verkaufen könnte. Der Kassierer würde die Tasche ausleeren, die Preise eintippen, den Kunden fragen, ob er auch die Tüte kaufen möchte, bei Bedarf alles wieder in diese einpacken und eine der üblichen Plastiktüten sparen.

Die cleverste Art und Weise, wie man Einkaufskörbe nutzen kann, habe ich bisher in dem Old-Navy-Laden in Manhattan gesehen. Wenn uns Einzelhändler im Büro besuchen, führe ich sie immer in dieses Geschäft – eine der lebendigsten Einkaufsstätten in dieser Stadt. Sobald man den Laden betritt, wird man von einem freundlichen, lächelnden Angestellten begrüßt, der einem ein schwarzes Einkaufsnetz anbietet, in dem man seine Einkäufe verstauen kann. Diese Netze sind billiger, leichter und einfacher aufzubewahren als Einkaufskörbe, außerdem sehen sie viel besser aus. Wenn man damit zur Kasse geht, fragt die Kassiererin, ob man das Netz kaufen will, und viele Kunden sagen ja, was einen zusätzlichen Einkauf im letzten Moment vor dem Bezahlen bedeutet.

Den dümmsten Einsatz von Einkaufskörben habe ich in einem Kaufhaus in den Südstaaten während der Weihnachtszeit beobachtet. Ein großer Stoß von Einkaufskörben war in idealer Position hinter dem Eingang platziert. Aber irgendein schlaues Kerlchen hatte beschlossen, davor einen Haufen Stoffweihnachtsmänner aufzubauen – wodurch keiner der Kunden, der in den Laden kam, die Körbe überhaupt wahrnahm. (Wenn man das Geschäft wieder verließ, waren sie gut sichtbar.) Ich weiß nicht, wie viele Weihnachtsmänner verkauft wurden, aber sicherlich nicht genug, um die Fehlentscheidung wieder wettzumachen.

Als wir die Läden von Pfaltzgraff, einem Hersteller und Einzelhändler von Geschirr, analysierten, bot das Unternehmen seinen Kunden bereits Einkaufskörbe und -wagen an. Doch als wir die Kassen beobachteten, stellten wir fest, dass viele der Wagen bis zum Überlaufen mit Tellern, Schüsseln und Ähnlichem angefüllt waren. Das Unternehmen ersetzte die alten Einkaufswagen sofort durch neue, die etwa 40 Prozent mehr Kapazität hatten. Genauso schnell stieg der Durchschnittsumsatz pro Kunde.

Alles das sollte uns an eine der wichtigsten allgemein gültigen Regeln im Einzelhandel erinnern: Man weiß nicht, wie viel ein Kunde wirklich kaufen möchte, bis man das Einkaufserlebnis so angenehm, bequem und einfach wie möglich gemacht hat.

Es gibt eine ziemlich ausgeklügelte Methode, um dafür zu sorgen, dass der Kunde beim Einkauf die Hände frei hat, und ich wünschte mir, dass ein Einzelhändler sie einmal ausprobierte. Sie sieht vor, dass sich die Käufer völlig unbelastet fühlen, bis es zu spät ist, das heißt, bis sie am Ausgang sind.

Es sollte eine Stelle im Geschäft geben, bei der man seine Garderobe abgeben und am Ende des Einkaufs seine Ware abholen kann. Sobald die Kunden den Laden betreten, können sie alles ablegen, was sie beim Einkaufen stört. Statt alles, was sie sich ausgesucht haben, mit sich zu tragen, würden sie den Verkäufern sagen, dass sie alle Tüten und Kartons zu der erwähnten Abholstelle am Ausgang bringen sollen. Nachdem der Kunde voll Energie mit zwei freien Händen seine Einkäufe erledigt hätte, würde er zum Ausgang gehen, seinen Mantel, seinen Hut und seine Einkäufe abholen, das

Geschäft verlassen und zu seinem Wagen oder einem Taxi gehen.

Mein umfassendstes Konzept für einen Abholservice habe ich einmal der Kaufhauskette Bloomingdale empfohlen. Ihr Aushängeschild ist der Laden in Manhattan. Dort lassen sich im achten Stock nicht besonders viele Verkäufe tätigen, weil er schwierig zu erreichen ist. Ich schlug daher vor, dieses Stockwerk in einen Bereich zum Ausruhen für die guten Kunden zu verwandeln, mit Toiletten, Geldautomaten, einem Café, einem Portier und anderen Annehmlichkeiten, darunter selbstverständlich auch eine Garderobe und eine Abholtheke. Wenn die Kunden nicht in New York leben, sondern nur zu Besuch dort sind, könnte man die Ware zu ihrem Hotel liefern. Ich habe mir überlegt, dass Hotels gegen ein Entgelt in diesem halbprivaten Club Mitglieder werden könnten, um die Vorteile dann an ihre Gäste weiterzugeben. In größerem Rahmen könnte ein solcher Service sogar noch mehr Gewinn bringen. Irgendwann in naher Zukunft wird der Betreiber eines Einkaufszentrums ein solches System für alle Läden im Zentrum installieren und damit zur Steigerung der Verkäufe und damit auch seines eigenen Umsatzes beitragen.

Man kann gar nicht genug betonen, wie wichtig freie Hände beim Einkaufen sind. Ein Geschäft kann der tollste Ort der Welt sein und die großartigsten, billigsten, attraktivsten Sachen anbieten, die es überhaupt gibt, aber wenn der Kunde sie nicht in die Hand nehmen kann, ist alles vergebens. Im 12. Kapitel werde ich erklären, wie wichtig Anfassen, Ausprobieren und andere Sinneseindrücke für das Einkaufen sind. Wenn die Kunden bestimmte Waren nicht anfassen können, dann werden sie diese auch nicht kaufen. Es geht also nicht nur darum, dass Kunden in der Lage sein sollten, alles zu tragen, was sie kaufen möchten. Vielmehr wird es gar nicht erst zu einer Entscheidung über Kauf oder Nichtkauf kommen, wenn Kunden die Hände voll haben. Aus diesem Grund sind flache Warentische auch oft besser geeignet, um Dinge auszustellen als Regale oder Ständer: Es ist immer mühsam, sich etwas anzusehen, was auf einem Kleiderbügel hängt, wenn man nur eine Hand frei hat, während man auf einem flachen Tisch etwas ablegen kann, um dann mit beiden Händen einen interessanten Pullover auseinander zu falten, ihn anzufassen und anzuschauen.

Das unterhaltsamste Beispiel zum Thema »Freie Hände« fand ich in einem Supermarkt, den ich einmal aufsuchte. Wie heutzutage fast jeder Einzelhändler in Amerika hatte auch dieses Geschäft beschlossen, ein Café zu integrieren, in dem sich Kunden hinsetzen und Kaffee trinken konnten. Es war nicht das erste Café, das ich in einem Supermarkt sah, aber es war der einzige Ort, an dem man offenbar verstanden hatte, wie das System funktionieren könnte und sollte: An den Einkaufswagen waren Halter für die Kaffeebecher befestigt, sodass man damit die Gänge entlangfahren und gleichzeitig trinken konnte. Ich bin sicher, dass man mit dieser schlauen Idee eine Menge Kaffee verkauft.

5. Wie man Hinweistafeln und Plakate liest

»Nun, was meinen Sie dazu?«

Mit diesen Worten enthüllt der Chef der Grafikabteilung ein Plakat, das demnächst in etwa fünfhundert Geschäften gezeigt werden soll. Ich habe das Plakat direkt vor der Nase, in optimalem Abstand, wunderschön gedruckt auf teurem, hervorragend mattiertem Papier.

»Ich weiß nicht, was ich davon halten soll«, sage ich.

»Was soll das heißen: Sie wissen es nicht?«, fragt mich der Chefgrafiker. »Sie müssen das doch wissen.«

Und dann versuche ich zu erklären.

Zunächst weise ich darauf hin, dass ich unmöglich wissen kann, ob dies das großartigste Plakat ist, das jemals entworfen wurde, oder nur eine furchtbare Zeit-, Platz- und Geldverschwendung, wenn ich nicht sicher sein kann, dass jeder Kunde dieses Plakat unter den genau gleichen Bedingungen wie ich selbst sehen wird. Ich versuche, alle Anwesenden daran zu erinnern, dass Leute, die sich in Geschäften, Restaurants oder Banken aufhalten, so gut wie nie stillstehen; sie gehen hin und her. Außerdem sind sie nicht mit der Absicht gekommen, ein Plakat zu lesen – normalerweise konzentrieren sie sich auf etwas ganz anderes, beispielsweise versuchen sie, Socken zu finden, festzustellen, an welcher Kasse die Schlange am kürzesten ist, oder zu entscheiden, ob sie einen Hamburger oder doch lieber Hähnchen essen wollen. Und irgendwo in einiger Entfernung hängt dieses funkelnagelneue Plakat, in steilem Winkel, teilweise vom Kopf eines großen Mannes verdeckt, die Beleuchtung ist auch nicht besonders, und außerdem redet gerade jemand mit der Kundin und lenkt sie ab.

Ich schließe meine Darlegung mit der Bemerkung, dass es zwar aus der Sicht des Grafikers ideal sein mag, mir ein Plakat in einem Konferenzzimmer zu zeigen, dass dies aber die schlechteste Methode ist, um herauszufinden, ob das Plakat wirklich etwas taugt oder nicht.

Um festzustellen, ob ein Plakat, ein Schild oder irgendein anderes Medium, das in einem Laden verwendet werden soll, funktioniert oder nicht, gibt es nur eine Methode: Man muss es vor Ort testen. Im Laden selbst.

Nicht einmal dort ist es einfach. Zunächst muss man zählen, wie viele Leute überhaupt nach dem Plakat schauen. Dann muss man in der Lage sein zu entscheiden, ob sie nur flüchtig hinschauen oder lange genug, um den Text zu lesen, denn wenn sie es nicht lesen, ist das beste Hinweisschild nutzlos. Zwischen einem zufälligen Hinschauen und dem Durchlesen eines Textes liegen oft nur zwei oder drei Sekunden Zeit. Unsere Marktforscher müssen sich sehr diskret neben oder hinter das Plakat oder die Hinweistafel stellen und dann die geringste Augenbewegung des Kunden registrieren, während sie gleichzeitig auf ihre Stoppuhr schauen, um mit absoluter wissenschaftlicher Sicherheit sagen zu können, dass sich dieser Mann ganze vier Sekunden lang auf dieses Hinweisschild konzentriert hat und dass seine Augen dann zu jenem Plakat wanderten, das er sich drei Sekunden lang ansah. Stundenlang beobachten wir einen Kunden nach dem anderen,

Hunderte von Menschen, Tausende von Minuten lang, und dann müssen wir alle unsere Daten zusammentragen, ehe wir sagen können, ob ein Plakat beziehungsweise ein Schild wirklich gut ist. Es ist nicht einfach, aber es gibt keine andere Methode.

Sobald man weiß, dass Leute ein Plakat oder Werbung zur Kenntnis nehmen, kann man den Einfluss messen, den dies auf ihr Verhalten hat. Aber nicht eher.

Der häufigste Fehler, den man macht, wenn man an die Platzierung von Plakaten, Schildern oder Anschlagwerbung denkt, besteht darin, zu glauben, man würde sie in einem simplen Laden aufhängen. Aber das stimmt schon längst nicht mehr. Sie landen in einer Art dreidimensionaler Fernsehwerbung. Sie landen in einem großen, begehbaren Container für Worte, Gedanken, Botschaften und Ideen.

Menschen betreten den Container und er teilt ihnen etwas mit. Wenn alles so funktioniert, wie es sollte, dann weckt das Gesagte ihre Aufmerksamkeit und verführt sie dazu, sich umzuschauen, umherzugehen, zu kaufen und vielleicht sogar an einem anderen Tag wiederzukommen, um noch mehr zu kaufen. Es wird ihnen gesagt, was sie alles kaufen können, wo sie es finden und warum es für sie attraktiv sein könnte. Es wird ihnen gesagt, was ihnen die Ware alles bieten kann, sowie wann und wo sie es bieten kann.

Und genau wie man für einen Fernsehwerbespot ein Skript braucht und eine Regie, muss man auch hierbei entscheiden, was man wann und wie sagen will.

Zunächst muss man die Aufmerksamkeit des Publikums gewinnen. Nachdem einem das gelungen ist, muss man die Botschaft auf einleuchtende, logische Weise herüberbringen – erst den Anfang, dann den Mittelteil und dann den Schluss. Man muss die Information so vermitteln, dass die Leute sie auch aufnehmen können, immer nur ein bisschen, in kleinen Happen und in der richtigen Reihenfolge. Wenn es nicht gelingt, gleich am Anfang die Aufmerksamkeit zu wecken, werden die Leute nichts von dem, was folgt, wahrnehmen. Wenn man ihnen zu viel zu schnell erzählt, fühlen sie sich überfordert und schalten ab. Wenn man sie verwirrt, ignorieren sie die Botschaft vollständig.

Das war schon immer so. Der Hauptgrund, warum das heutzutage so wichtig ist, ist der, dass immer mehr Kaufentscheidungen im Geschäft selbst getroffen werden. Kunden haben ein verfügbares Einkommen, sind offen für alles und reagieren spontan. Uns trifft heute nicht mehr die geballte Wirkung einer bestimmten traditionellen Markenwerbung, es verschwimmt alles, weil wir viel zu viel aufnehmen müssen. Die Bedeutung von Merchandising war noch nie so groß wie heute. Was sich im Laden abspielt, entscheidet heute über Leben oder Tod eines Produktes. Niemand kann es sich leisten, die Chance nicht zu nutzen, Kunden das mitzuteilen, was sie wissen sollten.

Heutzutage stehen Kunden unter einem größeren Zeitdruck als je zuvor. Sie bummeln nicht mehr so viel wie früher. Inzwischen haben sie sich an Läden gewöhnt, in denen alles, was verkauft wird, auch offen ausgestellt ist, und sie erwarten inzwischen auch, dass alle Information, die sie brauchen, ihnen direkt vor Augen geführt wird. Niemand will mehr auf einen Verkäufer warten, der einen in die richtige Richtung weist oder ein neues Produkt erläutert. Man findet sowieso keinen Verkäufer. Es gab einmal eine Zeit, da ging man in ein Café und außer der Speisekarte und der Tageszeitung gab es dort nichts zu lesen.

Das bedeutet, dass ein Unternehmen sich nicht einfach in einem Laden oder Café nach irgendeinem leeren Platz an der Wand umschauen und dann dort sein Plakat oder seine Hinweistafel anbringen kann. Man kann nicht einfach auf einer Theke Platz schaffen und dann die gesamte Ladenwerbung dahin verfrachten. Jedes Geschäft zerfällt in einzelne Sektoren, von denen man sich ein genaues Bild machen muss, ehe man auch nur ein einziges Plakat aufhängt. Man muss aufstehen, umhergehen und sich bei jedem Schritt fragen: Was werden die Kunden wohl an dieser Stelle tun? Was tun sie dort? Wohin schauen sie, wenn sie hier stehen? Und woran werden sie wohl denken, wenn sie dort stehen bleiben? Wenn die Leute in einem Bereich schnell gehen, dann muss die Botschaft kurz und knapp sein – fesselnd. Aber an einer anderen Stelle sehen sie sich die Ware in aller Ruhe an, dort kann man ihnen ein paar weitere Details bieten. Nehmen wir einmal an, wir stehen hier vor dem Regal mit Motoröl, dann werden die Kunden an dieser Stelle sicher an ihr Auto denken. Das wäre vielleicht eine gute Gelegenheit, ihnen etwas über den notwendigen Austausch von Scheibenwischern zu erzählen. Dort im Kassenbereich werden die Kunden eineinhalb Minuten lang stillstehen, eine ideale Möglichkeit, um ihnen eine längere Botschaft vor die Nase zu hängen. Und dann gehen sie in Richtung Ausgang und diesen Weg kann man nutzen, um ihnen noch ein paar Ideen auf den Heimweg mitzugeben.

Jeder Bereich ist richtig für eine bestimmte Art von Botschaft und falsch für alle anderen. Wenn man ein Plakat, das man in zwölf Sekunden durchlesen kann, an eine Stelle hängt, an der sich Kunden nicht länger als vier Sekunden aufhalten, wird man damit nur marginal mehr Erfolg haben, als wenn man dieses Plakat in die eigene Garage hängt.

Es gibt einen weiteren Ort, der hervorragend für Hinweisschilder oder Werbung geeignet ist und zurzeit vernachlässigt wird: Rolltreppen. Das kam mir in den Sinn, als ich in London die Rolltreppe von einem U-Bahnhof zur Straße hinauffuhr. Man steht lange still, während man langsam nach oben befördert wird.

Es genügt nicht, eine ungefähre Vorstellung davon zu entwickeln, in welchem Umfeld man ein Plakat aufhängen könnte. Einmal haben wir Kunden beobachtet, die in einem Laden vor der Kasse standen, über der ein Spruchband hing. Ein ausgezeichneter Platz dafür, oder? Nein, überhaupt nicht. Nur ein sehr geringer Prozentsatz der Käufer bemerkte es überhaupt. Niemand steht in einem Laden und schaut mehr oder weniger senkrecht nach oben. Wir schlugen vor, das Spruchband 120 cm weiter weg aufzuhängen, und die Zahl der Leute, die davon Notiz nahmen, verdoppelte sich. Wenn es darum geht, irgendwo ein Plakat aufzuhängen, dann liegen oft nur ein oder zwei Meter zwischen der Idealplatzierung und einer unmöglichen Stelle. Um die größtmögliche Aufmerksamkeit auf sich zu ziehen, sollte eine Hinweistafel oder ein Plakat die natürliche Blickrichtung unterbrechen. Das heißt, man muss sich tatsächlich an einen bestimmten Platz stellen und entscheiden: Wohin schaue ich von hier aus? Genau dorthin sollte man das Plakat hängen. Es wird sicher niemanden überraschen, wenn ich sage, dass die Menschen hauptsächlich andere Leute anschauen. Das ist auch der Grund, warum die wirkungsvollsten Plakate in einem Fast-Food-Restaurant diejenigen sind, die über den Kassen hängen, etwa auf gleicher Höhe mit dem Gesicht des Kassierers. Eine gute Platzierung von Werbung oder Hinweisen versucht ganz einfach, dem Blick des Kunden etwas in den Weg zu hängen.

Mitunter muss man allerdings etwas Einfallsreichtum aufbringen, um den richtigen Ort für eine Botschaft zu finden. Die Firma Toro entwickelte einen Videofilm über ihre Rasenmäher, der in Geschäften vorgespielt werden sollte. Natürlich sollte der Film in Gartenzentren und Bau- und Heimwerkermärkten gespielt werden, aber wo dort? In der Abteilung für Rasenmäher? Da würden den Kunden zwar die Bildschirme auffallen, aber dann würden sie auch registrieren, dass sie zehn Minuten lang stillstehen müssten, um sich das Ganze anzusehen, und dass sie außerdem mitten in einem Gang stehen bleiben müssten, wo sie vermutlich von anderen eiligen Kunden niedergemäht würden, die auf dem Weg zu den Gartengrills sind. Das Video wurde schließlich in der Abteilung gezeigt, wo die Kunden auf Reparaturen warten. Hier war das Publikum dankbar für jede noch so kleine Abwechslung und sah gebannt zu. Jeder, der zur Reparaturannahme in einem Gartenzentrum oder Bau- und Heimwerkermarkt geht, wird irgendwann einmal einen neuen Rasenmäher kaufen. Aus Gründen, die uns noch nicht klar sind, stellen wir immer wieder fest, dass sogar Einzelhändler, die an allen anderen Stellen einen Haufen Plakate unterzubringen versuchen, die Möglichkeit übersehen, mit den Kunden dort zu kommunizieren, wo sie warten müssen und sich meistens langweilen.

Niemand beschäftigt sich so viel mit Plakaten und Hinweistafeln wie die Fast-Food-Branche. Fast-Food-Ketten haben schon lange begriffen, dass man ein wirkungsvolles Plakat beispielsweise ins Fenster oder direkt hinter den Eingang hängen kann, dass dies aber etwas sein muss, was ein Kunde wirklich in Sekunden lesen kann. Vielleicht zwei oder drei Worte. Wir haben die Zeit von genügend vielen Leuten gestoppt, um zu wissen, dass jeder Kunde im Durchschnitt weniger als zwei Sekunden auf ein solches Plakat schaut.

In der Vergangenheit haben Fast-Food-Ketten alle möglichen Hinweistafeln und Plakate und Mobiles in die Nähe der Eingangstür gehängt, um schnell die Aufmerksamkeit der Kunden zu erregen, aber dann haben Untersuchungen gezeigt, dass kein Mensch diese Information las. Wer auch immer ein Fast-Food-Restaurant betritt, sucht zuerst eine von zwei Sachen: die Theke oder die Toilette.

Es ist völlig sinnlos, ein Plakat so aufzuhängen, dass es Leute auf dem Weg zur Toilette sehen können. Die haben gerade Wichtigeres im Sinn. Aber ein Plakat, das die Leute sehen, wenn sie von der Toilette kommen, hat eine große Wirkung.

Wenn sich die Leute der Theke nähern, dann versuchen sie zu entscheiden, was sie bestellen möchten. Im Fast-Food-Restaurant heißt das, sie halten Ausschau nach der großen Speisekarte an der Wand. Sie werden aber nicht jedes einzelne Wort darauf lesen – sie überfliegen das Ganze, bis sie gefunden haben, was sie suchen. Wenn sie Stammkunden sind (das sind die meisten), dann wissen sie möglicherweise bereits, was sie wollen, und werfen keinen Blick mehr auf die Speisekarte.

Wenn die Schlange lang ist, haben die Kunden eine Menge Zeit, die Speisekarte an der Wand zu studieren sowie alles andere, was in ihrem Blickfeld liegt. Nachdem sie bestellt haben, schauen die Kunden immer noch eine Weile auf die Karte und alles, was im Bereich der Theke aufgehängt oder aufgestellt wurde. McDonald's hat herausgefunden, dass 75 Prozent der Kunden die Speisekarte an der Wand lesen, *nachdem* sie bestellt haben und auf ihr Essen warten – in der Zeit, in der ihr Essen zusammengestellt wird, was im Durchschnitt etwa eine Minute und vierzig Sekunden dauert. Das ist eine lange Zeit und in dieser Zeit lesen die Leute einfach alles – sie haben bereits bezahlt und das Wechselgeld erhalten, das heißt, sie sind nicht mehr beschäftigt. Das ist genau der richtige Moment für eine längere Botschaft, etwas, was man ihnen für den nächsten Besuch mit auf den Weg geben möchte.

Wenn sie ihr Essen bekommen haben, verlassen die Kunden entweder den Bereich der Theke oder wenden sich noch den Gewürzen zu. Man kann Werbematerial über der Gewürzecke aufhängen, es ist jedoch sinnlos, hier noch für Hamburger zu werben, jetzt ist es zu spät. Aber es ist ein guter Platz, um den Hungrigen noch Informationen über den Nachtisch zu vermitteln. Aus der notwendigen logischen Abfolge von Plakaten und Hinweistafeln kann man eine Lehre ziehen: Es ist sinnlos, Kunden über etwas zu informieren, wenn sie auf diese Information nicht mehr reagieren können. Beispielsweise ist es eine gute Idee, Plakate so aufzuhängen, dass Kunden, die in der Kassenschlange stehen, sie lesen können, aber es wäre dumm, hier für Waren zu werben, die in der hintersten Ecke des Ladens im Regal stehen.

Nachdem sie sich mit Gewürzen versorgt haben, gehen die Gäste zu ihren Tischen, um zu essen. Vor ein paar Jahren war es plötzlich Mode, aus dem Essbereich alles Durcheinander zu entfernen – die Schilder, die von der Decke hingen, die Mobiles, Plakate und Tischständer (diese dreieckigen Pappdinger, die dem Pfeffer- und Salzstreuer Gesellschaft leisteten). Wie sich herausstellte, war das ein Fehler; der Fehler war den Designern nur unterlaufen, weil sie nicht zur Kenntnis genommen hatten, was in den Lokalen wirklich vor sich geht, vor allem die soziale Komponente einer schnellen Mahlzeit.

Wir haben die Wirkung von Tischständern in zwei Arten von Restaurants untersucht – einem typischen Familienlokal und einem Fast-Food-Restaurant. In dem Familienlokal haben ganze zwei Prozent der Gäste die Information auf den Tischständern gelesen.

In dem Fast-Food-Restaurant wurde sie von 25 Prozent der Gäste gelesen.

Es gibt einen ganz einfachen Grund für diesen gewaltigen Unterschied: In ein Familienlokal geht man üblicherweise zu zweit, dritt oder viert (mit der ganzen Familie). Die Leute sind so mit ihrer Unterhaltung beschäftigt, dass sie die Tischständer gar nicht zur Kenntnis nehmen. Aber der typische Gast in einem Fast-Food-Restaurant isst alleine. Er möchte liebend gerne unterhalten werden. Wenn er auf seinem Tablett eine bedruckte Papierserviette findet, wird er die Information da-rauf lesen. Wenn man ihm das erste Kapitel des neuen Stephen-King-Romans gibt, wird er auch das lesen. Einer unserer Kunden, Subway, druckte auf die Servietten die Behauptung, dass die Sandwiches, die man dort kaufen kann, wesentlich gesünder sind als Hamburger. Wir rieten dem Kunden, noch einen Schritt weiter zu gehen und auf die Servietten einen Vergleich der Fettanteile in Gramm zu drucken. Man kann fast garantieren, dass die Kunden, die an den Tischen eines Fast-Food-Restaurants sitzen, Informationen lesen, die sie überall sonst ignorieren würden. Es gibt ein klares Vorbild: die Rückseite einer Cornflakes-Packung.

Je weiter man sich in das Restaurant hineinwagt, umso umfangreicher darf die Information werden. Zwei oder drei Worte am Eingang; eine eng bedruckte Serviette auf dem Tisch. Vor ein paar Tagen bin ich an einem Fast-Food-Restaurant vorbeigegangen, das das ideale Plakat im Fenster hatte. Darauf standen die folgenden viel sagenden Worte: »Big Burger«. Erst wenn man das Lokal betreten hatte, stach ein anderes Plakat ins Auge, das die Werbung aus dem Fenster ergänzte, die einen neugierig gemacht hatte. (Das Lokal verkaufte ... große Hamburger.) Das ist ein effektives Design – die Botschaft wird in zwei oder drei Teile zerlegt und dem Kunden portionsweise vorgesetzt, während er sich tiefer in das Geschäft oder Lokal hineinbegibt. Die Idee, dass jedes Plakat oder Hinweisschild für sich alleine wirken und eine vollständige Botschaft enthalten muss, zeugt nicht nur von mangelnder Phantasie, sondern auch von mangelndem Wissen darüber, wie das menschliche Gehirn arbeitet. Außerdem werden Plakate und Anschlagwerbung dadurch reichlich langweilig.

Banken verwenden auch eine Menge Energie darauf, herauszufinden, welche Art von Anschlagwerbung effektiv ist und welche nicht. Banken, Fast-Food-Ketten und Postämter haben eines gemeinsam: Viele Kunden stehen dort herum und schauen alle in eine Richtung – eine ideale Möglichkeit, um mit ihnen zu kommunizieren. Der Unterschied zwischen den genannten Organisationen besteht darin, dass die Banken die Kunst der Platzierung von Hinweisen und Plakaten am wenigsten beherrschen.

Wir haben eine Untersuchung für eine kanadische Bank durchgeführt, die gerade sehr schicke, von hinten beleuchtete Displays hinter den Tischen aufgestellt hatte, an denen die Leute etwas schreiben konnten. Auf den Displays wurden die verschiedenen Dienstleistungen vorgestellt, die diese Investment Bank anbot.

Sie sahen großartig aus. Kein Mensch las sie.

Wenn man gerade einen Überweisungsträger oder ein anderes Formular ausfüllt, dann konzentriert man sich so sehr auf diese Tätigkeit, dass man an nichts anderes denkt. Und nachdem man den Schreibkram erledigt hat, stellt man sich schnell in eine Schlange.

Banken sind nicht der einzige Ort, an dem man zielgerichtetes Handeln berücksichtigen muss. Wir gehen in eine Apotheke mit der Absicht, dem Apotheker ein Rezept in die Hand zu drücken, und bis wir das nicht erledigt haben, sehen wir kein einziges Schild oder Display. Oder wir gehen wegen ein paar Briefmarken zum Postamt und werden unsere Schritte nicht eher verlangsamen, bis wir in einer Schlange stehen. In diesen Situationen muss der Versuch, den Kunden etwas mitzuteilen, so lange fruchtlos bleiben, bis der Kunde das erledigt hat, weswegen er gekommen ist.

Es gibt einen Bereich des alltäglichen Lebens, in dem die Platzierung eines gut lesbaren Schildes an der richtigen Stelle nicht nur ziemlich wichtig, sondern eine Frage von Leben und Tod ist. Ich denke an unsere Straßen, vor allem unsere Autobahnen. Dort sind die Hinweisschilder fast so wichtig wie der Oberflächenbelag und die Beleuchtung, um zu einer sicheren

Umgebung beizutragen. Infolgedessen sorgen die Ingenieure dafür, dass die Beschilderung stimmt. Die Regeln scheinen einfach genug zu sein: keine überflüssigen Worte; das richtige Schild am richtigen Platz; genug Schilder, damit die Fahrer nicht das Gefühl bekommen, man ignoriere sie oder liefere nicht genug Informationen; nicht so viele Schilder, dass sie zu Verwirrung führen können. Die Tatsache, dass man zum ersten Mal auf einer Straße fahren kann und weiß, man fährt in die richtige Richtung – ohne anhalten zu müssen, um nach dem Weg zu fragen, oder langsamer zu fahren, um ein Schild lesen zu können –, beweist, welche Bedeutung ein gut entwickeltes System von Hinweisschildern hat.

Die häufigsten Straßenschilder sind das Stop-Schild und das Schild für Einbahnstraße. Ein großes rotes Achteck mit auffälligen weißen Großbuchstaben – es kann gar nichts anderes heißen als ›Stop‹! Selbst wenn man es nicht lesen könnte, würde man anhalten. Das amerikanische Einbahnstraßenschild ist die perfekte Kombination von Worten und Symbolen – man sieht es aus dem Augenwinkel und weiß sofort, was es bedeutet. Der Pfeil bringt einen dazu, in der richtigen Richtung weiterzufahren, ohne einen zum langsamen Fahren oder gar Anhalten zu zwingen, damit man das Schild lesen kann. Auf der Straße benutzen wir eine eigene Zeichensprache, eine Universalsprache, die uns ohne Worte sagt, was wir wissen müssen. Wenn man ein Schild mit einer Zapfsäule sieht oder mit einer Gabel und einem Löffel oder einem Rollstuhl, dann begreift man sofort. Das ist die beste Art und Weise, wie man Menschen in Bewegung Informationen vermitteln kann. Was die Straßenschilder betrifft, so sind die technischen Aspekte normalerweise perfekt gelöst – die Farbkombination ist kontrastreich genug, die Buchstaben sind groß, die Beleuchtung ist gut und die Positionierung genau richtig.

In der Zeit, als ich mich noch mit Stadtplanung beschäftigte, war ich an einer Untersuchung der Richtungswegweiser im Untergrund unter der Rockefeller Plaza in New York beteiligt. Da unten gibt es keine Orientierungshilfe außer den Hinweisschildern, daher sind sie so wichtig. Auf dem Videofilm beobachteten wir, wie die Leute sich bewegten, bis sie auf einmal unruhig wurden, weil sie fürchteten, sie hätten sich verlaufen, oder bis sie vor sich eine Weggabelung sahen, an der sie sich für eine Richtung entscheiden mussten. Da konnte man beobachten, wie sie den Kopf nach rechts und links drehten und langsamer wurden. Genau vor dieser Stelle war also der richtige Platz für einen Wegweiser – um die Leute davor zu bewahren, verwirrt oder unruhig zu werden.

Wir beobachteten auch, dass die Menschen auf keinen Fall mit anderen zusammenstoßen wollten. Wenn sie also wirklich nach einem Wegweiser suchen mussten oder die Schrift so klein war, dass sie sehr nahe herangehen mussten, um sie lesen zu können, oder das Schild selbst klein oder schlecht platziert war, waren die Leute hin und her gerissen zwischen der Notwendigkeit, nach dem Wegweiser zu schauen und aufzupassen, wohin sie gingen. Wir kamen zu dem Schluss, dass die Fußgänger immer dann langsamer gingen oder gar stehen blieben, wenn die Hinweisschilder ihren Zweck nicht erfüllten. Dadurch ist mir erst die Ähnlichkeit zwischen gehenden Fußgängern und fahrenden Autofahrern bewusst geworden – für beide Gruppen ist das beste Hinweisschild dasjenige, das man schnell lesen kann und das so aufgestellt ist, dass man es lesen kann, während man sich vorwärts bewegt. In den meisten Fällen ist die einzige Art und Weise, das zu erreichen, die Aufteilung der Information in kleine Happen, die man dem Leser Stück für Stück in einer logischen, geordneten Sequenz vorsetzt.

Wir nähern uns immer mehr der Situation, dass einfach zu viel Information geboten wird, und dieses Problem wird hauptsächlich durch Werbebotschaften verursacht. Diese kleinen Werbeaufkleber auf den Äpfeln und Birnen sind entweder die beste Idee, die irgendjemand je hatte, oder die abscheuliche Entstellung einer Gottesgabe. Mit zu vielen Worten versucht man, uns zu viel zu sagen. Die Leute ärgern sich darüber und sie werden sie bald nicht mehr lesen. Obwohl einige Kommunikationsmöglichkeiten glatt übersehen werden, sind andere Bereiche so mit Botschaften überfrachtet, dass sich keine mehr von den anderen abhebt. Nur ein Poster oder

Hinweisschild zu viel, und es entsteht eines dieser schwarzen Löcher, durch die überhaupt keine Kommunikation mehr dringt.

Ich verbringe eine Menge Zeit auf Flughäfen und warte auf meine Maschine, und wie die meisten Geschäftsreisenden arbeite ich, während ich warte. In letzter Zeit wurde meine Aufmerksamkeit jedoch regelmäßig durch Airport TV gestört – das Programm, das der Fernsehsender CNN für Flugreisende produziert. Wie sehr ich mich auch bemühe, ich habe es noch nie geschafft, dass es abgeschaltet wird. Selbst wenn ich der einzige Mensch in dem Warteraum bin, muss der Fernseher angeschaltet bleiben. Und so kocht es in mir und ich schwöre, dass ich mir niemals mehr CNN ansehen werde. Aber es gibt auch in Flughäfen einen Ort, an dem selbst viel beschäftigte Geschäftsreisende herumstehen und einfach nur warten, ohne zu arbeiten: bei der Gepäckausgabe, wo sie ihre Koffer abholen. Ehe das Gepäck anrollt, sind wir alle sehr dankbar für eine nette kleine Ablenkung.

Im Allgemeinen hängt es vom Zufall ab, welche Botschaften im Handel überhaupt ausgesendet werden. Es gibt eine Studie, die belegt, dass die Hälfte aller Plakate und Anschlagwerbung, die an den Einzelhandel verteilt wird, es niemals bis in den Laden, die Bankfiliale oder das Restaurant schafft. In ganz Amerika beenden die Geschäftsführer oder Filialleiter vor Ort ihren langen Arbeitstag damit, dass sie im Lagerraum große Werbedisplays, Plakate und alles mögliche andere Werbematerial auspacken, das ihnen ein eifriger Merchandising-Fachmann geschickt hat, der möglicherweise den betreffenden Laden noch nie gesehen hat. Diese müden, überarbeiteten Geschäftsleiter werden sich nicht lange den Kopf darüber zerbrechen, welches Plakat nun wo aufgehängt wird.

Umgekehrt ist es sehr schwer, Werbematerial, das einmal seinen Weg in den Laden gefunden hat, wieder loszuwerden. Jedes Jahr im Februar mache ich mir das Vergnügen und schaue nach, wie viele Spirituosengeschäfte immer noch die Weihnachtsdekoration im Fenster haben. Einmal haben wir die Filiale einer bedeutenden New Yorker Bank untersucht und festgestellt, dass einzelne Elemente von 27 verschiedenen Verkaufsförderungskampagnen immer noch vorhanden waren.

Manches Werbematerial und manche Hinweisschilder sind vollkommen in Ordnung, tauchen aber an Orten auf, für die sie niemals gedacht waren. Man geht beispielsweise am Schaufenster einer Apotheke vorbei und sieht einen Turm aus Hustensaftpackungen mit einem winzigen Schild, auf dem der Preis steht, einem Schild, das ganz offensichtlich für das Verkaufsregal gedacht war, von dem die Kunden nur dreißig Zentimeter entfernt sind, nicht für ein Fenster an einer Hauptgeschäftsstraße. Oft erwarten Einzelhändler ganz einfach zu viel von einer Hinweistafel, mehr als diese Tafel wirklich leisten kann. Eine Fast-Food-Kette testete eine Reihe von Plakaten, auf denen eine Variante ihrer preisgünstigen Menüzusammenstellungen erklärt wurde. Danach versuchte man, die Schilder eindeutiger zu machen, führte einen zweiten Test durch, hängte sie wieder auf, bis jemandem auffiel, dass nicht die Plakate verkehrt waren, sondern das System der Menüzusammenstellung so kompliziert war, dass man es gar nicht richtig erklären konnte. Daraufhin wurden die Menüs geändert, und die Schilder funktionierten einwandfrei.

Plakate und Anschlagwerbung erleben zurzeit eine richtige Renaissance. Manche Großplakate sind die optisch aufregendste, originellste und geistreichste Ausdrucksform in der Werbung. Sie sind flotter als gedruckte Anzeigen, liegen mehr im Trend als Fernsehwerbespots und ihre Bildsprache ist ausdrucksvoller als alles, was man im Internet findet. Manche Großplakate verhalten sich zu Anzeigen in Printmedien wie MTV zu den übrigen Fernsehsendern – sie sind wie die Ecke eines Briefumschlags, auf die man etwas kritzelt, das Labor, in dem man mit neuen Kommunikationsideen experimentiert. Die Technik hat uns dreiteilige, bewegliche Großplakate gebracht, Video Jumbotrons mit unzähligen Fernsehbildschirmen nebeneinander, rotierende Anzeigetafeln in Sportstadien und digitale Speisekarten, auf denen die Pommes frites durch die Luft wirbeln. In einem Fast-Food-Restaurant, das wir untersuchten, wurde die bewegliche digitale Speisekarte von 48 Prozent der Kunden gelesen, verglichen mit nur 17 Prozent der Kunden, die eine vorher getestete statische Speisekarte lasen. Diese Zahlen werden durch viele andere Studien bestätigt, in denen wir bewegliche mit unbeweglichen Hinweistafeln verglichen haben.

Aber ein Plakat oder ein Hinweisschild muss nicht die neueste Technologie bieten, um wirkungsvoll zu sein. Vor kurzem betrat ich den Aufzug in einem Hotel im Bankenviertel von New York. An der Wand hing ein Spiegel und darunter standen die Worte: »Sie sehen hungrig aus.« Darunter konnte man die Namen der verschiedenen Hotelrestaurants sowie eine kurze Beschreibung derselben lesen. Ich wette, dass in diesem Fall der Werbemittelkontakt fast 100 Prozent erreicht und dass jeder, der diese Werbung sieht, erst lächelt und dann in sich hineinhorcht, ob er wirklich hungrig ist. Eine gute Werbung.

6. Käufer bewegen sich wie ganz normale Menschen

Vom anatomischen Standpunkt aus betrachtet ist der wichtigste Aspekt beim Einkaufen derjenige, der am einfachsten erscheint – die Frage, wie sich Menschen wirklich bewegen. Das heißt im Wesentlichen, wie sie gehen.

Die Leute bewegen sich in der Regel so, wie es ihre Körper erlauben, wie es für sie am natürlichsten und bequemsten ist. Problematisch wird das erst, sobald man sich bewusst macht, dass das Geschäft erfolgreich ist, das den größten Teil seiner Waren für die längstmögliche Zeit einer größtmöglichen Zahl von Kunden präsentiert – mit anderen Worten: der Laden, der uns die Ware so in den Weg stellt und ins Blickfeld rückt, dass wir einen Kauf in Erwägung ziehen. Es lässt sich recht einfach messen, ob ein Geschäft das schafft oder nicht: Wir zeichnen einfach den Weg auf, den jeder Kunde nimmt, und stellen fest, welche Bereiche des Ladens unterdurchschnittlich oft aufgesucht werden. Routinemäßig machen wir stündlich eine »Momentaufnahme« von dem Laden – zur vollen Stunde eilt ein Beobachter schnell durch alle Abteilungen im Geschäft und zählt, wie viele Kunden sich überall aufhalten. Wenn der Kundenfluss in dem Laden gut ist, wenn es keine Hindernisse oder toten Winkel gibt, dann werden die Kunden auch noch in die hintersten Ecken finden. Wenn es Probleme mit dem Kundenfluss gibt, irgendein Fehler beim Design oder der Anordnung, dann finden wir ein paar einsame Bereiche. Das Design eines erfolgreichen Ladens richtet sich also danach, wie wir gehen und wohin wir schauen. Es basiert auf unseren Bewegungsabläufen und nutzt sie aus, statt sie zu ignorieren oder zu versuchen, sie zu ändern.

Ein einfaches Beispiel: Menschen gehen langsamer, wenn sie spiegelnde Oberflächen sehen, und sie werden schneller, wenn sie sich einem Bankgebäude nähern. Die Gründe sind nachvollziehbar: Die Fenster von Banken sind langweilig und niemand geht gerne in eine Bank, man geht also möglichst schnell vorbei; Spiegel sind dagegen immer faszinierend. Man sollte also niemals ein Geschäft eröffnen, das neben einer Bank liegt, denn wenn aus Richtung Bank Fußgänger vorbeikommen, werden sie immer noch schnell gehen – zu schnell, um in das Schaufenster des Ladens zu schauen. Wenn es sich gar nicht vermeiden lässt, ein Geschäft neben einer Bank zu eröffnen, sollte man sicherstellen, dass an der Fassade oder im Schaufenster ein oder zwei Spiegel angebracht sind, damit die Leute langsamer gehen.

Ich möchte noch eine weitere Tatsache über die Bewegung der Menschen hervorheben (in Einzelhandelsgeschäften, aber auch anderswo): Sie gehen immer auf der rechten Seite. Wenn man nicht darauf achtet, fällt einem das nicht auf, aber es stimmt trotzdem – sobald die Leute ein Geschäft betreten, wenden sie sich nach rechts. Sie gehen nicht in eine scharfe Rechtskurve, es ist mehr ein sanftes Nach-rechts-Abbiegen. (Dieser Rechtsdrall hängt auch damit zusammen, auf welcher Straßenseite wir fahren. Beispielsweise gehen die Menschen in Großbritannien und Australien – trotz einer, meiner Meinung nach, vorherrschenden biologischen Veranlagung zur Rechtsseitigkeit – auf der linken Seite.)

Das sind grundlegende Aussagen darüber, wie sich die Menschen durchs Leben bewegen, und ihre Auswirkungen zeigen sich überall, in allen Lebensbereichen. Wir haben eine Weile gebraucht, bis wir dieses Muster erkannt haben, und seitdem sammeln wir laufend Daten, die unsere These bestätigen. Aber wie kann der Einzelhandel darauf reagieren?

Wir haben eine Studie für ein Kauf- und Warenhaus durchgeführt, in dem sich direkt rechts neben dem Eingang die Abteilung für Herrenbekleidung befand. Unserer Zählung nach zu schließen waren aber bei weitem die meisten Kunden dieses Geschäfts Frauen. Die Herrenabteilung auf der rechten Seite bedeutete, dass Frauen einfach durch diesen Bereich eilten, ohne auf die Ware zu achten, wild entschlossen, zuerst ihr eigentliches Ziel anzusteuern – die Damenbekleidung. Da sich die Eingangstür genau in der Mitte des Ladens befand und nicht an einer Seite, sahen unsere Beobachter viele Frauen, die in das Geschäft kamen, sich nach rechts wandten, sich umsahen, entdeckten, dass sie in der Abteilung für Herrenbekleidung waren, auf dem Absatz kehrtmachten und sich dem Bereich für Damenbekleidung auf der linken Seite zuwandten, um überhaupt nicht mehr zu der rechten Seite zurückzukehren, auch nicht zu der Abteilung für Kinderkleidung rechts hinten. Die Beobachtungsbögen zeigten ganz klar auf, dass die Kinderabteilung der Bereich des Geschäfts war, der am wenigsten besucht wurde; aufgrund dieses Planungsfehlers wurde die Hälfte des Erdgeschosses deutlich weniger besucht, als zu erwarten gewesen wäre.

Eine ähnliche Situation beobachteten wir in einem Geschäft für Elektrotechnik, das wir studierten. In dem Laden war der Kassenbereich ganz links, im vorderen Bereich des Geschäfts. Die Kunden kamen in den Laden, wandten sich nach rechts, bemerkten dann die Kassen und die Verkäufer, drehten sich im scharfen Winkel nach links, um die Ware dort anzuschauen oder um zu fragen, wo sie das finden könnten, was sie im Laden suchten. Einige dieser Kunden gingen dann tiefer in den Laden hinein, um sich die Auslagen dort anzusehen, aber nur wenige von ihnen haben sich dann noch den rechten Bereich in dem Geschäft angesehen. Ihre Bewegungen beschrieben eine Art von Fragezeichen. Um das zu ändern, wurden die Kassen auf die rechte Seite und tiefer in den Laden hinein versetzt, etwa in die Mitte des Geschäfts. Dies wurde nun der Dreh- und Angelpunkt des Ganzen. Ein zweiter Anziehungspunkt für die Kunden, die Präsentation verschiedener Telefonapparate, wurde an der rechten Wand im vorderen Bereich des Ladens geschaffen. Wir hofften, dass die Leute in den Laden kommen, sich nach rechts und zum Kassenbereich wenden und auf dem Weg dorthin die Telefone ansehen würden. Diese Veränderungen passten das Geschäft mehr dem natürlichen Bewegungsablauf der Menschen an, und fast sofort verbesserte sich die Zirkulation – mehr Menschen sahen mehr von dem Geschäft. Da sich die Käufer ganz automatisch nach rechts bewegen, ist der Bereich rechts vorn in jedem Laden die bedeutendste Zone. Dort sollte man die wichtigste Ware aufbauen, die Ware, die über Erfolg oder Misserfolg des Geschäfts entscheidet, die wirklich jeder Kunde sehen sollte. So kann man die natürliche Bewegung der Menschen zum eigenen Vorteil nutzen.

Viele Käufer greifen auch nach der rechten Seite, weil die meisten Menschen Rechtshänder sind. Wenn man frontal vor einem Regal steht, ist es einfacher, Waren in die Hand zu nehmen, die rechts im Regal stehen, statt den Arm vor dem Körper vorbeizuführen, um etwas auf der linken Seite zu greifen. Wenn also ein Geschäft dem Kunden etwas in die rechte Hand drücken will, muss es die Ware etwas rechts von dem Ort platzieren, an dem der Kunde voraussichtlich stehen bleibt. Planogramme, das heißt Karten, die anzeigen, welche Produkte wo im Regal platziert werden sollen, werden mit diesem Gedanken im Hinterkopf entworfen: Wenn man beispielsweise Kekse im Regal anordnet, dann kommt der Marktführer in die Mitte – genau ins Schwarze – und die Marke, die man aufbauen möchte, wird rechts davon platziert.

Ein noch simplerer Aspekt der menschlichen Bewegungsabläufe schafft für die Läden die meisten logistischen Probleme. Man kann wirklich behaupten, dass diese Eigentümlichkeit der menschlichen Fortbewegung fast jedes

Einzelhandelsumfeld für seine eigentlichen Zwecke reichlich ungeeignet macht. Es ist die Tatsache, dass Menschen vorwärts gehen und geradeaus schauen.

Die Bedeutung dieser einfachen Tatsache ist deshalb so groß, weil ein Einzelhandelsgeschäft üblicherweise für nicht existente Wesen entworfen wird, die seitwärts gehen und sich schlangenartig bewegen wie die Figuren, die in altägyptischen Hieroglyphen gezeichnet sind: Sie wenden uns ihren Oberkörper zu, während ihre Füße geradeaus weisen. Wenn man geradeaus durch den Gang in einem Laden geht, schaut man vorwärts. Man muss sich schon bemühen und den Kopf nach links und rechts drehen, um die Regale und Ständer zu sehen, an denen man vorbeigeht. Diese Anstrengung verursacht ein gewisses Unbehagen, denn man kann nicht mehr schauen, wo man hingeht, sondern muss in eine andere Richtung blicken. Wenn das Umfeld bekannt ist und man das Gefühl hat, sich ohne Schwierigkeiten bewegen zu können (breite Gänge, keine Kisten oder sonstigen Hindernisse auf dem Fußboden, über die man stolpern könnte), dreht man möglicherweise beim Gehen den Kopf zur Seite und schaut sich die Ware an. Wenn man mit dem Laden weniger vertraut ist, sieht man weniger – unbewusst hält man Ausschau, damit man nicht über einen Karton oder ein kleines Kind stolpert und hinfällt. Wenn beim Gehen ein Display die Aufmerksamkeit erregt, bleibt man möglicherweise stehen und schaut es sich so an, wie es angeschaut werden sollte, das heißt frontal. Aber nur dann.

Dieses Problem zeigt sich nicht nur bei Supermarktregalen. Wie nähert man sich auf der Straße einem Schaufenster? Fast immer von der Seite, weil man von links oder rechts an dem Laden vorbeikommt. Aber die meisten Schaufenster sind so dekoriert, als ob jeder Betrachter direkt davor stünde und sie sich anschaute. Was kaum jemals geschieht. Mit Hinweisschildern, die außen vor dem Geschäft angebracht sind, ist es das gleiche Problem. In der Nähe von meinem Büro gibt es ein neues Restaurant, das viel Geld für ein sehr hübsches Aushängeschild ausgegeben hat, aber statt es rechtwinklig zur Hausmauer aufzuhängen, damit Fußgänger, die sich dem

Lokal nähern, es von beiden Seiten sehen können, hängt es parallel zur Mauer, sodass man es nur lesen kann, wenn man die Straße überquert und direkt darauf zugeht. So nähern sich aber nur fünf oder vielleicht zehn Prozent der potenziellen Kunden dem Restaurant.

Natürlich könnte man das Schild in einer Stunde umhängen und das Problem wäre gelöst. Schaufensterdekorationen können leicht so angeordnet werden, dass vorübergehende Passanten sie bemerken: Die Ware muss schräg nach einer Seite ausgerichtet werden, damit man sie bequem aus den Augenwinkeln sehen kann. Und da wir nicht nur auf der rechten Seite fahren, sondern auch auf der rechten Seite gehen, sollte die Ware im Schaufenster normalerweise nach links weisen. Eine derartige Anordnung erhöht sofort die Zahl der Menschen, die die ausgestellte Ware wirklich sehen.

Aber wie kann ein normales Geschäft darauf reagieren, dass wir vorwärts gehen und normalerweise auch in diese Richtung schauen? Eine Methode wird bereits in fast allen Läden angewandt. In amerikanischen Geschäften bringen Warenauslagen am Ende von fast jedem Gang dem Kunden die Artikel auf äußerst wirkungsvolle Weise vor Augen. Fast alle Läden nutzen diese Anordnung – in einem CD-Geschäft sieht man an dieser Stelle die CDs von einem beliebten Musiker oder vielleicht Neuausgaben im Sonderangebot; im Supermarkt findet man hier Erfrischungsgetränke zu günstigen Preisen. Eine Auslage am Ende eines Ganges kann die Abverkäufe eines Produktes allein dadurch steigern, dass wir die Ware klar und deutlich sehen, wenn wir darauf zugehen. Das Ende eines Ganges ist auch deshalb ein guter Platz für Waren, weil man auf dem Weg von oder zu einem anderen Gang zwangsläufig daran vorbeikommt; wenn man also zum Beispiel eine Menge Bahlsen-Kekse am Ende des Ganges vorfindet, dann füllt man damit seinen Einkaufskorb, ehe man zu den übrigen Keksen kommt, die zehn Schritte weiter im nächsten Gang untergebracht sind.

Es gibt ein natürliches Limit für die Ware, die am Ende der Gänge angeboten werden kann: Pro Gang gibt es nur zwei Enden. Aber es gibt noch eine andere gute Methode, Ware so auszustellen, dass sie gesehen wird. Man nennt das »abgewinkeltes Anordnen« – für das Anbringen der Regale und Gestelle wird ein schräger Winkel gewählt; dadurch wird eine größere Anzahl von Waren dem Blick des vorbeigehenden Kunden ausgesetzt. Statt die Regale in einem Winkel von 90 Grad zum Gang anzubringen, wählt man einen Winkel von nur 45 Grad. Das ist ein riesiger Unterschied und zudem eine elegante Lösung. Es gibt dabei nur ein Problem: Regale, die so angebracht werden, benötigen etwa ein Fünftel mehr Raum als bei der üblichen Stellung. Daher kann ein Laden mit dieser Auslage nur achtzig Prozent der Ware zeigen, die er bei herkömmlichem Design ausstellen könnte. Die große Frage ist, ob die veränderte Regalanordnung zu so viel Mehrkäufen anregt, dass der Verlust durch weniger Ware wieder wettgemacht wird. Kann ein Geschäft, das insgesamt weniger Ware anbietet, aufgrund der besseren Regalkonfiguration mehr verkaufen? Diese Frage kann ich nicht beantworten. Wir haben einigen unserer Kunden zu der abgewinkelten Regalanordnung geraten, aber bisher hat noch niemand das Konzept vollständig umgesetzt. Man weiß jedoch sicher, dass diese Art von Display bei solchen Artikeln gut funktioniert, die man erst kauft, nachdem man sie in Ruhe angeschaut hat.

Was wir sehen, wird in hohem Maße davon bestimmt, wie wir gehen, aber auch davon, wohin unsere Augen normalerweise wandern. Wenn man den Verkaufstisch mit Pullovern erst sieht, wenn man direkt davor steht, ist er nicht besonders effektiv. Wenn man ein Display nicht aus einer gewissen Entfernung sehen kann – aus etwa drei bis sieben Meter Abstand –, dann wird man nicht direkt darauf zugehen, sondern höchstens zufällig daran vorbeikommen. Deshalb müssen die Architekten, die Ladengeschäfte entwerfen, dabei immer die natürliche Blickrichtung der Kunden bedenken – sie müssen sicherstellen, dass die Kunden sehen, was vor ihnen liegt, aber auch in der Lage sind, sich umzuschauen und wahrzunehmen, was an anderer Stelle ausgestellt wird. Daher sollten Schautafeln und aufgehängte Poster auch auf beiden Seiten ihre Botschaft verkünden, damit kein Kunde auf eine leere Seite zugeht.

Nachdem er sich die Blickrichtung seiner Kunden klargemacht hat, muss der Einzelhändler dafür sorgen, dass die Ware nicht so platziert wird, dass die freie Sicht auf sie verstellt ist. Das passiert immer wieder: Ein frei stehender Displayständer wird direkt vor ein Wandregal gestellt und raubt dem Kunden die Sicht auf die dort ausgestellte Ware. Oder eine Hinweistafel verdeckt den Artikel, für den sie werben soll. Idealerweise sollte der Kunde sich Ware bequem anschauen können und beim Aufschauen feststellen, dass es dort drüben, fünfzehn Schritte weiter, etwas ähnlich Attraktives gibt. Es ist der gleiche Effekt wie bei einem Flipperautomaten: Die effektiv gewählte Anordnung der Ware lenkt die Kunden von Regal zu Regal durch den ganzen Laden. Auf diese Art und Weise wird die Ware selbst zum Werkzeug, das den Käufer durch den Laden wandern lässt. Gut geführte Geschäfte funktionieren so: Man fühlt sich unwiderstehlich von dem angezogen, was man in der Ferne vor sich sieht oder rechts in der Ecke.

Wir haben untersucht, wie viel von dem, was auf den Regalen der Supermärkte ausgestellt ist, von den Kunden wirklich gesehen wird – die so genannte Blickfangquote. Etwa ein Fünftel aller Kunden sehen ein durchschnittliches Produkt im Supermarktregal. Es gibt einen gewissen Kernbereich, für den die Wahrscheinlichkeit hoch ist, dass Käufer Ware dort sehen. Er reicht von einem Punkt knapp über der Augenhöhe bis zu einer Stelle etwa in Höhe der Knie. Was viel höher oder niedriger platziert wird, sieht man in der Regel nicht, es sei denn, man sucht wirklich danach. Auch das ist eine Auswirkung unseres defensiven Gehverhaltens, denn wenn wir nach oben schauen, sehen wir nicht, was sich vor unseren Füßen abspielt.

Das heißt, dass eine enorm große Fläche im Einzelhandel zwar nicht gerade verschwendet ist, aber doch eine große Herausforderung darstellt. Wunderbar, wenn ein Geschäft es sich leisten kann, keine Ware außerhalb des Kernbereiches zu platzieren. Aber die meisten können sich diesen Luxus eben nicht leisten. Die Läden können versuchen, außerhalb des Kernbereichs nur große Artikel unterzubringen. Es fällt leichter, die Großpackung mit Pampers-Windeln in Wadenhöhe zu entdecken als die Labello-Lippenpflege. Die Ware ist leichter zu sehen, wenn das unterste Regal etwas nach oben geneigt wird.

Das Problem der Sichtbarkeit kann auch von den Designern der Verpackungen wirkungsvoll gelöst werden. Alle Aufschriften, alle Schachteln, alle Behälter sollten so entworfen werden, als würden sie aus einer ungünstigen Perspektive betrachtet – als wären sie entweder über dem Kopf des Betrachters oder in seiner Wadenhöhe platziert. Verpackung sollte auch dann wirken, wenn man sie aus einem engen Winkel betrachtet und nicht direkt darauf schaut.

Wenn sich die Designer an diese Regeln hielten, sähen wir viel häufiger große, deutliche Schrift in starken Kontrastfarben. Das hat auch Auswirkungen auf Geschäfte, die all ihre Ware im Laden selbst lagern und nicht in einem speziellen Lagerraum aufbewahren. Ich denke dabei an Computer, Telefonapparate, Hi-Fi-Systeme und andere Unterhaltungselektronik, die mitunter in Kisten vom Boden bis zur Decke gestapelt ist. Die Kartons waren ursprünglich überhaupt nicht für das Display im Laden gedacht, aber genau dort stehen sie. Allein dieser Aspekt sollte dazu führen, dass farblose Einheitsverpackung – brauner Karton, keine Bilder, kaum eine Inhaltsangabe – bald der Vergangenheit angehört. Man sollte die Kartons so entwerfen, dass sie als Poster oder Plakate für die Ware dienen können. Üblicherweise schreiben die Designer von Verpackungsmaterial den Herstellernamen ganz oben hin und befriedigen damit die Eitelkeit des Unternehmens, während die Produktbezeichnung ganz unten steht. Wenn die Ware in Bodennähe oder auf dem Boden platziert wird, ist diese Anordnung genau falsch. Steht die Schachtel auf dem Boden, können die Kunden zwar den Markennamen bequem lesen, aber nicht die Information darüber, was sich wirklich in dem Karton befindet. Da kein Designer bestimmen kann, wo und wie die von ihm entworfene Verpackung im Laden stehen wird, sollte die Produktinformation *immer* klar und deutlich oben stehen und die Packungsaufschrift sollte immer ein bisschen wie ein Großplakat wirken – klar, mit scharfen Kontrasten, einem deutlich sichtbaren Bild und ausreichend großer Schrift.

Ein anderer Punkt, um den man sich kümmern muss, ist die von uns so genannte Bumerangquote. Dieses Maß gibt an, wie häufig ein Kunde nicht ganz vom einen bis zum anderen Ende eines Ganges geht. Es zeigt auf, wie häufig ein Kunde einen Gang betritt, ein paar Schritte geht, etwas aus dem Regal wählt und dann, statt weiterzugehen, sich umdreht und zurückgeht. Normalerweise geht man einen Gang entlang, weil man etwas Bestimmtes sucht; sobald das Gewünschte gefunden wurde, dreht man sich um, ohne auch nur einen weiteren Blick auf das Regal zu werfen (oder falls man doch einen Blick darauf wirft, sieht man nichts, was einen zum Stehenbleiben anregt). Was kann man gegen dieses Verhalten tun? Einzelhändler haben sich offensichtlich entschieden, die beliebteste Ware etwa im mittleren Teil des Ganges zu platzieren. Hersteller sollten eine ganz andere Strategie verfolgen: sie sollten ihre Produkte möglichst nahe am Ende eines Ganges platzieren.

Es gibt aber auch Möglichkeiten, das Interesse der Kunden wach zu halten. Eine der neuesten und erfolgreichsten Methoden funktioniert nur, wenn Kinder dabei sind, weshalb sie auch so gut im Bereich mit Cornflakes, Snacks und Müsli klappt, wo Mama und Papa normalerweise nur einmal hinlangen und wieder gehen. Wir haben beobachtet, dass in einem Geschäft ein Himmel-und-Hölle-Spiel, das auf den Boden aufgemalt war, Kunden mühelos eine Weile festhielt. In einem von uns untersuchten Laden spielten die Kinder im Durchschnitt fast 14 Sekunden lang in dem Gang – eine lange Zeit, um vor einem Regal mit Cornflakes zu stehen, ohne welche zu kaufen.

Die führenden Köpfe im Einzelhandel haben schon immer nach Mitteln und Wegen gesucht, um die Kunden länger in den Gängen festzuhalten, aber die meisten dieser Ansätze verpufften wirkungslos. Bei Blockbuster, wo man sich Videos ausleihen kann, wurde der Versuch unternommen, das Interesse der Kunden für alte Filme ihrer Lieblinge zu wecken. Wenn beispielsweise das brandneue Video eines Films mit Bruce Willis herausgekommen war, dann stellte der Laden daneben einen Ständer mit den größten Erfolgen von Bruce

Willis auf. Er sollte die Leute zum Anhalten bewegen, aber sie ignorierten ihn und gingen daran vorbei. Die Moral von der Geschichte: Wer den neuesten Film sehen will, wird sich mit nichts anderem zufrieden geben. Daraus kann man den Schluss ziehen, dass noch so viel Werbung im Laden keinen Kunden davon abhalten wird, sein eigentliches Ziel zu verfolgen. Man kann nur versuchen, das Beste daraus zu machen.

Die meisten Kunden kennen einen Aspekt der üblichen Bewegungsabläufe genau: den Wunsch der Einzelhändler und Hersteller, uns bis in die hinterste Ecke des Ladens zu locken. Jeder weiß, warum die Milchprodukte im Verbrauchermarkt meistens an der hintersten Wand stehen: Weil fast jeder Kunde Milch braucht, gehen alle durch den ganzen Laden und schauen sich die Ware an, bis hin zur Wand ganz am Ende des Geschäfts. Im Großen und Ganzen funktioniert dieser Trick.

Es ist generell eine Herausforderung, Kunden in den hinteren Teil eines jeden Geschäftes zu bringen. Die Videothekenkette Blockbuster Video hat ihren Kunden beigebracht, geradewegs in den hinteren Teil des Ladens zu gehen, denn dort werden die Neuerscheinungen ausgestellt. Diese breite Ausstellungsfläche mit den aktuellsten Filmen ist ein Bereich, wo man sich bequem Videos aussuchen kann. Daher gehen die Kunden direkt in den hinteren Teil des Ladens, wählen einen Film und gehen dann durch den Hauptgang zur Kasse zurück. Diese vorhersehbare Bewegung erlaubt es Blockbuster, die Neigung der Menschen zu Spontankäufen auszunutzen – in diesem Hauptgang werden Popcorn, Süßwaren, Erfrischungsgetränke, Filmzeitschriften und andere Produkte mit hohen Gewinnmargen verkauft.

Klugerweise bauen nicht alle Einzelhändler die Ware, die das Geschäft am Leben hält, in der hintersten Ecke auf. Man muss sich vor Augen halten, dass jeder Quadratmeter in einem Laden hinsichtlich Miete, Heizung und Beleuchtung gleich teuer ist. In einem Geschäft, in dem die Übergänge von einem Bereich in den anderen fließend und attraktiv gestaltet sind, werden die Kunden ganz automatisch auch in die tiefsten Tiefen vorstoßen. Wenn die Kunden gleich am Eingang sehen, dass sich hinten in dem Geschäft etwas Interessantes abspielt, dann werden sie wenigstens einmal dorthin gehen. Die einfachste Lösung besteht darin, an die hinterste Wand eine Art Mandala zu hängen, ein großes Poster beispielsweise oder, noch besser, etwas, das optisch oder akustisch besonders auffällt, das den Kunden das Gefühl vermittelt, dort passiert etwas, was sie nicht versäumen sollten. Möglicherweise gehen sie nicht gleich darauf zu, aber früher oder später werden sie sich davon wie magnetisch angezogen fühlen. Alles ist besser als das Gefühl, das einen in den meisten großen Geschäften beschleicht: dass der Hintergrund des Ladens Niemandsland ist.

Der vordere Bereich eines Ladens hat einen wesentlichen Einfluss darauf, wer den Laden überhaupt betritt. Ein Beispiel dafür sind grundsätzlich langweilige Geschäfte wie RadioShack oder, wie sie in einigen europäischen Ländern heißen, Tandy. Ursprünglich war diese Kette ein Paradies für Elektronik-Bastler. Jahrzehntelang waren diese Geschäfte mit ihren Oszilloskopen, elektronischen Stoppuhren, Robotern und Batterien in unmöglichen Größen nur etwas für Männer.

Als RadioShack beschloss, mehr Frauen anzusprechen, sah man das hauptsächlich daran, dass die Geschäfte sich auf einmal auf Telefonapparate konzentrierten (nicht, weil Telefone typischerweise etwas für Frauen sind – auch wenn manche Leute über diesen Punkt streiten würden –, sondern weil Telefone universell gebraucht werden, jedermann kann sie nutzen). Die Apparate wurden ganz vorne im Laden aufgebaut, um die Damen auch wirklich anzuziehen. Außerdem wurde eine Werbekampagne gestartet, deren Slogan war: »Sie haben Fragen? Wir haben die Antworten.« Wir hatten den Eindruck, dass Frauen indirekt auf die Erlaubnis warteten, einen RadioShack-Laden betreten zu dürfen. Große Displays von Alltagswaren neben dem Eingang, mit Produkten, zu denen Frauen eine Beziehung haben, gaben ihnen den Eindruck, willkommen zu sein. Wir alle haben irgendwelche Probleme mit technischen Produkten und wir alle möchten gerne aufgefordert werden, Fragen zu stellen. Eine solche Einladung muss sehr deutlich am Eingang des Ladens zu finden sein.

Wir raten manchen unserer Kunden sogar, mehrmals am Tag im Eingangsbereich ihres Geschäfts andere Ware zu platzieren, um die unterschiedlichen Käufergruppen, die vorbeigehen, optimal anzusprechen. Uns fiel beispielsweise auf, dass die meisten Leute, die am Morgen an einer Buchhandlung in einem Einkaufszentrum vorbeibummelten, junge Mütter mit Buggys waren. Daher empfahlen wir unserem Kunden, Bücher über Babypflege, Gesundheit und Familienthemen im vorderen Bereich auszustellen. (Wir rieten auch, genug Platz zu schaffen, damit man mit Buggys durchs Geschäft fahren konnte.) Am frühen Nachmittag rannten die Kids, die gerade aus der Schule gekommen waren, durch das Einkaufszentrum, daher waren jetzt Bücher über Sport, Popmusik, Fernsehsendungen und andere Themen für Jugendliche angebracht. Nach fünf Uhr strömten die Berufstätigen ins Zentrum, daher waren jetzt Bücher über die Arbeitswelt und Computer angesagt. Da Rentner das Zentrum ganz früh am Morgen zum Spazierengehen nutzen, rieten wir unserem Kunden auch, am Abend vor dem Schließen die Fenster noch schnell mit Büchern über Renten, Ruhestand und Reisen zu dekorieren. Um den Anforderungen gerecht zu werden, kaufte der Laden große zylindrische Displayständer, die man während des Tages drehen konnte, sodass immer die richtige Art von Büchern deutlich zu sehen war. Am Freitag und Samstag ist der vordere Bereich in jedem Supermarkt voller Menschen, daher wird er so angelegt, dass sich Menschenmassen dort bewegen können. Andererseits ist es dort am Montag und Dienstag sehr ruhig. Wir empfahlen Kunden, auf den paar Metern vor dem Kassenbereich Raum für ein neues Einkaufserlebnis zu schaffen, eine Art Minibasar für Spontankäufe statt der üblichen paar Ständer.

Man muss auch berücksichtigen, wie häufig Kunden in einen Laden gehen. Wenn der Durchschnittskunde alle zwei Wochen vorbeikommt, dann müssen die Auslagen im Fenster und Plakate im Laden ebenso häufig geändert werden, damit sie immer neu und interessant wirken. Das bringt mich auf ein anderes Beispiel dafür, wie die Innengestaltung des Ladens und Merchandising zusammenpassen müssen: Wenn die Schaufenster so angelegt sind, dass sich die Angestellten leicht darin bewegen können, dann wird die Auslage auch häufiger ausgewechselt als bei Schaufenstern, die sich nur schwer dekorieren lassen.

Nicht alles, was wir über die Bewegung von Käufern in Erfahrung gebracht haben, ist allgemein gültig, aber es hat immer Auswirkungen auf die spezifische Umgebung, die wir studieren. Wir untersuchten die Niederlassung einer bedeutenden Restaurantkette am Sunset Boulevard in Los Angeles. Tagsüber schien es völlig in Ordnung, dass die Toiletten gleich neben der Eingangstür lagen. Am Abend aber, wenn die Straße auch von ein paar netten Bordsteinschwalben aus der Nachbarschaft frequentiert wurde, stellte sich die Lage der Damentoilette als Nachteil für das Lokal heraus. Die Damen des horizontalen Gewerbes nutzten sie als eine Art Treffpunkt, einen Ort, an dem sie sich waschen, hinsetzen und unterhalten konnten, ehe sie wieder ihrer Arbeit nachgingen. Nicht besonders angenehm für die Gäste des Lokals.

Einige Hallmark-Schreibwarengeschäfte haben eine Abteilung, in der Kunden sich Briefpapier und Karten nach eigenen Angaben gestalten lassen können, wo Brautleute sich ihre Einladungen drucken lassen und so weiter. Grundsätzlich war die Ausstattung dieser Abteilungen mit einem Schreibtisch und Regalen für die großen Musterbücher völlig in Ordnung. Aber in einem viel frequentierten Einkaufszentrum in New Jersey befand sich diese Abteilung im vorderen Teil des Geschäftes, direkt neben den Kassen, dem Bereich, der wahrscheinlich der lauteste und belebteste im ganzen Laden war. Die einzige Person, die sich dort aufhielt, füllte gerade ein Bewerbungsformular aus.

7. Käufer zwingen den Einzelhandel zu Änderungen

Ich möchte nun eine sehr amerikanische Geschichte erzählen. Sie ist nicht nur wahr, sie ist auch amüsant und bietet eine Menge Information.

Bei Kmart oder in einem ähnlichen Geschäft habe ich ein etwa sechzigjähriges, leicht übergewichtiges Paar beobachtet, das gerade dabei war, für ihn ein paar neue Unterhosen zu kaufen.

Ich gebe den Wortlaut ihres Gesprächs wieder:

Er: »Wo ist denn meine Größe?«

Sie: »Dort drüben.«

Er: »Ich glaube, ich nehme so eine Dreierpackung.«

Sie: »Nein, wir nehmen besser gleich sechs … mir passen die auch.«

Man muss kein Psychologe des Konsums sein, um zu begreifen, was hier gerade passiert ist, aber wahrscheinlich leuchtet es einer Frau eher ein, vor allem einer übergewichtigen, die meistens nur Unterwäsche mit Gummizug findet, der an den Beinen und in der Taille kneift.

Seit der erwähnten Beobachtung, die einige Jahre zurückliegt, sind die Damenslips denen der Männer ähnlicher geworden, mit breiten, flachen (nicht kneifenden) Gummibändern und aus weichem Baumwollmaterial, wodurch das Problem der oben erwähnten älteren Frau gelöst wurde und sie sich nicht mehr mit bequemer Herrenunterwäsche behelfen muss. Aber nach wie vor illustriert das erwähnte Beispiel sehr schön, wie Kunden selbst darüber entscheiden, auf welche Weise sie den Einzelhandel und die dort angebotenen Produkte nutzen wollen. Die Designer von Waren und Verpackungen, die Hersteller, Architekten, Werbefachleute und Einzelhändler treffen alle wichtigen Entscheidungen darüber, was Leute wie und wo kaufen sollen. Aber dann erscheinen die Kunden selbst auf der Bildfläche und werfen einfach die wunderbarsten Theorien und raffiniertesten Pläne über den Haufen.

War den Leuten, die Damenunterwäsche entwerfen und

herstellen, bewusst, dass ihre Modelle für übergewichtige Frauen ungeeignet waren? Möglicherweise nicht. Oder vielleicht doch, aber sie wussten nicht, was sie in dem Fall tun sollten. Vielleicht haben sie einfach angenommen, dass Frauen keine Slips tragen würden, die wie Männerunterhosen geschnitten sind, obwohl ganz offensichtlich bereits damals ein Trend zu mehr maskulin aussehender Damenbekleidung herrschte. Wenn damals der Direktor einer Dessousfirma neben unserem Marktforscher gestanden hätte, wäre ihm vielleicht ein Licht aufgegangen und er hätte begriffen, dass diese Frau ihm gerade etwas sehr Wichtiges über seine Produkte mitgeteilt hatte. Vielleicht hätten wir dann schon viel eher Änderungen bei Damenunterwäsche beobachten können.

Hier noch ein anderes Beispiel dafür, wie Kunden den Einzelhandel dazu zwingen, sich ihren Bedürfnissen anzupassen – es geht um ein Thema, das vielleicht am allerwichtigsten ist, wenn es um die Planung und Ausstattung von öffentlichen Räumen geht: Sitzgelegenheiten. Sobald man in irgendeiner Form über die elementaren Wünsche und Bedürfnisse der Menschen redet, *muss* man das Thema Sitzen ansprechen. Luft, Nahrung, Wasser, Obdach, Sitzmöglichkeiten – in dieser Reihenfolge.

Auf der ganzen Welt könnten die meisten Geschäfte ihren Umsatz sofort erhöhen, wenn sie eines bereitstellen würden: einen Stuhl. Ich würde einen Displayständer weniger aufstellen, wenn ich dadurch Platz für einen Stuhl schaffen könnte. Ich würde dafür auch ein Regal von der Wand nehmen oder eine Kleiderpuppe beseitigen. Ein Stuhl bedeutet: Sie sind uns wichtig, wir sind um Ihr Wohlergehen bemüht. Wenn sie die Wahl haben, kaufen Menschen lieber von Leuten, die sich um sie bemühen.

Die folgende Geschichte spielte sich in einem großen, bekannten Geschäft für Damenbekleidung ab. In einem Geschäft, das unzureichende Sitzgelegenheiten für die Männer bereithielt, die ihre Frauen oder Freundinnen beim Einkaufsbummel begleiteten. Woher ich weiß, dass nicht genug Sitzmöglichkeiten vorhanden waren? Weil die Ehemänner und Freunde sich genötigt sahen zu improvisieren, was die Men-

schen immer dann tun, wenn man einem ihrer Grundbe-
dürfnisse nicht Rechnung trägt. Wann immer man im Einzelhandel Kunden beobachten kann, die improvisieren, hat
man ein gutes Beispiel dafür entdeckt, dass eine Person nicht
in der Lage ist zu begreifen, was eine andere Person braucht.

In Bekleidungsgeschäften ist die Notwendigkeit von Sitz-
plätzen offensichtlich. Während die Frauen einkaufen, warten ihre männlichen Begleitpersonen, und wenn Männer (oder
Frauen) warten müssen, tun sie das lieber im Sitzen. So sicher
wie das Amen in der Kirche. Trotzdem machen die Designer
von Einzelhandelsgeschäften regelmäßig Fehler, wenn es um
Sitzgelegenheiten geht. Während der Zeit, als ich noch für das
Project for Public Spaces Parks und Plätze beobachtete, verbrachten wir einen großen Teil unserer Zeit damit, darüber
nachzudenken, wie man Bänke, die im Freien stehen, verbessern könnte – wo man sie aufstellen sollte, wie breit sie sein
müssten, ob sie besser in der Sonne oder im Schatten stehen
sollten, wie nahe am Hauptweg, besser aus Holz oder aus
Stein (Stein wird im Winter verdammt kalt). Uns wurde klar,
dass man mit einer Bank die Entfernung verdoppeln kann, die
ein alter Fußgänger zurücklegen kann – der alte Mann oder
die alte Frau geht ein Stück, fühlt sich etwas erschöpft und
denkt ans Zurückgehen, aber dann sieht er oder sie die einladende Bank im Schatten. Nach einer Ruhepause kann die
Person wieder weitergehen. Im Einzelhandel erfüllt ein Stuhl
natürlich einen etwas anderen Zweck: Wenn Leute zu zweit
oder zu dritt einkaufen gehen, mit Ehepartnern, Kindern oder
Freunden zusammen, dann sorgen Sitzgelegenheiten dafür,
dass diejenigen, die selbst nichts kaufen wollen, sich wohl
fühlen; sie sind versorgt und stören den Käufer nicht.

In dem oben erwähnten Bekleidungsgeschäft kauften die
Frauen ein, aber nicht die Männer – die warteten bloß auf
ihre Damen. Sie hätten sich liebend gerne hingesetzt, aber das
Geschäft hatte keine Stühle oder Sessel bereitgestellt. Warum
nicht? Vielleicht war nicht genügend Platz dafür vorhanden.
Vielleicht hatten sie einmal einen Stuhl, der inzwischen ka-
puttgegangen war. Oder jemand hatte entschieden, dass ein
paar herumlungernde Männer das Ambiente stören würden.

Hieß das nun, dass die Männer herumstanden? Natürlich nicht – Not macht erfinderisch, und sie fanden eine Sitzgelegenheit. Im erwähnten Geschäft gab es ein großes Fenster, dessen Fensterbank ungefähr in der Höhe war, wo man eine normale Bank erwarten würde. Die Fensterbank wurde zum Sitzplatz umfunktioniert.

Und wo befand sich diese improvisierte Bank? Niemand war schuld daran oder hatte es so geplant, aber diese Sitzgelegenheit war genau neben einem großen, attraktiven Ständer mit Wonderbras, dieser fabelhaften Stützkonstruktion, die vor Jahren so eine erhebende Wirkung hatte. Hinterher weiß man immer alles besser und es erscheint offensichtlich, was dann passierte: Frauen gingen auf den Ständer zu, schauten sich die Büstenhalter an und bemerkten dann, dass sie von den Typen auf der Fensterbank betrachtet wurden. An dem Tag, als wir unsere Beobachtungen in dem Geschäft durchführten, saßen da zwei ältere Frohnaturen, die ungeniert darüber diskutierten, ob die Frauen, die mutig genug waren, vor dem Ständer stehen zu bleiben und sich die Ware anzusehen, einen Wonderbra brauchen oder nicht. An diesem Tag wurden übrigens kaum Wonderbras verkauft.

Jeder weiß, dass die unmittelbare Umgebung für jedes Produkt von größter Wichtigkeit ist. Das galt ganz besonders für den Wonderbra, der damals eine Neuentwicklung darstellte und den sich die Frauen genau ansehen und dann ausprobieren wollten. Viele große Geister im Einzelhandel zerbrechen sich die Köpfe, um das Geheimnis zu ergründen, welches Produkt neben welchem anderen angeboten werden sollte, um die besten Synergien und den größten Effekt zu erzielen. In dem erwähnten Fall wurde völlig unbeabsichtigt ein schlechtes Umfeld geschaffen (schlecht für die Käuferinnen, schlecht für den Handel, aber gar nicht so übel für die Jungs auf der Fensterbank), und zwar von Menschen, die durch die Unachtsamkeit des Einzelhändlers zum Improvisieren gezwungen worden waren.

Hier noch ein anderes Beispiel dafür, wie Kunden völlig zu Recht ein engstirniges Konzept unterwanderten: Es tobt ein stiller, aber erbitterter Krieg zwischen den Herstellern von

Kosmetika und deren Anwenderinnen. Frauen wollen Kosmetikprodukte ausprobieren, ehe sie diese kaufen, was verständlich ist, wenn man bedenkt, wie teuer Make-up ist und welch unterschiedlichen Effekt es je nach Hauttyp hat. Die Kosmetikhersteller möchten aber ein sorgloses Testen ihrer Produkte verhindern, weil Ware, die offensichtlich schon befingert oder benutzt wurde, sich schlecht verkauft. Es gibt eine ganze Reihe von Konzepten und Systemen, die dem Hang zum Ausprobieren durch Testprodukte entgegenkommen, aber keines funktioniert hundertprozentig und daher hat sich auch keines zum Standard entwickelt.

Vor ein paar Jahren glaubte ein Kosmetikhersteller tatsächlich, er habe die absolut sichere Lippenstiftverpackung entwickelt, das heißt einen Lippenstift, der sich nicht herausdrehen ließ, ohne dass man die Versiegelung beschädigte. Der Anbieter war überzeugt, dass die Frauen so Gelegenheit hätten, sich die Farbe anzuschauen, ohne den Lippenstift selbst zu berühren. Die Jungs aus der Verpackungsentwicklung waren sicher, dass das Unternehmen auf diese Weise Millionen einsparen würde. Und wir wurden damit beauftragt, zu beobachten, wie Frauen tatsächlich mit dem Prototyp umgingen. Wir sahen, wie die Kundinnen die Kappe entfernten, hineinschauten und dann erfolglos versuchten, den Stift zu drehen; nach diesem Misserfolg angelten sie mit rosigem Fingernagel in der Röhre und förderten ein bisschen Lippenstift zu Tage, das sie nun begutachten konnten. Die Experten rissen sich die Haare aus. Es war unsinnig, überhaupt zu versuchen, Frauen vom Testen eines Lippenstifts abzuhalten. Die fortschrittlicheren Kosmetikhersteller sind sich bewusst, dass Ausprobieren oft zu Käufen führt, daher ermutigen sie potenzielle Kunden, die Ware zu testen. Meiner Ansicht nach wäre die beste Lösung eine durchaus Gewinn bringende: Man packe ein paar Muster Lippenstift, Rouge und Puder in den neuen Modefarben zusammen, genug für zwei oder drei Anwendungen, und verkaufe sie für zwei oder drei Mark.

Nicht jede Art von Improvisation sollte verhindert werden. Die meisten von uns wissen, wie voll der Videoverleih am Wochenende ist, wenn wir eine Kassette mit dem neuesten

Film suchen. Unternehmen wie Blockbuster mit seinen Videotheken leben von dem Gedränge am Wochenende. Wir haben
beobachtet, dass eine ganze Menge der wirklich erfahrenen
Kunden sich nicht auf die Wand mit den Neuerscheinungen
am Ende des Ladens stürzte, sondern auf den kleinen Wagen,
auf dem die zurückgebrachten Videokassetten gestapelt werden, ehe ein Verkäufer sie wieder im Regal einsortiert. Es gibt
keinen Grund, dieses Verhalten zu ändern, schließlich spart
sich der Verkäufer dadurch Arbeit, was durchaus positiv ist.
Ein ganz wichtiges Anliegen der Videoverleihbranche ist es,
Kunden zu motivieren, sich auch ältere Filme anzusehen
(denn deren Kosten haben sich bereits amortisiert, sie zu verleihen bedeutet Reingewinn). Um dieses Ziel zu erreichen,
haben wir Blockbuster vorgeschlagen, ganz einfach auch ein
paar alte Filme auf den kleinen Wagen zu legen, damit sie
aktuell und begehrenswert wirken und den wirklich begeis-
terten Filmfans direkt in die Hände fallen.

III

MÄNNER GEHEN IN BAUMÄRKTE, FRAUEN IN KAUFHÄUSER: DEMOGRAPHISCHE ASPEKTE DES EINKAUFENS

Wir haben festgestellt, dass die einfachsten menschlichen Eigenschaften – unsere körperlichen Fähigkeiten und Beschränkungen – einen großen Einfluss auf unser Einkaufsverhalten haben. Aber das Thema »Konsum« ist nicht nur faszinierend, sondern auch sehr komplex. Jeder von uns wird etwas anders auf das gleiche Umfeld reagieren. Eine Hinweistafel mag äußerst ansprechend gestaltet sein, gut lesbar, hervorragend positioniert, aber der eine liest Tafeln, der andere nicht. Die Anordnung der Waren in einem Laden ist perfekt, ich kann jeden einzelnen Artikel leicht erreichen, aber ich hasse es, Garderobe einzukaufen, und würde lieber zum Fischen gehen. Die Einkaufskörbe stehen alle in bequemer Reichweite, aber der Kunde ist im Moment knapp bei Kasse oder kauft aus Prinzip nie mehr als zwei Bücher auf einmal.

Natürlich wissen wir alle, dass Einkaufen zu verschiedenen Zeiten verschiedenen Leuten Verschiedenes bedeutet. Einkaufen kann Therapie sein, Belohnung, Bestechung, Freizeitbeschäftigung, ein guter Vorwand, nicht zu Hause bleiben zu müssen, der Versuch, Menschen für sich zu gewinnen, Unterhaltung, Erziehung, Anbetung oder einfach nur eine Methode, sich die Zeit zu vertreiben.

Es gibt Leute, die zwanghaft einkaufen und ihrem Bankkonto und ihrer Schufa-Beurteilung erheblichen Schaden zufügen; in ihrem Fall ist Konsum wirklich ein Hilfeschrei. Wie viele Persönlichkeiten des öffentlichen Lebens mit ohnehin zweifelhaftem Ruf werden verhaftet, weil sie irgendwelche kleinen, billigen Artikel aus einem Geschäft mitgehen ließen? Jedes Jahr gibt es in Amerika immer zwei oder drei solcher Fälle, und immer in Florida.

In den achtziger Jahren waren Emigranten aus Osteuropa, die in die USA kamen, überwältigt von dem vielfältigen Warenangebot, das in einem typischen Supermarkt in einem x-beliebigen Vorort vorhanden war. Diese Läden machten ihnen klar, dass die freie Marktwirtschaft letztendlich ganz einfach freie Wahl bedeutet – viele, viele Wahlmöglichkeiten. Auch ich erlebte beim Einkauf in einem Supermarkt eine emotionale Katharsis. Es geschah vor etwa fünfzehn Jahren, zu einem Zeitpunkt, als es so aussah, als ob meine Firma Envirosell endlich den Durchbruch geschafft hätte. Bis dahin war das durchaus nicht sicher gewesen – ich hatte immer am Rande des Bankrotts existiert, hatte wie verrückt gearbeitet und jeden Cent, den ich verdiente, wieder in die Firma gesteckt. Die Lage war angespannt: Wenn ich beispielsweise einen Termin in Florida hatte, dann nahm ich die Spätmaschine dorthin, um einen Billigflug zu erwischen, und kam mitten in der Nacht an. Ich holte meinen Mietwagen ab, fuhr zu meinem Ziel, übernachtete im Auto, ging am Morgen zu einer Tankstelle, um mich dort im Waschraum zu rasieren und mir die Zähne zu putzen, und dann zu meinem Geschäftspartner, immer bemüht, wie der Gründer eines erfolgreichen Marktforschungsunternehmens zu wirken. An jenem bewussten Tag wurde mir klar, dass ich und meine Firma es schaffen würden. Da war ich zufällig in dem Pathmark-Supermarkt in der Nähe von South Street Seaport in New York. Ich stand in einem Gang mit Importwaren, und auf einmal dämmerte mir, dass ich es mir leisten konnte, jeden dieser Artikel zu kaufen, der mir gefiel. Wenn ich zum Beispiel etwas englische Ingwerkonfitüre probieren wollte, an die ich mich aus meiner Kindheit erinnerte, dann konnte ich mir ein Glas aus dem Regal nehmen und es bezahlen, auch wenn es vielleicht vier oder fünf Dollar kostete. Schlagartig begriff ich, dass ich mir um meine Ausgaben für Lebensmittel keine Gedanken mehr zu machen brauchte, und in dem Moment fing ich an zu weinen. Vor all den importierten Gelees, Marmeladen und Konfitüren.

Die Hauptarbeit von Envirosell besteht darin, die verschiedenen Typen von Konsumenten zu bestimmen, Typen und Kategorien festzulegen, die für den Einzelhändler und alle anderen, die im Handel das Sagen haben, nützlich sein könnten. In einer Welt, wo »Männer sind anders. Frauen auch« zum Gemeinplatz geworden ist, achten wir natürlich besonders darauf, wie unterschiedlich sich Frauen und Männer in Geschäften verhalten. Manche Unterschiede entsprechen den Erwartungen – Frauen sind bessere Einkäufer, Männer schießen einfach los. Aber so wie sich Männer und Frauen (und die Beziehung zwischen ihnen) ändern, so ändert sich auch ihr Kaufverhalten, was für den Handel gewaltige Folgen hat. Der andere große Unterschied zwischen Konsumenten, den wir genau untersuchen, resultiert aus dem Alter der Kunden. Es gab Zeiten, da hat man Kinder im Supermarkt zwar gesehen, aber nichts von ihnen gehört. Das ist lange, lange her, und heute muss sich der Handel darum bemühen, auch noch den Allerkleinsten und ihren Bedürfnissen Rechnung zu tragen. Andererseits kann man auch sagen, dass ältere Konsumenten so wichtig wie nie zuvor geworden sind, denn es gibt immer mehr von ihnen, und sie haben Geld, das sie ausgeben können, und viel Zeit, in der sie das tun können. Die Art und Weise, wie Waren angeboten werden, wird im 21. Jahrhundert gerade durch die älteren Käufer grundlegend verändert werden. Zu Beginn des neuen Jahrhunderts zeichnen sich enorme kulturelle und demographische Veränderungen ab. In den vier folgenden Kapiteln werde ich darlegen, worin sich verschiedene Käufergruppen unterscheiden und wie sich diese Unterschiede im Handel widerspiegeln.

8. Wie Männer einkaufen

Als diese Warenhauskette noch ein Kunde von mir war, habe ich versucht, Woolworth's begreiflich zu machen, dass sie viel mehr Geld verdienen könnten, wenn sie einmal in der Woche einen »Vatertag« in ihren Geschäften veranstalten würden. Sie haben nicht auf mich gehört.

Männer und Frauen sind in fast jeder Hinsicht verschieden, warum sollten sie sich da nicht auch in ihrem Einkaufsverhalten unterscheiden? Die landläufige Meinung über männliche Konsumenten ist, dass sie nicht besonders gerne einkaufen gehen und es daher auch möglichst selten tun. Es ist meistens ein Kampf, sie auch nur dazu zu bewegen, eine Frau geduldig beim Einkauf zu begleiten. Folglich ist das ganze Einkaufsambiente – angefangen beim Design der Verpackungen über die Werbung im Allgemeinen und besonders die im Geschäft bis hin zur Gestaltung des Ladens selbst – nach dem Geschmack weiblicher Konsumenten gestaltet worden.

Frauen haben einen stärkeren Bezug zu dem, was wir unter Einkaufsbummel verstehen – ein entspanntes Spazieren durch verschiedene Geschäfte, das Betrachten und Begutachten von Waren, das Vergleichen von Produkten und Preisen, die Interaktion mit dem Verkaufspersonal, Fragen stellen, Sachen anprobieren und schließlich das Kaufen selbst. Traditionell tätigen Frauen die meisten Einkäufe und meistens machen sie das gerne – selbst wenn sie nur Dinge des täglichen Bedarfs kaufen, selbst wenn das Einkaufserlebnis an sich kein besonderes Vergnügen ist, erledigen Frauen ihre Einkäufe zuverlässig. Frauen sind stolz darauf, dass sie klug und sinnvoll einkaufen. In einer Studie über Babyartikel, die wir durchführten, waren die befragten Frauen überzeugt davon, dass sie die Preise von verschiedenen Produkten auswendig wussten, ohne hinschauen zu müssen. (Bei vorsichtigem Nachfragen stellten wir fest, dass die meisten von ihnen sich irrten.) So wie sich die Rolle der Frauen in der Gesellschaft ändert, so ändert sich auch ihr

Einkaufsverhalten – es wird dem der Männer ähnlicher –, aber nach wie vor werden die meisten Käufe in den USA von Frauen getätigt.

Generell kann man sagen, dass Männer im Vergleich zu Frauen richtige Sprinter sind. Wir haben die Zeit bei einer genügend großen Zahl von Kunden gestoppt, um zu wissen, dass sich Männer immer schneller durch die Gänge in einem Laden bewegen als Frauen. Männer schauen auch nicht so lange hin. In manchen Umgebungen ist es schwierig, sie zu motivieren, noch irgendetwas anderes anzuschauen als das, was sie kaufen wollen. Normalerweise fragen sie nicht gerne, wo man welche Ware findet, sie stellen überhaupt nicht gerne Fragen. (Sie verhalten sich beim Einkaufen genauso wie beim Autofahren verhalten.) Wenn ein Mann die Abteilung, die er sucht, nicht finden kann, geht er ein- oder zweimal hin und her, gibt dann auf und verlässt das Geschäft, ohne nach Hilfe gefragt zu haben.

Man kann einen Mann beobachten, wie er ungeduldig durch ein Geschäft zu der Abteilung geht, die er sucht, sich etwas aus dem Regal greift und dann sofort und übergangslos bereit ist, den Artikel zu kaufen, ohne dass ihm dieser ganze Vorgang des Suchens und Findens Spaß gemacht hat. Man muss ihm aus dem Weg gehen. Wenn ein Mann Kleidung in die Umkleidekabine mitnimmt, wird er sie nur dann nicht kaufen, wenn sie ihm nicht passt. Frauen sind da ganz anders; Anprobieren ist für sie Teil des Auswahlprozesses und Kleidung, die einwandfrei passt, kann aus völlig anderen Gründen immer noch abgelehnt werden. In einer unserer Untersuchungen fanden wir heraus, dass 65 Prozent der männlichen Kunden, die etwas anprobierten, dies auch kauften, während es bei den Frauen nur 25 Prozent waren. Das ist ein guter Grund, warum man Umkleidekabinen näher an der Herren- als an der Damenabteilung ansiedeln sollte, falls die Kabinen von beiden Abteilungen aus benutzt werden. Wenn es getrennte Umkleidekabinen gibt, dann sollte es für die Männer deutliche Hinweisschilder geben, denn wenn Männer suchen müssen, könnten sie zu dem Schluss kommen, dass sich die ganze Mühe nicht lohnt.

Noch ein statistischer Vergleich: 86 Prozent der Frauen schauen auf die Preisschilder, wenn sie einkaufen, nur 72 Prozent der Männer tun das. Je größer der Macho, umso eher wird er das Preisschild ignorieren. Infolgedessen ist es viel leichter, einem Mann etwas Teures zu verkaufen als einer Frau. Man kann Männer auch viel leichter beeinflussen als Frauen – Männer scheinen so verzweifelt bemüht, möglichst schnell den Laden wieder zu verlassen, dass sie zu fast allem Ja und Amen sagen.

Man könnte meinen, dass ein solcher Kunde die Mühe nicht wert ist. Andererseits besteht auch die Möglichkeit, dass man viel Geld an ihm verdienen kann, vor allem, weil es ihm an Disziplin mangelt. Tatsache ist, dass Männer heutzutage viel häufiger einkaufen gehen als je zuvor. Und dieser Trend wird sich fortsetzen. Da sie länger ledig bleiben, kaufen sie Sachen ein, die ihre Väter nie kaufen mussten. Und da sie Frauen heiraten, die genauso lang und hart arbeiten müssen wie sie selbst, werden sie gezwungen sein, einen wachsenden Teil der Einkäufe selbst zu erledigen. Im 21. Jahrhundert werden diejenigen Hersteller, Einzelhändler und Designer von Displayständern und -regalen im Vorteil sein, die sich auf das Verhalten der Männer einstellen und bereit sind, das Ambiente im Ladengeschäft diesem Verhalten anzupassen.

Traditionell sind die Supermärkte immer das Terrain gewesen, auf dem sich männliches Einkaufsverhalten am besten beobachten ließ. Hier, wo Tausende von Produkten in Reichweite liegen, kann man die Nachlässigkeit und ruhelose Disziplinlosigkeit studieren, für die dieses Geschlecht bekannt ist. Im Rahmen einer Untersuchung in einem Supermarkt zählten wir, wie viele der Kunden eine Einkaufsliste dabeihatten. Fast alle Frauen hatten eine, aber weniger als ein Viertel der Männer. Jede Frau, die für das Haushaltsgeld verantwortlich ist, weiß genau, dass sie ihren Mann nicht unbeaufsichtigt in den Supermarkt schicken darf. Wenn ihm dann auch noch ein Fahrzeug zur Verfügung steht, und sei es auch nur ein Einkaufswagen, kann er seine Männlichkeit so richtig ausleben. Wenn der gute Papa dann auch noch von seinen lieben Kleinen begleitet wird, hat man eine explosive Mischung; wenn Lebensmittel eingekauft werden, fällt es ihm erfahrungsgemäß immer schwer, Nein zu sagen. Wenn man Vater ist, dann ist man eben auch immer der Ernährer. Das ist ein wesentlicher Aspekt des männlichen Selbstwertgefühls.

Ich habe in meinem Leben schon hunderte von Stunden damit zugebracht, Männer in Supermärkten zu beobachten. Auf einem meiner Lieblingsvideos ist ein Vater der Hauptdarsteller, der seine kleine Tochter auf den Schultern trägt. In dem Gang mit Knabbergebäck zeigt die Kleine auf den Ständer mit den lustigen Gebäckfiguren. Papa nimmt eine Schachtel aus dem Regal, reißt sie auf und reicht sie seiner Tochter hinauf, ohne auch nur einen Augenblick lang daran zu denken, dass sein Kopf und seine Schultern gleich mit Kekskrümeln bedeckt sein werden. Es fällt schwer, sich solch fahrlässiges Verhalten bei einer Mutter vorzustellen. Eine andere großartige Lektion über das Einkaufsverhalten der Männer habe ich gelernt, als ich ein Exemplar dieser Gattung mit seinen beiden kleinen Jungen im Gang mit den Frühstücksflocken beobachtete. Als die Buben um ihre Lieblingssorte bettelten, griff ihr Vater einen Karton aus dem Regal. Anstatt ihn nun vorsichtig entlang der wieder verschließbaren Öffnung aufzumachen, riss er einfach den Deckel ab, da ihm vollkommen klar war, dass seine Jungs die Packung leeren würden, sodass man sie nicht mehr schließen musste.

Beide Geschlechter neigen zu Spontankäufen in Supermärkten – Studien der Lebensmittelindustrie beweisen, dass ganze 60 bis 70 Prozent der Käufe dort ungeplant sind. Aber Männer sind besonders anfällig, sie fallen sowohl auf die Bitten ihrer Kinder als auch auf auffällige Displays herein.

Die geradezu verschwenderische Großzügigkeit der Männer wird noch durch eine andere Eigenheit ihres Verhaltens im Supermarkt unterstrichen, eine Eigentümlichkeit, die wir immer wieder auf unseren Videobändern beobachten: Fast immer bezahlt der Mann. Besonders dann, wenn ein Mann und eine Frau zusammen einkaufen gehen, besteht er darauf, die Brieftasche zu zücken und das Geld hinzublättern, damit die Kassiererin nicht fälschlicherweise glaubt, dass die Dame des Hauses das nötige Kleingeld verdient. Kein Wunder, dass Einzelhändler Männern den Spitznamen »Brieftaschenträger« verpasst haben. Ebenfalls kein Wunder, dass der gesunde Menschenverstand rät, das Verkaufsgespräch mit der Frau zu führen, den Abschluss aber mit dem Mann zu tätigen. Während der Mann das Einkaufserlebnis vermutlich nicht schätzt, gibt es ihm einen gewissen Kick, wenn er bezahlen kann. Er fühlt sich als Herr der Lage, selbst dann, wenn er es nicht ist. Geschäfte, die Kleider für Abschlussbälle verkaufen, leben von diesem Phänomen. Im Allgemeinen bekommt die junge Dame ein teureres Kleid, wenn ihr Vater beim Einkauf mit dabei ist, als wenn sie alleine mit ihrer Mutter kommt.

Es gibt eine Art von Geschäft, wo deutlich mehr Männer als Frauen hingehen. Wir haben eine Untersuchung für einen solchen Laden durchgeführt und 17 Prozent der männlichen Kunden gaben an, dass sie dieses Geschäft mehr als einmal in der Woche aufsuchen! Fast ein Viertel der Männer erwähnte, dass sie, als sie an diesem Tag aus dem Haus gingen, nicht die Absicht hatten, diesen Laden aufzusuchen – aber irgendwie sind sie dann doch hinspaziert, aus purer Neugier. Bei besagtem Laden handelte es sich um ein Computergeschäft. Was die Liebe der Männerwelt zu technischen Spielereien betrifft, haben Computerhardware und Software Autos und Hi-Fi-Anlagen längst verdrängt. Ganz klar, dass die meisten Besuche in dem Laden nur der Informationssammlung dienten. Auf dem Videoband konnten wir beobachten, dass die Männer aufmerksam das Kleingedruckte auf den Softwarepackungen lasen und auch sonst jede Produktinformation zur Kenntnis nahmen. Natürlich kauften die Männer Software in dem Geschäft, aber dies war auch der Ort, wo sie etwas über Software lernten. Dies unterstreicht einen anderen Aspekt männlichen Einkaufsverhaltens – sie hassen es nicht nur, nach der Lage einer Abteilung zu fragen, sie informieren sich auch gerne aus erster Hand, am liebsten mit schriftlichem Material, Videovorführungen oder am Computerbildschirm.

Vor ein paar Jahren führten wir eine Untersuchung für

einen Hersteller von schnurlosen Telefonen durch, der gerade dabei war, den Prototyp eines neuen Einzelhandelsgeschäfts zu entwickeln. Wir stellten fest, dass Männer und Frauen diesen Laden auf ganz verschiedene Weise nutzten. Frauen gingen jedes Mal gleich zur Theke und stellten den Verkäufern Fragen über die Telefone und die verschiedenen Angebote, die es gab. Die Männer hingegen sahen sich sofort die ausgestellten Telefonapparate an und lasen die Produktinformation. Dann sammelten sie Broschüren und Antragsformulare und gingen wieder – ohne überhaupt mit einem der Beschäftigten gesprochen zu haben. Wenn diese Männer in den Laden zurückkehrten, dann nur, um das Formular der Telefongesellschaft zu unterschreiben. Andererseits gingen die Frauen im Durchschnitt dreimal in das Geschäft und brauchten mehr Beratung, ehe sie zu einem Geschäftsabschluss bereit waren.

In den meisten Fällen übernehmen Männer nach wie vor die Führung, wenn es um den Einkauf eines neuen Autos geht (obwohl die Frauen ein gewichtiges Wort beim Kauf mitzureden haben), andererseits herrscht zwischen Männern und Frauen die erwartete Arbeitsteilung, wenn es um Einkäufe für den Haushalt geht: Sie kauft alles für drinnen, er alles für draußen – zum Beispiel Rasenmäher und andere Gartengeräte, Wasserschlauch, Grill und dergleichen. Die Situation ändert sich nur langsam dadurch, dass immer mehr Frauen einen Haushalt für sich alleine haben.

Auch wenn die Männer selbst gar nichts kaufen wollen, haben sie einen großen Einfluss auf das Einkaufsverhalten im Allgemeinen. Wir wissen, dass generell die Menge der Einkäufe direkt proportional zur Aufenthaltszeit in einem Geschäft steht. Unsere Untersuchungen zeigen immer wieder, dass eine Frau in Begleitung eines Mannes weniger Zeit in einem Laden verbringt, als wenn sie alleine ist oder in Begleitung einer anderen Frau oder von Kindern. Die folgende Übersicht zeigt die durchschnittliche Zeit, die Frauen beim Einkauf in der Niederlassung einer amerikanischen Haushaltswarenkette verbrachten:

eine Frau in Begleitung einer anderen Frau: 8 Minuten, 15 Sekunden
eine Frau mit Kindern: 7 Minuten, 19 Sekunden
eine Frau alleine: 5 Minuten, 2 Sekunden
eine Frau begleitet von einem Mann: 4 Minuten, 41 Sekunden

Es scheint offensichtlich, was hier passiert: Wenn zwei Frauen zusammen einkaufen gehen, dann unterhalten sie sich, geben einander Ratschläge und diskutieren nach Herzenslust; daher verbringen sie eine Menge Zeit in einem Geschäft. Wenn eine Frau Kinder dabeihat, dann ist sie teilweise damit beschäftigt, sie voranzutreiben und zu unterhalten; wenn sie alleine ist, dann nützt sie ihre Zeit möglichst effizient. Aber wenn er dabei ist – nun, er lässt keinen Zweifel daran, dass er sich langweilt und ungeduldig wird und jeden Moment einfach weggehen könnte, um sich ins Auto zu setzen und Radio zu hören oder vor dem Geschäft zu stehen und den Mädchen nachzuschauen. Daher fühlt sich die Frau in seiner Gegenwart unbehaglich; während des ganzen Einkaufsbummels fühlt sie sich angespannt und unter Druck. Wenn es dagegen eine Möglichkeit gäbe, ihn zu beschäftigen, dann wäre sie eine viel zufriedenere, entspanntere Kundin. Und würde längere Zeit in dem Laden zubringen und mehr Geld ausgeben. Es gibt zwei wichtige Strategien, wie man dort, wo größere Einkäufe getätigt werden, auf die Anwesenheit von Männern reagieren kann.

Die erste Methode besteht darin, sie ruhig zu stellen, was nicht heißt, sie anzubinden. Geschäfte, deren Kunden überwiegend Frauen sind, sollten einen Weg finden, um auch das Interesse der Herren der Schöpfung zu wecken. Man sollte eine Theke schaffen, an der Frauen ihre Ehemänner abgeben könnten, genau wie ihre Mäntel. Es gibt traditionell einen Ort, an dem es Männern nichts ausmacht, wenn sie warten müssen. Das ist der Herrenfrisör. Das Prinzip könnte man aufgreifen. Statt einiger alter, mottenzerfressener Sessel und alter Ausgaben von *Playboy* und *Kicker* könnte man vielleicht eine bequeme Sitzecke vor einem großen Fernsehbildschirm arrangieren und DSF einschalten oder irgendeinen anderen Sender, der gerade ein Fußballspiel überträgt. Schon eine solch einfache Lösung würde viel dazu beitragen, dass Frauen beim Einkauf weniger angespannt sind, aber man könnte noch mehr tun: speziell für den Laden entwickelte Programme zeigen, zum Beispiel einen Dokumentarfilm über die Entwicklung des Fußballsports oder eine Übersicht über die wichtigsten Sportereignisse des letzten Wochenendes.

Wenn ich einen neuen Laden aufmachen wollte, in dem Frauen nach Herzenslust einkaufen können, dann würde ich mir einen Standort neben einem Laden aussuchen, der Männerherzen höher schlagen lässt – beispielsweise ein Computerladen oder irgendein anderes Geschäft, wo er gerne eine halbe Stunde zubringt. Und wenn ich einen Computerladen aufmachen wollte, würde ich ihn neben einem Damenbekleidungsgeschäft ansiedeln und könnte sicher sein, dass dankbare Männer in Massen hereinströmen würden.

Um noch einmal auf den Fernsehbildschirm zurückzukommen: Man könnte natürlich versuchen, den aufmerksamen Zuschauern auch etwas zu verkaufen. Ein Geschäft für Damenbekleidung könnte einen Katalog auf Videokassette vorbereiten, der genau auf Männer zugeschnitten ist, die ein Geschenk suchen – vielleicht könnte man Halstücher und Bademäntel zeigen, aber besser keine Schuhe oder Hosen. Gutscheine ließen sich an dieser Stelle sicher auch gut verkaufen; schließlich weiß er, dass sie diesen Laden mag. Die Geschäfte könnten auch eine kleine Modenschau arrangieren.

(Man muss nur darauf achten, wo man die Männerecke ansiedelt. Einerseits sollte sie leicht zu finden sein, andererseits darf sie nicht so nahe am Eingang liegen, dass Passanten, die ins Schaufenster schauen, nur sechs Männer in Freizeithosen sehen, die in Sesseln herumlümmeln und fernsehen.)

Eine zweite und letztendlich bessere Strategie wäre es, die Männer in das Einkaufserlebnis mit einzubeziehen. Je nach Laden keine einfache Aufgabe, aber nicht unmöglich.

Wir führten eine Untersuchung für Pfaltzgraff durch, den bedeutenden Hersteller von Steingutgeschirr, der auch eigene

Einzelhandelsgeschäfte betreibt. Der typische Kunde in einem solchen Laden verliebt sich in ein ganz bestimmtes Dekor und sammelt dann alle Teile, die zu diesem Service gehören – viele, viele einzelne Teile, vom Essteller und der Kaffeetasse bis zum Senftopf, der Vorlegeplatte und dem Serviettenring. In einem solchen Geschäft einzukaufen erfordert viel Zeit, besonders wenn man bedenkt, dass jeder einzelne Artikel an der Kasse erfasst und anschließend so eingepackt werden muss, dass nichts zerbricht. Das ist genau die Einkaufssituation, die Männer wahnsinnig macht. Typischerweise gibt ein Kunde beim Einkauf bei Pfaltzgraff hunderte von Dollar aus, ein Grund mehr, um Männer in das Geschehen mit einzubeziehen.

Als wir unsere Videokassetten ansahen, fiel uns auf, dass die Männer aus irgendeinem Grund in dem Pfaltzgraff-Geschäft in die Abteilung mit Glaswaren wanderten. Von den Saucieren und den Messerbänkchen hielten sie sich fern und steuerten geradewegs auf die Cognacschwenker und Weingläser zu. An einer Stelle beobachteten wir zwei Männer, die zu den Biergläsern spazierten; einer von ihnen nahm ein Glas in die Hand, während er mit der anderen einen imaginären Zapfhahn bediente. Er neigte das Glas und tat so, als ob er es fülle. Na klar, dachte ich mir – wenn man Gäste zum Abendessen eingeladen hat und sie in der Küche steht, was macht dann er? Er schenkt Getränke ein. Diese Art Arbeit ist gesellschaftlich akzeptabel. Daher interessiert er sich für die nötige Ausstattung, das Rüstzeug, das der Barkeeper braucht – alle verschiedenen Arten von Gläsern, wofür sie bestimmt sind, die Korkenzieher und Eiszangen, die Messer und Mixbecher. Das sind Männersachen.

Zunächst hatte ich die Idee, dass der Laden einfach ein paar Zapfhähne zum Ausprobieren installieren sollte, damit die Männer damit spielen können. Letztendlich empfahlen wir dem Geschäft, alle Gläser in einer nachgeahmten Bar auszustellen und an der Wand ein großes Poster aufzuhängen, irgendein Foto von einem Mann, der Bier zapft oder in einem schicken Mixbecher einen Martini schüttelt. Irgendetwas, damit die Männer beim Betreten des Geschäftes sehen konnten, dass es hier eine Abteilung für sie gab, eine Ecke, in der auch sie sich umsehen konnten. Dort könnte man auch alle verschiedenen Arten und Muster von Flaschenöffnern ausstellen. Da die meisten Männer am liebsten Informationen aufnehmen, indem sie lesen, könnte man in dem Bereich auch eine große Schautafel aufhängen, auf der alle Arten von Gläsern gezeigt werden und erklärt wird, wofür man sie nutzt – die bauchigen Schwenker und die langstieligen Flöten, die Sektkelche, Whiskygläser und Bierkrüge.

Auf diese Weise könnte man einen Mann – der bisher fast geschäftsschädigend wirkte und die wirkliche Kundin nur am geruhsamen Einkaufen hinderte – selbst in einen Kunden verwandeln. Oder zumindest einen interessierten Zuschauer aus ihm machen.

Wir haben für den Möbelhersteller Thomasville eine Studie durchgeführt, und auch dabei kam uns der Gedanke, dass es leichter wäre, solch teure Artikel zu verkaufen, wenn die Männer stärker in den Einkauf involviert würden. Die Lösung war einfach: Auf Postern und Schautafeln wurde demonstriert, wie die Möbel hergestellt werden, und Großaufnahmen zeigten, dass die Möbel nicht nur gut aussehen, sondern auch sorgfältig gebaut sind. Männern fällt es vermutlich leichter, für neue Möbel Geld auszugeben, wenn sie von der stabilen Bauweise derselben überzeugt sind; außerdem sind sie mit dem Lesen der Poster und Schautafeln eine Zeit lang beschäftigt, in der ihre Ehefrauen Stil und Polsterung der Möbel begutachten können.

Ein Produkt, das wesentlich häufiger von Männern als von Frauen gekauft wird, ist Bier. Diese Aussage stimmt für jede Art von Geschäft. (Sie kaufen auch die Lebensmittel mit geringem Nährwert und die Knabberartikel, Salzstangen, Chips und Erdnüsse.) Daher rieten wir einem unserer Kunden, einer Supermarktkette, jeden Samstag am frühen Nachmittag in der Ecke mit den Bierkisten eine Bierverkostung durchzuführen. Ob sie dafür eine Spezialität oder eine wohl bekannte, amerikaweit verfügbare Marke auswählten, spielte keine Rolle. Die Verkostung würde sicherlich den Verkauf von Bier fördern, aber das war nicht der wichtigste Punkt. Diese Veranstaltung würde sich lohnen, weil dadurch mehr Männer in den Laden gelockt wurden. Sie würde dazu beitragen, dass der ganze Laden etwas männlicher wirkte.

Heutzutage sollte jeder Einzelhändler dieses Ziel haben. Jede Art von Geschäft sollte sich auf die sich wandelnde Rolle der Männer in der Gesellschaft einstellen, und diejenigen werden erfolgreich sein, denen das zuerst gelingt. Man muss sich die Geschäfte ansehen, in denen heute überwiegend Frauen einkaufen, und sich überlegen, wie man diese Läden für Männer attraktiv machen könnte.

Vor vielen Jahren war die Frau alleine für den Einkauf von Lebensmitteln und das Kochen verantwortlich. Heutzutage bleiben Männer länger Junggesellen und sie heiraten Frauen, die genauso hart arbeiten wie sie. Infolgedessen müssen auch Männer in der Lage sein zu kochen, das Staubtuch zu schwingen und die Waschmaschine zu füttern – in der Vergangenheit war es nett, wenn sie das hin und wieder einmal taten, heute ist es eine Notwendigkeit. Kann es Zufall sein, dass im Zuge dieser Veränderungen Haushaltsgeräte und Kücheneinrichtungen auf einmal eher maskulin aussahen?

Nicht nur in der Küche, auch in anderen Bereichen finden Veränderungen statt: Da Frauen länger ledig bleiben und in ihrem Leben oft phasenweise Single sind, wird die alte »Nur für Männer«-Eisenwarenhandlung mehr und mehr durch Läden verdrängt, in deren informativer, geschlechtsneutraler Umgebung sich Frauen im Nu in begeisterte Heimwerkerinnen verwandeln.

Auch die Verkaufsstrategie für Mikrowellenherde hat sich verändert – die auffälligste Angabe auf der Gebrauchsanweisung ist die Wattzahl. Als wir Männer über Staubsauber befragten und wissen wollten, welche Eigenschaft für sie die wichtigste wäre, lautete die klare Antwort: »Saugkraft«. Das heißt: Power. Infolgedessen haben die Hersteller von Staubsaugern die Saugleistung enorm vergrößert. Selbst Windeln erhalten ein neues Image, damit auch Männer sich mit Phänomenen wie dem »Seitenauslaufschutz« auseinander setzen.

Auch andere Objekte männlicher Begierden haben sich verändert – man denke nur einmal an den Unterschied zwischen

Marilyn Monroe und Elle Macpherson. Der Bizeps von Elle ist vermutlich größer als der von Frank Sinatra und Bobby Kennedy zusammengenommen. Sie ist ausgesprochen muskulös und hat keine Hüften im Vergleich zu den Pin-up-Girls, die vor drei Jahrzehnten so beliebt waren.

Männer haben sich schon immer Anzüge und Schuhe selbst gekauft, aber es war traditionell Aufgabe der Frau, alles andere für den Mann zu besorgen. Sie haben insbesondere Socken und Unterwäsche für ihn eingekauft. Das ändert sich jetzt allerdings – Männer machen sich mehr Gedanken über ihre Garderobe und Frauen haben genug zu tun, auch wenn sie sich nicht um seine Boxershorts kümmern. In den Herrenabteilungen der Kaufhäuser sieht man nach wie vor zu manchen Zeiten zwei- oder dreimal so viele Frauen wie Männer. Aber bei den teuren Herrenausstattern, denjenigen für den wohlbetuchten Herrn, sieht man inzwischen – endlich – mehr Männer als Frauen einkaufen. Wir haben den kritischen Augenblick im Leben eines modernen amerikanischen Mannes auf Videokassette festgehalten. Dieser Mann schaute sich gedankenverloren die Unterhosen auf einem Verkaufstisch an, als er plötzlich nach seinem Rücken griff, ein Stück von seiner Unterhose hervorzog und den Hals verrenkte, um – endlich! – herauszufinden, welche Größe er trug. Unvorstellbar, dass eine Frau nicht die Größe ihrer Unterwäsche wüsste. Wir können nur hoffen, dass bald auch jeder Mann darüber Bescheid weiß.

(Nebenbei: Man hat mir erzählt, dass Frauen keine Unterwäsche kaufen, ohne sie vorher anzuprobieren – über ihrer eigenen natürlich. Ich weiß nicht, ob ich es noch erleben werde, dass ein Mann weiße Baumwollunterhosen mit in die Umkleidekabine nimmt.)

Nachdem Frauen allmählich aufhören, Unterwäsche für Männer zu kaufen, werden Männer jetzt damit anfangen, Dessous für Frauen zu kaufen? Kürzlich traf ich einen Juwelier, der mir erzählte: »Ich mache einen Großteil meines Geschäftes mit Männern, die etwas kaufen, weil sie um Gutwetter bitten wollen.« Viele Ehemänner oder Freunde würden gerne schicke Dessous oder Schmuck als Geschenk kaufen, aber die Geschäfte, wo man sie kaufen kann, und die Ware selbst schüchtern sie ein. Wenn er nicht die Größe seiner eigenen Unterwäsche weiß, wie soll er dann ihre Größe wissen, zumal er an Slip und BH denken muss, eventuell auch an Unterrock, Nachthemd etc.? Und wie kann er sicher sein, dass er den Ring oder den Armreif kauft, der ihr gefällt und dessen Farbe ihr steht? Oft beobachten wir Männer, die zögernd diese Domäne der holden Weiblichkeit betreten, sich ängstlich umschauen, vielleicht sogar einen oder zwei Artikel genauer betrachten und dann vor lauter Angst und Unsicherheit die Flucht ergreifen. Verkäufer müssen darin geschult werden, solch scheues Wild anzulocken und festzuhalten. Es wäre gar keine schlechte Idee, einen Verkäufer dafür abzustellen, solche Kunden an der Hand zu nehmen, besonders wenn man bedenkt, wie teuer Schmuck oder auch Unterwäsche sind.

Es müsste auch ein vereinfachtes System von Kleidergrößen geben, um solche Käufe für andere möglich zu machen. Wahrscheinlich wäre die einfachste Lösung, wenn Frauen ihre Kleidergröße in ihren Lieblingsgeschäften hinterließen und dann ihre Männer einfach auf diese Geschäfte aufmerksam machten. Der erste Laden, der dieses Konzept ausprobiert, wird von dem latenten Wunsch der Männer, Reizwäsche zu kaufen, sehr profitieren.

Es gibt ein weiteres Problem, das mit dem Unterschied zwischen den Geschlechtern zu tun hat und das Einzelhändler lösen müssen: Wie macht man den Kunden in einem Geschäft, das sowohl Garderobe für Männer als auch für Frauen verkauft, auf diskrete Weise deutlich, wo man was findet? Es ist noch gar nicht so lange her, da wäre es undenkbar gewesen, dass Herren- und Damenbekleidung nebeneinander im gleichen Geschäft verkauft würden. In den sechziger Jahren verschwand diese Barriere, aber noch immer sind nicht alle Probleme gelöst. Die Leitsysteme, die man heutzutage beispielsweise in solchen Pionierläden für beiderlei Geschlecht wie Hennes & Mauritz und Gap benutzt, funktionieren nicht immer, was man immer dann merkt, wenn man plötzlich feststellt, dass man sich während der letzten zehn Minuten Schuhe, Pullover oder Jeans angeschaut hat, die für das andere Geschlecht bestimmt sind.

Heutzutage ist die Anwesenheit des werdenden Vaters im Kreißsaal fast genauso selbstverständlich wie die der werdenden Mutter. Väter haben ihre Rolle neu definiert und dem muss man Rechnung tragen. Diese fundamentale Umwälzung ist im Handel genauso spürbar wie in allen anderen Bereichen.

Beispielsweise kam kaum ein Mann aus der Generation meines Vaters auf die Idee, den Kleinen ein oder zwei Fläschchen und ein paar Windeln in den Buggy zu packen und zum Samstagsmorgenbummel aufzubrechen. Heute ist das fast selbstverständlich. Darum gibt es inzwischen in eher progressiven Herrentoiletten auch einen Wickeltisch und darum zeigt die McDonald's-Werbung auch unbeirrt einen Vater mit seinen Kindern, die in ein Fast-Food-Restaurant stürmen – ohne die Mutter, die wahrscheinlich den Samstag im Büro verbringt. (Mama würde ihnen ohnehin keinen Big Mac erlauben.)

In einem Kaufhaus in Boston haben wir den Prototyp einer Jeansabteilung getestet, mit dem das Geschäft versuchen wollte, für zwanzig- bis vierzigjährige Männer attraktiver zu werden. Auf einer Videoaufnahme hielten wir einen jungen Mann fest, der einen Gang entlang auf diesen Bereich zuging, zusammen mit seiner Frau und dem Baby, dessen Buggy er schob. Sie kamen zu der Jeansabteilung, und ganz offensichtlich wollte er sich die Auslagen an der Wand ansehen. Aber zwischen ihm und den begehrten Jeans standen eine ganze Menge Kleiderständer, alle so dicht beisammen, dass er mit dem Buggy nicht daran vorbeikam. Man kann förmlich seine Gedanken lesen – soll ich Frau und Kind hier im Gang stehen lassen, nur um ein Paar Jeans zu kaufen? Er tat, was die meisten Menschen in seiner Situation getan hätten. Er ließ die Jeans Jeans sein. Ein nicht unerheblicher Teil der gesamten Verkaufsfläche in Kaufhäusern und Geschäften ist für jemanden, der einen Buggy schiebt, einfach nicht zugänglich. Das bedeutet aber, dass einem Großteil der zwanzig- bis vierzigjährigen Käufer dieser Bereich verschlossen bleibt.

Vor zwei Jahrzehnten waren Väter, die ihren Kleinen jemals Kleidung kauften, die Ausnahme; heute ist es durchaus üblich, einen Mann in der Abteilung für Kinderkleidung zu sehen. Aber die Hersteller von Kinderkleidung haben das noch nicht begriffen, was sich darin zeigt, dass Kindergrößen die kompliziertesten von allen Kleidergrößen sind – nur wirklich engagierte Eltern lassen sich nicht davon abschrecken. Ab dem Tag, an dem die Kleidergröße mit dem Alter des Kindes übereinstimmt, werden auch Männer mehr Verantwortung für die Bekleidung ihrer Kinder übernehmen. Auch hier wird es der Papa sein, der die Kleinen maßlos verwöhnt – die Smokingjacke aus Samt für seinen Sohn und das Miniaturballkleid für seine Tochter.

Und wenn wieder einmal Samstagmorgen ist und Papa die Fläschchen und den Zwieback, die Windeln, den Babypuder, die Babycreme, die Wischtücher und den ganzen übrigen Kram einpackt, wohinein steckt er denn die Sachen? Sicherlich nicht in die große rosa Nylontasche, die seine Frau verwendet. Vermutlich gefällt ihm keine der gegenwärtigen Alternativen – auch ein einfacher schwarzer Windelbeutel sieht zu sehr nach Mama aus. Aber wie wäre es denn mit einer Art Bundeswehrtasche für die Windeln? Oder einer Nylontasche mit Nike-Label, die genauso aussieht wie die Tasche für seine Sportsachen? Was, wenn er einen nietenbeschlagenen Buggy der Marke Harley-Davidson mit eingebauter Windeltasche aus schwarzem Leder schieben könnte? Alle Babysachen müssen neu erfunden werden.

Andere traditionelle Bastionen der Frauen können auch für Männer adaptiert werden, sie müssen nur entsprechend maskulin wirken. Er möchte ja nicht wie ein Schwächling aussehen. Es gibt sehr viele Geschäfte, in denen der Fußboden, die Wände und alles, was an ihnen hängt, dem tollkühnen männlichen Eindringling laut und vernehmlich sagen: »Mach bloß, dass du wegkommst, du gehörst nicht hierher!« In der Nähe von meinem Büro gibt es ein Geschäft, das Geschirr, Gläser und Ähnliches verkauft und das ich bemerkenswert finde, weil ich hineingehen kann und mich nicht wie ein Elefant im Porzellanladen fühle. In der Abteilung für edles Porzellan im

Kaufhaus Bloomingdale's fühle ich mich dagegen in das Wohnzimmer meiner Großmutter zurückversetzt, und zwar derjenigen Großmutter, vor der ich Angst hatte.

Es gibt andere Geschäfte, in denen Männer gerne einkaufen würden und sogar sollten – wenn sie sich dort nur ein kleines bisschen willkommen fühlen würden. Heutzutage gibt es beispielsweise mehr Gesundheits- und Schönheitspflegeprodukte für Männer als je zuvor. Aber wenn man sich einmal anschaut, wie die verkauft werden, wird einem klar, warum Männer dort niemals eifrige Käufer sein werden.

In den Drogeriemarktketten und Supermarktabteilungen, in denen diese Produkte angeboten werden, ist das Ambiente überwältigend feminin. Für Haarwaschmittel, Seifen und andere Produkte, die von beiden Geschlechtern benutzt werden können, werden mit wenigen Ausnahmen Verpackungen und Namen in der Annahme gewählt, dass nur Frauen sie kaufen werden. Diese Annahme wird schließlich zu einer Tatsache. Die Produkte, die ausschließlich für Männer produziert werden, wie Rasierschaum, Haarwasser und Deos, werden auf engem Raum zusammengequetscht, irgendwo zwischen all den duftenden weiblichen Produkten. Niemandsland sozusagen, wie soll da ein Mann einkaufen?

Mir fällt besonders ein Artikel ein, der Männer benachteiligt, weil die Verpackung und die Werbung sich ausschließlich an Frauen wenden. Es gibt einen unerschlossenen Markt für Feuchtigkeits- und Sonnenschutzcremes für Männer, die im Freien arbeiten – Polizisten, Bauarbeiter, Techniker, die Telefon- und sonstige Kabel verlegen, Straßenbauarbeiter. Mit unserem derzeitigen Wissen über Hautkrebs können wir sagen, dass diese Männer unbedingt Zugang zu den erwähnten Produkten haben sollten. Aber sie werden nicht zwischen dem Rouge und der Abdeckcreme umherirren, um diese Ware zu finden. Und sie werden gewiss kein Produkt kaufen, das so aussieht, als sei es ausschließlich für Frauen und Kinder bestimmt. Wenn man durch die Gesundheits- und Kosmetikabteilungen marschiert, könnte man meist glauben, Männer hätten keine Haut. Sie haben aber eine und auch die braucht Pflege.

Warum steht der Rasierschaum gleich neben dem Lippenstift? Ich zweifle nicht daran, dass viele Frauen Rasierschaum für ihre Männer kaufen, aber das ist der altmodische Verkaufsansatz, nicht das, was wir in Zukunft brauchen. Gillette stellt Rasierschaum für verschiedene Hauttypen her, und ohne Zweifel geht es dabei um Männerhaut. Aber wie zum Teufel soll ein Mann wissen, welchen Hauttyp er hat? Eine einfache Schautafel an der Wand würde genügen, um das Problem zu lösen, aber bisher habe ich noch keine gesehen. Vor kurzem habe ich einen Laden einer Drogeriemarktkette im New Yorker Viertel Chelsea besucht, dem Zentrum des homosexuellen Lebens in der Stadt. Sogar dieser Laden vernachlässigt Männer – die Herrenabteilung (in der es ohnehin nur Deos, ein paar Haarpflegeprodukte, Rasierklingen, etwas Old Spice und Handcreme gab) war in eine Ecke neben der Theke, an der man Filme zum Entwickeln abgab, gequetscht. Dieser Laden wäre hervorragend dafür geeignet, um den Prototyp für eine gut organisierte Herrenabteilung zu schaffen. Stattdessen war er in dieser Hinsicht genauso trostlos wie alle anderen.

Es wäre ein guter Anfang, wenn man endlich Produkte nur für Männer auf den Markt brächte und einen Ort kreierte, an dem sie sie kaufen können. Momentan erinnern solche Orte immer noch stark an die Gesundheits- und Kosmetikabteilungen, die für Frauen entworfen wurden. Jemand muss ganz von vorn anfangen und eine »Gesundheitsabteilung für Männer« schaffen, in der man Hautpflegemittel, sonstige Pflege- und Rasierprodukte, Haarwaschmittel und -spülungen, Parfüm, Kondome, Salben gegen Muskelkater, Naturheilmittel, Vitamine und Mineralien für alle Wehwehchen findet, von denen Männer genauso wie Frauen betroffen sind. Es könnte dort auch Sportartikel geben, beispielsweise Socken, T-Shirts, elastische Binden und so weiter. Außerdem sollte es dort eine Auslage von Büchern und Zeitschriften zum Thema Gesundheit, Fitness und Aussehen geben. Die ganze Abteilung müsste maskulin wirken, angefangen bei den Regalen bis hin zur Verpackung. Die Werbung müsste sich auf Männer konzentrieren, alle Hinweistafeln müssten groß und gut sichtbar sein, außerdem müsste alles leicht zu finden sein. Eine der erfolgreichsten neu eingeführten Zeitschriften während der letzten zehn Jahre ist *Men's Health*. Wenn ein solches Magazin erfolgreich ist, warum sollte es dann eine entsprechende Abteilung in einem Laden nicht sein?

9. Was Frauen wollen

Einkaufen ist primär Frauensache und wird es auch immer bleiben. Einkaufen ist feminin. Wenn Männer einkaufen gehen, dann tun sie etwas, was grundsätzlich eine Beschäftigung für Frauen ist. Und daher sind Frauen in der Lage – frei nach Darwins Theorie –, ganze Gattungen von Einzelhändlern zum Aussterben zu bringen, wenn die Einzelhändler oder die Hersteller unfähig sind, sich den Wünschen und Bedürfnissen der Frauen anzupassen. Es ist genauso wie bei den Dinosauriern.

In den fünfziger Jahren besaßen mehr als 75 Prozent aller amerikanischen Haushalte eine Nähmaschine. Heute sind es weniger als fünf Prozent. In der Vergangenheit haben Frauen die ganze Garderobe für sich und ihre Familie selbst geschneidert und besserten Kleidung aus, bis es wirklich nicht mehr ging. Dann kamen die sozioökonomischen Umwälzungen der letzten dreißig Jahre, und heute nähen Frauen höchstens noch einen Knopf an.

Was ist mit Kupons auf Packungen im Lebensmittelhandel? Sie sind verschwunden. Heute werden weniger als drei Prozent aller gedruckten Kupons überhaupt noch eingelöst. Das Leben der Frauen hat sich geändert, und die Vorstellung, über den Küchentisch gebeugt zu sitzen und irgendwelche Kupons auszuschneiden, ist auf einmal so attraktiv wie der Gedanke, selbst zu buttern. Es gibt immer noch Gesellschaftsgruppen, die zäh am Ausschneiden von Kupons festhalten – alte Leute oder solche, die wirklich haushalten müssen, aber meistens sind es Frauen, die nicht voll berufstätig sind. Für alle anderen Gruppen sind Kupons ein alter Hut.

Natürlich wissen wir alle, dass Männer inzwischen gelernt haben einzukaufen, sie sind in dieser Beziehung besser geworden, fürsorglicher, aufmerksamer und bereit, wenigstens einen Teil der alltäglichen Einkäufe zur Versorgung des Haushalts zu übernehmen. Aber wir sollten nicht vergessen, dass diese Veränderung zum großen Teil aufgrund von sanftem Druck (um nicht zu sagen energischen Vorhaltungen und massiven Drohungen) der Frauen zustande kam. Und wir sollten auch daran denken, dass wir in Zukunft die Auswirkungen größerer männlicher Aktivitäten beim Einkaufen zu spüren bekommen werden, dass aber letztendlich alle wesentlichen Veränderungen im Handel entsprechende Änderungen im Leben und im Geschmack der Frauen widerspiegeln werden.

Was erwarten Frauen vom Einkauf? Wir haben viel über das unterschiedliche Verhalten von Männern und Frauen in Geschäften gesprochen und ich möchte mit einem konkreten Beispiel beginnen. Ich entnehme es einer Untersuchung, die wir kürzlich für eine italienische Supermarktkette durchführten, und zwar einer Videokassette, auf der das Kühlregal mit Fleisch aufgenommen wurde.

Auf dem Video können wir eine Frau mittleren Alters beobachten, die Packungen mit Hackfleisch in die Hand nahm und anschaute. Sie tat das methodisch, sorgfältig, eine Packung nach der anderen. Während sie damit beschäftigt war, trat ein Mann zu dem Kühlregal, Hände auf dem Rücken, und sah sich die Ware an. Nach einer kurzen Inspektion wählte er eine Packung, legte sie in seinen Einkaufswagen und ging. Die Frau schaute sich weiter das Hackfleisch an. Dann kam ein junges Paar mit Baby. Die Frau blieb mit dem Buggy etwas im Hintergrund, während ihr Mann eine Packung ergriff, kurz darauf schaute und sie dann seiner Frau zeigte. Sie warf einen Blick darauf und schüttelte den Kopf. Er brachte die Packung ins Kühlregal zurück, nahm eine andere und brachte sie seiner Frau. Sie schaute die Packung genau an und schüttelte wieder den Kopf. Er wählte eine neue Packung. Sie schüttelte erneut den Kopf. Ungeduldig ließ sie ihn nun bei dem

Buggy stehen und suchte sich selbst das richtige Fleisch aus. Als das junge Paar weiterging, hatte die ältere Frau inzwischen alle Packungen angeschaut. Zufrieden mit ihrer Analyse nahm sie die Packung, die sie als erste in der Hand gehabt hatte, legte sie in ihren Einkaufswagen und ging weiter.

Woran liegt es, dass Frauen solche ausdauernden Käufer sind? Die Fraktion, die mehr an den Einfluss von Veranlagungen als von Erziehung glaubt, behauptet, die prähistorische Rolle der Frauen als Sammlerinnen von Wurzeln, Nüssen und Beeren und nicht als umherschweifende Jägerinnen von Mammuts beweise, dass Frauen einfach biologisch zu talentierten Konsumentinnen prädestiniert seien. Diejenigen, welche die Bedeutung der Erziehung für wichtiger als irgendwelche genetischen Veranlagungen halten, argumentieren, dass ein übermächtiges Patriarchat Frauen jahrhundertelang im Haus festgehalten und vom Handel ferngehalten hat, ausgenommen ihre Rolle als Konsumentinnen im Einzelhandel.

So viel ist sicher: Die Notwendigkeit, einkaufen zu müssen, machte es Frauen möglich, die eigenen vier Wände zu verlassen. In dem alten System der Arbeitsteilung hatte die Frau hauptsächlich die Aufgabe, Besorgungen zu machen, und sie tat es geschickt und systematisch. Dieser Bereich des öffentlichen Lebens gehörte ganz den Frauen (in manchen Teilen der Erde ist das heute noch so). Auch dann, wenn sie als Individuen kaum einen Einfluss auf das Geschäftsleben als Ganzes hatten, waren sie als Kollektiv auf dem Marktplatz der wichtigste Entscheidungsfaktor. Einkaufen war eine hervorragende Ausrede für die Frauen, zeitweilig den Fängen ihrer Familie zu entrinnen, gelegentlich sogar ganz alleine sein zu können – was für ein Genuss! Es stellte die erste Form weiblicher Emanzipation dar und erlaubte den Frauen eine Aktivität, die eine Begegnung mit anderen Erwachsenen ermöglichte, seien es nun Verkäufer, Ladeninhaber oder andere Käufer.

So, wie sich das Leben der Frauen ändert, muss sich auch ihr Verhältnis zum Einkaufen und Konsum ändern. Heutzutage sind die meisten Frauen in den Industrieländern berufstätig, das heißt, sie haben mehr als genug unpersönliche, geschäftsmäßige Kontakte zu anderen Menschen. Sie verbringen auch reichlich viel Zeit außerhalb ihres Heims. Daher ist der Routineeinkauf auch nicht mehr die Gelegenheit, aus dem Haus zu kommen. Heutzutage ist Einkauf etwas, was man irgendwie zwischen Beruf, den Fahrten zur Arbeit und wieder nach Hause, der Zeit in den eigenen vier Wänden und dem Schlafen auch noch unterbringen muss. Es ist etwas, was man schnell mal zwischendurch in der Mittagspause erledigt, auf dem Weg nach Hause oder am Abend. Kataloge, Einkäufe am Fernsehbildschirm oder per Internet florieren, weil sich der Verantwortungsbereich der Frauen geändert hat. Je weniger Zeit Frauen in einem Geschäft zubringen, desto weniger kaufen sie dort, so einfach ist das. So wie sie einen Teil ihrer traditionellen Pflichten nun den Männern überlassen (kochen, putzen, waschen, auf die Kinder aufpassen), so überlassen sie ihnen auch das Einkaufen von Lebensmitteln, Seife und Kinderkleidung. Frauen werden möglicherweise auch männlicher in ihrem Einkaufsverhalten – hastig schnappen sie sich irgendetwas, statt sich in Ruhe umzuschauen und zu suchen. Die Vorteile einer postfeministischen Welt (Frauen haben mehr Geld) werden für den Einzelhändler durch deren Nachteile aufgewogen (Frauen haben generell weniger Zeit und verspüren kaum eine Neigung, allzu viel davon in einem Geschäft zu verbringen).

Nichtsdestotrotz scheint Einkaufen nach wie vor eine beliebte soziale Aktivität zu sein. Frauen gehen immer noch gerne mit Freundinnen einkaufen, animieren sich gegenseitig und hindern einander an unüberlegten Käufen. Wir werden es wohl kaum erleben, dass zwei Männer einen Tag damit verbringen, nach der perfekten Badehose zu suchen. Wie bereits erwähnt, beweisen Untersuchungen, dass zwei Frauen, die zusammen einkaufen gehen, meistens mehr Zeit darauf verwenden und mehr Geld ausgeben als eine Frau alleine. Sie verbringen auf jeden Fall mehr Zeit damit und geben mehr Geld aus als Frauen mit männlicher Begleitung. Zwei Frauen zusammen in einem Geschäft können zur Einkaufsmaschine werden und kluge Einzelhändler tun alles Menschenmögliche, um dieses Verhalten zu fördern – Werbemaßnahmen im Stil von »Extrabonus, wenn Sie eine Freundin mitbringen« oder Sitzgelegenheiten neben den Ankleidekabinen, damit man entspannter ausprobieren und beurteilen kann. Geschäfte mit Cafeteria machen es möglich, dass man sich eine Weile umsieht und dann ausruhen kann, ohne dabei den Laden verlassen zu müssen. Die Teppichhandlung ABC Carpet in New York geht noch einen Schritt weiter: In dem Café ist alles, von den Möbeln über die Lampen bis zu den Salz- und Pfefferstreuern, käuflich.

Wie ich bei meinen Beobachtungen festgestellt habe, gibt es beim Einkaufen für Frauen psychologische und emotionale Aspekte, die für die meisten Männer nicht gelten. Frauen verfallen gelegentlich in eine Art Trance, wenn sie einkaufen – sie gehen voll und ganz in dem Ritual von Suche und Vergleich und der Vorstellung, wie man die Ware nutzen könnte, auf. Sie wägen dann ganz nüchtern die Vor- und Nachteile eines jeden Kaufobjektes gegeneinander ab, und sobald sie das richtige Produkt zu einem akzeptablen Preis gefunden haben, kaufen sie es. Frauen legen im Allgemeinen Wert darauf, dass sie auch noch den kleinsten Einkauf gut erledigen, und sind stolz, wenn sie genau das Richtige ausgewählt haben, ob das nun eine Melone, ein Haus oder ein Ehemann ist.

Männer sind stolz darauf, wie gut sie gewisse langlebige Konsumgüter einkaufen können – Autos, Werkzeuge, Boote, Gartengrills, Computer. Dagegen haben Frauen traditionell ein besseres Verständnis für vergängliche Sachen – Essen kochen, einen Kuchen dekorieren, Haare frisieren, Make-up auftragen.

Das soll nicht heißen, dass Frauen ein oberflächliches Verhältnis zum Konsum haben. Im Gegenteil, Frauen und nicht Männer lehren uns die Metaphysik des Einkaufens – sie zeigen deutlich, wie wir Menschen durchs Leben gehen, immer auf der Suche sind, Fragen stellen, analysieren, um dann etwas zu erwerben und das Beste von dem an- und aufzunehmen, was wir sehen. Auf dieser höheren Ebene ist Einkaufen eine Erfahrung, die den Menschen verändert, eine Methode, durch die man vielleicht eine neue, möglicherweise sogar eine bessere Person wird. Die Waren, die man einkauft, verwandeln einen in diese andere, idealisierte Version von sich selbst: In diesem Kleid ist man schön, mit diesem Lippenstift laden die eigenen Lippen zum Küssen ein, diese Lampe verwandelt das Heim in ein elegantes Ambiente.

Vom praktischen Standpunkt aus bedeutet all dies ganz offensichtlich etwas Grundlegendes: Frauen erwarten von der Umgebung, in der sie einkaufen, mehr als Männer. Männer wollen einfach nur einen Laden, in dem sie ohne großen Aufwand finden, was sie suchen, und den sie schnell wieder verlassen können. Wenn ein Mann gezwungen wird, herumzuspazieren und sich umzuschauen – das heißt, einen richtigen Einkaufsbummel zu machen –, dann wird er wahrscheinlich frustriert aufgeben und gehen. Männern macht das Einkaufen weniger Spaß. Frauen sind generell geduldiger und neugieriger, sie fühlen sich in einem Umfeld wohl, das sich ihnen nur langsam erschließt. Daher brauchen sie eine Umgebung, in der sie sich Zeit lassen und gemütlich in dem von ihnen vorgegebenen Tempo umhergehen können. Wir erinnern uns an den so genannten Anrempel-Faktor, also die Tatsache, dass Frauen sich unbehaglich fühlen, wenn sie beim Einkauf angerempelt werden. Das bedeutet doch, dass Frauen sich ungern Ware ansehen, die sich unterhalb ihrer Taille befindet, was für einen großen Teil aller Einzelhandelsauslagen zutrifft. Man kann von einer Frau nicht erwarten, dass sie sich bückt und sich dabei wohl fühlt. (Das trifft übrigens nicht nur auf Frauen zu – niemand bückt sich gerne in einem Geschäft. Vermutlich sind ältere Frauen in dieser Hinsicht sogar beweglicher als ältere Männer.) Wenn eine Frau sich von anderen Menschen bedrängt fühlt, sollte man nicht erwarten, dass sie länger verweilt. Wenn Kunden ein paar Mal angerempelt wurden, sehen sie verärgert aus Kunden, die sich gestört fühlen, bleiben nicht; oft gehen sie, ohne das gekauft zu haben, weswegen sie eigentlich in das Geschäft kamen. Einzelhändler müssen all das bedenken, wenn sie entscheiden, wo sie welche Ware platzieren wollen.

Beispielsweise ist es in der Kosmetikabteilung eines Kaufhauses notwendig, dass Frauen längere Zeit ungestört stehen oder sitzen können, während ihnen Make-up vorgeführt wird, und während der Stoßzeiten kann das ein Problem sein. Unsere Untersuchungen haben gezeigt, dass Frauen, die an der Ecke einer Theke stehen, wo sie sich etwas in den Winkel drücken können, eher etwas kaufen als andere Frauen, die ein paar Schritte entfernt frontal vor der Theke stehen. Manche Kosmetikabteilungen stellen die Theken so, dass Sackgassen entstehen, abgeschirmte Bereiche, die es den Kundinnen ermöglichen, Abstand zu den Vorbeigehenden zu halten und sich in Ruhe umzuschauen. Wir nennen solche Bereiche Auffangbecken und sie sind hervorragend geeignet, Frauen zu einem etwas längeren Einkaufsbummel zu bewegen. Der Bedarf der Kundinnen an Freiraum hat Auswirkungen auf alle Segmente des Einzelhandels. Die Geschenkläden an Flughäfen beispielsweise sind typischerweise in zwei Bereiche unterteilt: die »Mitnehm-Zone« neben der Kasse, wo man schnell hingeht, sich eine Zeitung oder einen Kaugummi schnappt, bezahlt und weiterläuft, und die »Verweil-Zone« weiter hinten in dem Geschäft, wo normalerweise Geschenke angeboten werden. Unsere Untersuchungen zeigen, dass sich Frauen in diesen Geschäften vom Rummel rund um die Kassen fernhalten und sich eher in den Verweilzonen bewegen, wo sie vor eiligen Kunden sicher sind. Viele dieser Geschäfte haben verschiedene kleine Ecken und Winkel, die durch Regale und Warenständer geschaffen wurden; das sind wunderbare Sackgassen, in denen man sich ungestört umsehen kann. So kaufen Frauen am liebsten ein: Sie behalten zwar den Kundenstrom im Auge, sind aber selbst in ruhigen Oasen abgeschirmt.

Die Empfindlichkeit der Frauen Rempeleien gegenüber bedeutet, dass Schriftart beziehungsweise -größe, die für Hinweistafeln und Werbung verwendet werden, zu der Ladengestaltung passen müssen. Je enger ein Bereich, desto weniger Zeit wird eine Frau dort zubringen, folglich müssen Hinweise und Ladenwerbung umso klarer und eindeutiger sein. Alles muss groß gedruckt werden und gut lesbar sein. Die Designer von Flaschen für Haarwaschmittel oder irgendeinem anderen Produkt, das in der Enge eines modernen Drogeriemarktes verkauft wird, müssen diese Tatsache beherzigen. Wir haben

den Kosmetik- und Gesundheitsbereich in vielen Drogeriemärkten beobachtet, und die Ergebnisse sind immer die
gleichen – Frauen schauen sich Produkte gerne genau an, ehe
sie sie kaufen, besonders wenn der Artikel neu auf dem Markt
ist. Im Rahmen einer Studie fiel uns auf, dass 91 Prozent aller
Käufer in einem Drogeriemarkt die Vorderseite einer Packung
lasen, 42 Prozent lasen die Rückseite, und 8 Prozent lasen
auch noch den Text auf den Seiten. 63 Prozent der Frauen,
die überhaupt etwas kauften, hatten den Text auf wenigstens
einer Packung gelesen. Das heißt, es besteht ein eindeutiger
Zusammenhang zwischen Lesen und Kaufen. Zum Lesen
braucht man Zeit. Man nimmt sich aber nur Zeit, wenn man
genügend Platz hat. Die folgende Übersicht basiert auf Informationen aus unserer umfassenden Datenbank; aufgeführt ist
jeweils die Zeit, die eine Frau im Durchschnitt zum Lesen
einer Packung aufwandte, ehe sie das Produkt kaufte:

Reinigungsmilch: 13 Sekunden
Feuchtigkeitscreme: 16 Sekunden
Hand- und Körperseife: 11 Sekunden
Duschgel: 5 Sekunden
Sonnenschutzmittel: 11 Sekunden
Creme gegen unreine Haut: 13 Sekunden

Aber wenn sich Frauen unbehaglich fühlen, dann bleiben sie
keine zwei Sekunden stehen, und dann werden sie garantiert
keines der Produkte kaufen, das sie sich erst einmal in Ruhe
ansehen möchten. Einzelhändler sollten ihren Laden Meter
für Meter abgehen und sich immer die Frage stellen: Kann
ich hier stehen bleiben und mir die Auslage ansehen, ohne
dass man mich von hinten anrempelt? Jede Stelle, an der man
diese Frage mit Nein beantwortet, ist der falsche Platz für
Ware, die man sich genau anschauen muss, ehe man sie kauft.
Sogar in Fast-Food-Restaurants haben Frauen und Männer einen anderen Raumbedarf. Ohne lange nachzudenken,
wählen Männer einen Tisch im vorderen Bereich des Lokals,
von wo aus sie den geschäftigsten Teil des Raumes gut beobachten können. Frauen überlegen oft einige Augenblicke lang,

wo sie ihren Big Mac verzehren möchten, und dann gehen sie in den hinteren Teil des Restaurants, zu den Tischen, wo man eher ungestört ist. Es ist eine Tatsache, dass Frauen alleine nicht besonders gerne in Fast-Food-Restaurants gehen.

Das typische Einkaufsverhalten von Frauen wird besonders deutlich in Geschäften, die überwiegend von Frauen frequentiert werden, zum Beispiel Läden, in denen Geschenkartikel und Gruß- und Glückwunschkarten verkauft werden. Hier erledigen Frauen nicht einfach nur einen notwendigen Einkauf, sie suchen eine Möglichkeit, ihren Emotionen Ausdruck zu verleihen. Sie verwenden relativ viel Zeit darauf, sich jede Karte einzeln anzusehen, um diejenige zu finden, die sie wirklich anspricht. Solche Läden sollten daher immer wie ein Ort wirken, an dem das Gefühlsleben dominiert.

All das sind ein paar Grundwahrheiten über das Einkaufsverhalten der Frauen von heute (und vielleicht zu allen Zeiten). So weit, so gut, und sicher beachtenswert, wenn man überhaupt etwas verkaufen will. Aber es ist nicht der wichtigste Punkt.

Wir haben gesehen, welche gravierenden Umwälzungen männliche Konsumenten im Handel bewirken: Derzeit gehen die Bemühungen dahin, alle Läden und Produkte, die bisher überwiegend für Frauen bestimmt waren, auch für Männer attraktiv zu machen. Für Frauen gilt das Gleiche, nur in umgekehrter Richtung: Die Herausforderung besteht darin, traditionell »männliche« Produkte und Umgebungen attraktiver für weibliche Konsumenten zu gestalten.

Beispielsweise gibt es hier und dort immer noch den altmodischen Laden für Schrauben und Schraubenmuttern, aber dieser Art von Geschäft ist fast überall von Ketten wie Bauhaus und Obi der Garaus gemacht worden. Wie haben sie das geschafft? Hauptsächlich dadurch, dass die Geschäftsleitung sich Gedanken über die sozioökonomischen Veränderungen machte, das heißt darüber, dass Frauen nicht mehr wie bisher von Männern abhängig sind. Was hat das mit Flügelmuttern und Klebeband zu tun? Ganz einfach: Werden berufstätige Frauen am Abend nach Hause gehen und ihren

Göttergatten (zum fünfzehnten Mal) bitten, endlich die Fensterleiste zu streichen oder den Dimmer zu installieren? Höchst unwahrscheinlich. Außerdem ist während der letzten drei Jahrzehnte die Zahl der allein lebenden jüngeren Frauen enorm gestiegen – diese Frauen haben Geld und den Wunsch, ihr eigenes Heim schön zu gestalten. Sollte es wirklich Polizistinnen, weibliche Feuerwehrleute und Vorstandsmitglieder, weibliche Unternehmer im Internet und Vizepräsidentinnen geben, aber keine selbstbewussten, ehrgeizigen, fähigen weiblichen Heimwerker? Ich kann mir das nicht vorstellen.

Wohin sollten diese angehenden Do-it-yourself-Spezialistinnen denn gehen, um das notwendige Handwerkszeug zu finden? In die Eisenwarenhandlung vielleicht? Nein; die typische Eisenwarenhandlung war entschieden und ausschließlich maskulin und stand weiblichen Ideen nicht unbedingt freundlich gegenüber. Ein Baumhaus für Jungs, nur mit Registrierkasse. Etwas musste also geschehen. Es schlug die Stunde der Bau- und Heimwerkermärkte. Sie beseitigten erst einmal den mit Handwerkszeug verbundenen Mythos und nahmen selbst den blutigen Anfängern unter den Kunden die Angst davor. Um das zu erreichen, mussten diese Läden ihre ganze Auffassung, Botschaft und Aufmachung ändern. Die Geschäfte, die Schrauben und Schraubenmuttern verkauft hatten, machten Platz für jene, die Lebensart verkauften. Unter dieser umfassenden Überschrift konnte man Schrauben und Schraubenmuttern ebenso anbieten wie Bauholz, Gipsbauplatten, Beleuchtungskörper, Küchenmöbel, Unterwassermassagebecken, Vorhänge (mit und ohne Rüschen) und vieles andere mehr. Diese Läden verkauften keine Bau- und Eisenwaren, sie verkauften ein neues Heim. Der ganze Bau- und Heimwerkerbereich hat einen spirituellen Wandel durchgemacht. Es gibt nicht mehr nur Stabilbaukästen für die Jungs, sondern auch Puppenhäuser für die Mädels, und Jungen und Mädchen können nun zusammen spielen.

Dieser Wandel wurde auch dadurch gefördert, dass Verkäufer angestellt wurden, die sich auskennen und in der Lage sind, Kunden Anleitungen zu geben und ihr Vertrauen zu gewinnen. Die neuen Bau- und Heimwerkermärkte stellen Frauen als Verkäuferinnen und als Leiterinnen ein, beschäftigen sie also in Positionen, die traditionell für Männer reserviert waren. Die Läden nutzen auch jede Gelegenheit, Kunden zu zeigen, wie es geht, sei es mit Hilfe von Videofilmen oder kostenlosen Instruktionen durch Handwerker im Laden selbst. Die Geschäftsführung hat begriffen, dass Frauen, denen man heute beibringt, wie man Bilder richtig aufhängt, morgen spachteln und im nächsten Monat Verkleidungen anbringen werden.

Dieser neue Einfluss weiblicher Energie verändert auch die Art und Weise, wie die Geschäfte ihre Waren anbieten. Es genügt einfach nicht mehr, Lampen an einen Ständer zu hängen oder ins Regal zu stellen. Die Einzelhändler müssen zeigen, wie die Lampe in einem Wohnraum wirken wird. Statt eine Kiste mit Wasserhähnen fürs Badezimmer aufzustellen, zeigen die Geschäfte nun die ganze Badewanne, komplett mit Duschvorhang und Handtüchern.

Ein zweites großes Gebiet, auf dem sich starke Umwälzungen hinsichtlich des Geschlechts der Kunden abspielen, sind die Computergeschäfte und alle anderen Läden, die Konsumelektronik verkaufen. Typischerweise denken wir an Männer, wenn wir an die vorderste Front der elektronischen Entwicklung denken – sie kaufen sich einen Bausatz und setzen ihre eigene Stereoanlage zusammen oder geben fünfstellige Summen für die Lautsprecher aus. Es ist noch gar nicht so lange her, da wurden Personalcomputer und Handys als Spielzeug für große Jungs auf den Markt gebracht. Tatsache ist jedoch, dass Frauen oft die Ersten sind, die neue Technologien nutzen. Als in Unternehmen die ersten Computer eingesetzt wurden, mussten weibliche Bürokräfte als Allererste lernen, was ein Betriebssystem und was Software ist. Frauen, die während der Mittagspause unter Zeitdruck Besorgungen erledigten, waren die Ersten, die von Geldautomaten begeistert waren.

Wieso ist uns das nicht bewusst geworden? Weil Männer und Frauen Technik auf sehr unterschiedliche Weise nutzen. Männer lieben Technik an sich, sie ist aufregend und toll, bietet Geschwindigkeit, man bekommt etwas Handfestes für sein Geld. Ehe das Innenleben der Autos computerisiert wurde, war es ein durchaus üblicher Anblick, dass drei oder vier Typen um die hochgeklappte Motorhaube eines Autos herumstanden und dessen Besitzer beim Einstellen des Vergasers oder Installieren eines Generators zusahen, nicht ohne ihn ständig darauf hinzuweisen, wie man es besser machen könnte. Heute stehen die gleichen Männer um den Gartengrill herum und debattieren über ihre Festplatten und die Geschwindigkeit ihrer Modems. Das sind Themen für Männer.

Im Allgemeinen nähern sich Frauen der Welt der Technik auf ganz andere Weise. Sie nehmen die Technik und machen nützliche Geräte daraus. Es gelingt ihnen, auch noch das raffinierteste technische Gerät aller Mystik zu entkleiden und festzustellen, wie nützlich es ist. Frauen schauen sich die Technik an und stellen fest, wozu sie da ist, wofür man sie nutzen kann – was sie wirklich *tun* kann. Die Technologie verspricht uns immer, dass sie unser Leben leichter und effizienter machen wird. Es sind immer die Frauen, die fordern, dass dieses Versprechen eingehalten wird. Zum Beispiel waren Handys am Anfang ziemlich große und unhandliche Spielzeuge, die höchstens in einen Aktenkoffer passten, während sie heute kleine, schnuckelige Dinger sind, die man viel öfter in einer Handtasche findet.

Wie wir im 8. Kapitel gesehen haben, verkauft sich Technik fast wie von selbst an Männer, aber die wirklich cleveren unter den Einzelhändlern bemühen sich, auch herauszufinden, wie sie Frauen etwas verkaufen können. Damit kommen wir zu einem Problem, das die Konsumelektronik immer noch hat – ihre Zielgruppe sind nach wie vor hauptsächlich Männer. Produktdesign sowie die Verpackung und die Art und Weise, wie diese Waren in den Geschäften und von den dort Beschäftigten verkauft werden, zeigen deutlich, dass Computer-Hardware und -Software für Männer bestimmt sind. Früher hatten wir den Club der Männer, die Eisenwaren kauften, heute gibt es für die gleiche Zielgruppe den Computer-Club. Lange kann das nicht mehr so bleiben.

Eine Menge der neuen Unternehmer im Internet sind Frauen. Über 40 Prozent aller Nutzer des Internets sind Frauen. Bald wird irgendeiner der Computerhersteller aufwachen und endlich etwas tun, damit sich auch weibliche Computerkäufer mit den Geräten wohl fühlen.

Was wird geschehen? Inzwischen wird ein Computerhersteller (Hewlett-Packard) von einer Frau geleitet (Carly Fiorina), die im Licht der Öffentlichkeit steht, die man auf den Wirtschaftsseiten der Zeitungen zitiert und im Fernsehen zeigt – eine Art weiblicher Bill Gates. Andere werden folgen. Früher oder später werden bei den Produkten dieser Firmen nicht mehr der Umfang der Speicherkapazität oder die Geschwindigkeit des Mikroprozessors betont werden, sondern die leichte Handhabung, die Vielseitigkeit und die Bequemlichkeit im Vordergrund stehen. Das Produkt wird zweckmäßig und praktisch sein, über die technischen Prozesse im Hintergrund wird man nicht weiter reden. Die Computer dieser Unternehmen werden wie Kühlschränke verkauft werden, nicht wie wissenschaftliche Geräte. Am meisten wird für eine Telefonnummer geworben werden, die man kostenlos anrufen kann, wenn man Hilfe bei einem Problem mit einem Programm oder dem Drucker braucht. Die Helfer werden sich klar und deutlich in normaler Sprache ausdrücken. Dann wird es nicht mehr lange dauern, bis eine Werbeagentur für Anzeigen- und Fernsehwerbung Frauen einsetzt, vielleicht sogar für eine ganze Kampagne, die sich über das Verhältnis der Männer zur Technik lustig macht. Ein Einzelhändler wird ganz bewusst Verkäuferinnen einstellen, und auf einmal werden Menschen und keine technischen Broschüren dafür zuständig sein, die Fragen der Kunden zu beantworten und sie über Produkte zu informieren.

In einem Computerladen, den wir untersuchten, waren die meisten Leute, die sich umschauten, Männer, aber die Abschlussrate, der Prozentsatz der Kunden, die tatsächlich etwas kauften, war bei Frauen am höchsten. Das liegt daran, dass sie mit einem klaren Ziel vor Augen in das Geschäft gingen, nicht nur, um von einem neuen Laufwerk oder Scanner zu träumen. Die meisten Frauen wollen über einen Computer gerade nur so viel wissen, wie sie brauchen, um das verdammte Ding zu benutzen. Im Vergleich zur übrigen Einkaufswelt findet in Computerläden ein Rollentausch statt: Männer schätzen einen Einkaufsbummel, bei dem sie sich einfach nur umsehen, während Frauen mit einer klaren Absicht in den Laden gehen und sich nicht ablenken lassen, während sie das suchen, was sie brauchen.

Ein ähnlicher Rollentausch findet beim Internet-Einkauf statt: Die Männer surfen hin und her, während die Frauen direkt auf die gewünschte Adresse zugreifen, nur das anklicken, was sie wirklich kaufen wollen, und dann das Internet wieder verlassen. Dieses Verhalten ähnelt sehr dem Gebrauch der Fernbedienung – er zappt rastlos von Kanal zu Kanal, was in ihr den geheimen Wunsch weckt, ihn auf der Stelle zu erwürgen, damit sie sich in Ruhe ein Programm ansehen kann.

Der Automobilindustrie ist vor ein paar Jahren aufgefallen, dass Frauen Autos kaufen. Die Fernsehwerbung für Autos zeigt immer häufiger Frauen als Käuferinnen und als Fahrerinnen. Wenn wir Gesprächspartner zum Thema »Autohändler« interviewen, sagen uns viele Frauen, sie würden gerne mehr Autoverkäuferinnen und -mechanikerinnen sehen. Man traut einer Verkäuferin eher zu, dass sie sich nicht herablassend verhält oder versucht, einen zu übervorteilen, bloß weil man eine Frau ist. Wenn man bedenkt, dass Autoverkauf und -reparatur bisher von Männern dominiert wurden, sollten die Autohändler in diesem Bereich schnell viele Frauen einstellen.

Autoverkäufer glauben immer noch an die alte Regel, dass bei einem Paar immer der Mann die Entscheidungen trifft, und haben noch nicht begriffen, dass sie es häufig ist, die einen neuen fahrbaren Untersatz möchte, oder dass ihre Einwände gegen ein bestimmtes Auto überwunden werden müssen. Das Verkaufsgespräch richtet sich also an den Mann, während sie innerlich kocht. Wenn man sich geeinigt hat, werden die Kunden normalerweise in den Verkaufsraum zurückgebracht, damit der Geschäftsführer den Abschluss tätigen kann. Dieser Bereich hat üblicherweise ein männliches

Ambiente, was man schon an den Zeitschriften im Warteraum sieht (*Auto Motor Sport*, aber gewiss keine Frauenzeitschrift). Vielleicht sehen wir in naher Zukunft eine Autozeitschrift für Frauen, aber noch gibt es sie nicht. Frauen erzählen uns immer wieder, dass sie einen Widerwillen gegen Autohändler, Automechaniker und Autoreparaturwerkstätten haben. Sie fühlen sich bevormundet und übers Ohr gehauen, aber sie wissen auch, dass sie momentan kaum eine Wahl haben. Sie haben etwas Besseres verdient.

Es wäre also wirklich ein guter erster Schritt, ein paar Frauen einzustellen, die Autos reparieren und Ersatzteile verkaufen. Schauspielerinnen und Models in der Fernsehwerbung helfen auch, um dieser Männerwelt ein anderes Image zu geben. Vor ein paar Jahren führten wir für einen großen Verbrauchermarkt eine Untersuchung der Abteilung für Autozubehör durch. 90 Prozent der Kunden waren Männer, aber 25 Prozent derjenigen, die das computerisierte Informationssystem nutzten, waren Frauen. Ganz offensichtlich hatten diese Frauen Fragen, die ihnen von den Verkäufern nicht beantwortet wurden. Vielleicht wussten die Verkäufer die richtigen Antworten nicht oder die Frauen hatten einfach keine Lust, diese Typen zu fragen. Wie dem auch sei, die Beobachtung zeigt, dass Frauen lernen möchten, wie man einfache Reparaturen durchführt und den Wagen in Schuss hält.

Wenn ich morgen eine Tankstelle kaufen würde, dann würde ich als Allererstes ein riesiges Schild aufhängen, auf dem stünde: »Die saubersten Toiletten, die es je an einer Tankstelle gab«. Tankstellen legen Wert darauf, möglichst deutlich den Benzinpreis anzuschreiben, auf den Bruchteil eines Pfennigs genau, als ob wir in diesen Kategorien denken würden. Benzin ist Benzin und die Preisunterschiede sind ziemlich gering. Aber saubere Toiletten wären eine Attraktion für Fahrerinnen, die WCs häufiger aufsuchen und sich daher auch öfter über deren grässlichen Zustand beschweren. Während wir unser Benzin fast immer selbst tanken, brauchen wir immer mehr Hilfe anderer Art. Wir fahren immer größere Entfernungen und brauchen daher Hinweise, an denen wir uns orientieren können, angenehme Restaurants, wo wir etwas essen und trinken können, und saubere Toiletten. Vielleicht wäre auch ein sauberer Wickeltisch für das Baby eine gute Idee, ein Abfluss, der nicht verstopft ist, und ein Mülleimer, aus dem der Abfall nicht herausquillt. Keine Frau wird sich über ein paar Pfennig mehr für Benzin aufregen, wenn sie sonst gut bedient wird. Können die männlichen Tankstellenpächter das nicht begreifen? Die meisten verstehen es nicht – wieso auch? Aber wenn in der Automobilindustrie mehr Frauen beschäftigt wären, bei Autohändlern, in Reparaturwerkstätten und an Tankstellen, dann würde die Sache ganz anders aussehen. Dann könnten wir vielleicht die gleiche Entwicklung beobachten wie bei den Eisenwarenhandlungen. Was bedeutet, dass es vielleicht sogar für die Automobilindustrie noch Hoffnung gibt.

10. Wer das Kleingedruckte lesen kann, ist zu jung für das Produkt

Schon heute sind über 25 Prozent der deutschen Bevölkerung über 60 Jahre alt. Die geburtenstarken Jahrgänge der Nachkriegszeit werden alt. Es wird viele alte Menschen geben.

Das bedeutet, für viele wird es schön sein, alt zu sein. Wie könnte es anders sein? Als die Nachkriegsgeneration jung war, war Jungsein schön. Als sie ein mittleres Alter erreichte, war es schön, eine gewisse Reife zu erlangen. In der zweiten Lebenshälfte werden viele Menschen der europäischen Nachkriegsgeneration die Ersparnisse und den Grundbesitz ihrer sparsamen und umsichtigen Eltern erben.

Die alten Menschen des 21. Jahrhunderts werden kaum noch Ähnlichkeit mit unseren stillen und bescheidenen alten Mitbürgern von heute haben. Die alten Menschen der Zukunft sind nicht während der Depression oder während des Krieges aufgewachsen, sie wurden in den wohlhabenden, selbstzufriedenen fünfziger, sechziger oder siebziger Jahren erwachsen. Sie wurden nicht mit Parolen gefüttert, die Opferbereitschaft, Genügsamkeit und eine Zurückstellung von Vergnügungen zu Gunsten der Arbeit als Tugend priesen, noch haben sie sich der seltsamen Idee verschrieben, Altsein könne bedeuten, Krankheit und Gebrechlichkeit stoisch als Schicksal zu akzeptieren. Sie tanzten zu der Musik von Abba und sahen Nina Hagen alt werden. Eine zierliche alte Dame wird im Jahr 2025 keinen scheckheftgepflegten Opel in der Garage stehen haben, mit dem sie einmal in der Woche ihre Kinder besuchen fährt. Sie wird in einem Honda durch die Stadt flitzen (zu dessen Standardausrüstung Sitze gehören, die sich hydraulisch anheben lassen), von Kopf bis Fuß in Nike-Garderobe gekleidet, und ihr Auto auf einem der zahlreichen Parkplätze abstellen, die für Leute reserviert sind, die zwar alt, aber nicht klapprig sind (solche Parkplätze werden laut dem Gesetz zum Schutz älterer Mitbürger von 2009 an bereitgestellt werden). Dank der verbesserten Gesundheitsvorsorge, Ernährung, Fitness und kosmetischer Chirurgie wird sie sich mit siebzig so fühlen und so aussehen wie ihre Mutter mit fünfzig.

Für den Handel wird das ein Freudenfest! Das ist offensichtlich. Der ganze Einzelhandel – Geschäfte, Restaurants und Banken – wird sich um die Bedürfnisse der Alten kümmern müssen, denn es wird viele von ihnen geben und sie haben Geld. Aber sie werden eine ganz neue Welt fordern. Die jetzige wird nicht mehr gut genug sein und sie werden sie nicht länger akzeptieren!

Wieso ist die jetzige Welt nicht in Ordnung? Erstens sind alle Zeitungen, Zeitschriften und Bücher viel zu klein gedruckt. Was ist mit den Instruktionen auf dem Glas mit Kräuterabführmittel? Auch zu klein. Kein Mensch wird mehr die Augen zusammenkneifen. (Schließlich macht das Falten.) Wer etwas nicht lesen kann, wird es auch nicht kaufen. Und wenn die Alten keine Kräuterabführmittel kaufen, dann wird kein Mensch sie kaufen.

Die menschliche Sehkraft beginnt etwa mit dem vierzigsten Lebensjahr nachzulassen und selbst kerngesunde Augen funktionieren spätestens ab dem sechzigsten Lebensjahr nicht mehr einwandfrei. Mit zunehmendem Alter verändert sich das Auge in dreierlei Hinsicht: Die Linse wird weniger beweglich und die Muskeln in ihrer Umgebung werden schlaffer, was zur Folge hat, dass man Kleingedrucktes nicht mehr scharf sehen kann; die Hornhaut wird gelblich, was die Wahrnehmung von Farben beeinträchtigt, und weniger Licht dringt bis zur Netzhaut durch, was bedeutet, dass die Welt ein kleines bisschen trüber aussieht als früher. Das Thema »optische Schärfe« ist bereits heute für den Markt immens wichtig und wird in Zukunft noch an Bedeutung gewinnen – nicht in irgendeiner fernen, ungewissen Zukunft, sondern demnächst.

Beispielsweise liefert jede Befragung von Zeitungslesern immer wieder ein Ergebnis: Die Leser wollen eine größere Schrift. Die meisten Zeitungen nutzen für den normalen Text eine Schriftgröße von 9 Punkt. Leser wollen aber mindestens eine 12-Punkt-Schrift. Meistens bekommen sie aber nicht, was sie wollen. Die Tatsache, dass Zeitungen nach wie vor auf kleinen Schriftgrößen bestehen, beweist, wie sehr Geschäftsleute immer noch ihre Kunden missverstehen und deren Unzufriedenheit unterschätzen.

Probleme mit der Schriftgröße gibt es aber nicht nur im Zeitungs- und Verlagswesen. Schon heute sind viele Kunden in Drogeriemärkten und Apotheken ältere Menschen und von dieser Zielgruppe werden diese Geschäfte in Zukunft immer abhängiger. Von allen Worten, die wir im Lauf eines Lebens lesen müssen, sind nur wenige wichtiger als die Aufkleber, Gebrauchsanweisungen und Beipackzettel von Arzneimittelpackungen, sowohl der apothekenpflichtigen als auch der frei verkäuflichen. Beispielsweise haben wir herausgefunden, dass 91 Prozent aller Käufer von Hautpflegeprodukten erst eine Packung kaufen, nachdem sie die Vorderseite der Schachtel, des Tiegels oder des Glasbehälters gelesen haben. 42 Prozent der Käufer lesen auch noch die Rückseite. Ganz eindeutig ist die Lesbarkeit immens wichtig, wenn man Hautpflegeprodukte oder irgendwelche anderen Gesundheits- oder Schönheitspräparate verkaufen will.

Unsere Untersuchungen der Verpackungen von Medikamenten und Kosmetika haben ein paar interessante Unterschiede aufgezeigt. Beispielsweise sind die Gebrauchsanweisungen, Inhaltsangaben und warnenden Hinweise auf den Verpackungen der bekanntesten Marken für Haarfärbemittel, Hautcreme, Aknemittel oder Zahnpasta in 10 Punkt oder größer gedruckt. Die Schriftgröße beträgt aber nur zwischen 6 und 9 Punkt auf den Packungen von Aspirin oder anderen gebräuchlichen Schmerzmitteln. Sie liegt ebenfalls zwischen 6 und 9 Punkt auf Grippe- und Erkältungsmittel-Verpackungen sowie auf den Packungen mit Vitamintabletten. Anders ausgedrückt: Die Hersteller von Verpackungsmaterial machen es Jugendlichen wesentlich einfacher, den Text auf der Packung mit Anti-Akne-Creme zu lesen, als alten Leuten, die Schrift auf der Packung mit Kopfschmerztabletten oder Grippemitteln zu entziffern. Wir fanden nur eine einzige Packung, die älteren Menschen entgegenkam, und zwar eine Schachtel mit Haftcreme, auf der eine Schriftgröße von 11 Punkt für die Anwendungshinweise und von 8 Punkt für die Inhaltsstoffe verwendet wurde.

In dieser Hinsicht machen die Spezialisten in den Verpackungsabteilungen der Pharmakonzerne offensichtlich Fehler. Wenn einem bewusst wird, dass die meisten Designer, einschließlich derer, die für Packungsaufkleber zuständig sind, zwischen zwanzig und dreißig Jahre alt sind, wird einem auch klar, wieso es zu solch immensen Fehleinschätzungen kommt. Die Leute, die Verpackungen in Auftrag geben und sie herstellen, scheinen sich nicht vorstellen zu können, wie sie auf die Leute wirken, die den Text lesen müssen, und zwar im Einzelhandel, wo die Verpackung schließlich landet. Wirft man einen Blick auf Zeitschriften, die für junge Leser kreiert wurden – zum Beispiel auf Magazine wie *Flyer* oder *Spex* –, so ist die Schriftgröße überall winzig, und der Hintergrund bietet oft nur wenig Kontrast zur Schrift. Die Botschaft ist eindeutig: Diese Zeitschrift ist für die Jugend bestimmt und macht keine Konzessionen an Altersschwäche. Es ist die gleiche Haltung wie seinerzeit die von Mick Jagger, einem College-Absolventen aus gutem Haus, als er seine Verse in die Länge zog und nuschelte, was seine Musik für die Ohren derjenigen unzugänglich machte, die mit Bing Crosby und Frank

Sinatra aufgewachsen waren. Im nächsten Jahrhundert wird der Altersunterschied zwischen den Designern von Verpackungen für Drogeriemärkte und Apotheken und den häufigsten Käufern der entsprechenden Produkte noch größer werden.

In den Eckerd's-Geschäften in Florida sind an den Regalen Vergrößerungsgläser an Ketten angebracht worden. Das ist eine clevere Behelfslösung, aber es genügt nicht. Aus Drogeriemärkten wird berichtet, dass im Durchschnitt etwa einer von fünf Kunden einen Verkäufer um Hilfe bittet, aber bei älteren Kunden sind es fast doppelt so viele. Stets brauchen sie die Hilfe junger Augen, um ein Produkt zu finden oder ein Etikett lesen zu können. Man kann in jede Art von Einzelhandelsladen gehen und auf Produkten Schriftgrößen finden, die für ältere Augen eine Herausforderung darstellen: die Information über Nährwert und Brennstoffe auf der Seite der Müslipackung, die Waschanleitung in einem Seidenhemd. Die Gebrauchsanweisung auf dem Haarfärbemittel, der Packung mit Cholesterinteststreifen, dem Handbuch für einen Fotoapparat. Wie werden Kunden in Zukunft überhaupt ein Geschäft finden, das sie suchen – etwa, indem sie im Telefonbuch nachsehen? Das kann ich *jetzt* schon nicht lesen. Wir sollten auch nicht die Speisekarten in Restaurants vergessen, Fahrpläne, amtliche Formulare, Geburtstagskarten, Briefmarken, Thermometer, Geschwindigkeitsanzeiger, die Skala am Radio, die Knöpfe an der Waschmaschine … Habe ich schon diese kleinen Aufkleber erwähnt, die einem mitteilen, dass der Apfel, den man gerade gekauft hat, wirklich ein Braeburn ist? Wie sollte man das sonst wissen? In allen diesen Fällen schreckt das Produkt ältere Kunden schon alleine durch die verwendete Schriftgröße ab. Die heutigen älteren Mitbürger ertragen diese Art milder Diskriminierung klaglos und betrachten sie als Schicksal. Aber die Vertreter der Nachkriegsgeneration, die daran gewöhnt sind, dass sich ihre Umwelt ihnen anpasst, werden sicherlich dagegen rebellieren. Bis zum Jahr 2025 wird es so weit kommen, dass eine Schriftgröße von weniger als 13 Punkt dem kommerziellen Selbstmord gleichkommt. Schon jetzt, da unsere Sehschärfe langsam abnimmt, hat die Verwendung einer Schrift von nur 9 Punkt negative Folgen für ein Produkt.

Je gebildeter (und folglich je wohlhabender) der Käufer, umso mehr trifft er (oder sie) seine Entscheidungen aufgrund dessen, was auf Etiketten, Kartons oder Gläsern steht. Es ist eine Tatsache, dass der Einzelhandel heute mehr denn je von Geschriebenem und Gedrucktem abhängig ist. Eine logische Folge davon scheint zu sein, dass man so viel wie möglich Information auf den Produkten, deren Verpackungen und dem Werbematerial unterbringt. Aber wenn man Designer auffordert, mehr Informationen unterzubringen, reagieren sie normalerweise, indem sie die Schrift kleiner machen. Vielleicht liegt die Lösung in größeren Verpackungen (obwohl das wieder zu Schwierigkeiten führt, wenn es darum geht, auf den Regalen Raum für die Produkte zu schaffen, und außerdem der Umwelt nicht gut tut). Vielleicht sollte man auf den Etiketten mehr Bilder und Grafiken verwenden. Vielleicht brauchen wir auch größere und bessere Hinweistafeln oder Displayständer, die zu uns sprechen. Vielleicht sollten wir alle diese Ideen einmal testen, denn was die Schriftgrößen angeht, müssen wir schon sehr bald einen großen Schritt nach vorn tun.

Doch die Größe ist nicht das Einzige, was es zu berücksichtigen gilt. Wenn die Hornhaut gelblich wird, kann man feine Farbabstufungen nicht mehr voneinander unterscheiden. Beispielsweise werden immer mehr Menschen auf Treppen stolpern (oder gar fallen), weil sie die Stufen nicht mehr erkennen können. Viele Käufer werden Schwierigkeiten haben, zwischen den Farben Blau und Grün zu unterscheiden, und Designer werden nicht mehr so einfach Gelb verwenden können – für die betroffenen Menschen wird *alles* einen Gelbstich haben. Folglich müssen bei Verpackungen, Hinweistafeln und in der Werbung scharfe Kontraste verwendet werden, keine subtilen Farbabstufungen. Wir werden viel mehr Schwarz, Weiß und Rot sehen und deutlich weniger andere Farbtöne.

Wir führten einen Werbemitteltest für eine große Sparkasse im Süden Kaliforniens durch. In den Interviews mit den

Kunden wurde deutlich, dass sich ältere Menschen nur schwer an ein großes Poster an der Wand hinter dem Kundenschalter erinnerten. Auf dem Plakat wurde für die Visa-Gold-Karte der Bank geworben; es zeigte eine überdimensionale Kreditkarte auf einem goldenen Backstein. Wir sahen das Bild klar und deutlich. Für ältere Kunden war der Unterschied zwischen der Karte und dem Gold des Backsteins aber unsichtbar, sie sahen nur einen einzigen großen, mysteriösen gelben Gegenstand – für viele Menschen über 65 ein sinnloses Plakat.

Schließlich und endlich muss man wissen, dass die Netzhaut eines Fünfzigjährigen etwa ein Viertel weniger Licht empfängt als die eines Zwanzigjährigen. Das heißt, dass viele Geschäfte, Restaurants und Banken heller sein sollten, als sie sind. Es darf keine schwach beleuchteten Ecken geben, damit die Kunden auch sehen, was sie einkaufen beziehungsweise wo sie hingehen. Die Beleuchtung muss hell sein, besonders zu den Zeiten, in denen ältere Kunden üblicherweise einkaufen. Ich betone noch einmal, dass alles Gedruckte fett und kontrastreich sein muss – dunkle Schrift vor weißem (oder hellem) Hintergrund. Eine amerikanische Fast-Food-Kette hat erkannt, dass der Anteil der Gäste im Alter von über 55 Jahren am schnellsten wuchs, trotz der Tatsache, dass die Speisekarte in einer Schrift gedruckt war, die für ältere Menschen fast unlesbar war. Das Unternehmen entwickelte die Speisekarten neu und verwendete große Fotos von den einzelnen Gerichten und obwohl nun weniger Produkte aufgeführt werden konnten, stieg der Absatz.

Die visuellen Veränderungen, die gemacht werden müssen, um älteren Menschen entgegenzukommen, werden, verglichen mit den notwendigen Strukturveränderungen, einfach sein. Auch im 21. Jahrhundert werden ältere Menschen steif und nicht mehr sehr beweglich sein. Außerdem muss man bedenken, dass das Alter länger dauern wird, als man sich bisher vorstellen konnte – viele von uns werden Jahrzehnte lang alt sein, wir werden länger alt als jung sein. Wir werden eine Welt brauchen, in der sich sowohl robuste 65-Jährige als auch gebrechliche 85-Jährige bewegen können. Angesichts des Phänomens einer alternden Bevölkerung hat die Werbeagentur Duke in Saarbrücken einen Alterssimulator entwickelt, eine Art zweiter Haut, die es dem Träger ermöglicht, wie ein alter Mensch zu fühlen, zu hören und zu sehen. Die dicken Innenpolster in dem High-Tech-Kostüm erschweren Bücken und Strecken, eine steife Schiene im Nacken erschwert das Drehen des Kopfes. Ohrenschützer führen zu einem partiellen Gehörverlust und eine besondere Linse erschwert das Sehen. Marketingleute haben nun die Gelegenheit, die Welt aus der Sicht ihrer Kunden zu sehen.

Vor zwanzig Jahren kauften sich viele Menschen, die gerade in Rente gegangen waren, eine Eigentumswohnung, oft im zweiten oder dritten Stock, nur über Treppen erreichbar, mit Balkon und schöner Aussicht – ein wunderbares Refugium, um die goldenen Lebensjahre in Muße zu genießen. So schien es wenigstens. Heute jedoch, zwei Jahrzehnte später, sitzen viele dieser damals Sechzigjährigen im Rollstuhl oder sind zumindest nicht mehr in der Lage, Treppen zu steigen, wodurch ihr bisheriges Heim für sie seinen Reiz verliert. Wie werden unsere Geschäfte und Straßen und Einkaufszentren aussehen, wenn die Kinderwagen und Buggys von heute durch die motorisierten Rollstühle von morgen ersetzt werden? Türen, Durchgänge, Aufzüge, Korridore, der Kassenbereich, Tische in Restaurants, Toiletten, Flugzeuge, Züge, Busse und Autos werden beträchtlich breiter werden müssen, als sie heute sind. Schon aus rein kommerziellen Gründen werden Auffahrrampen notwendig sein, wenn sie die Regierung nicht sogar gesetzlich vorschreibt. Treppen werden Relikte der Vergangenheit sein. Rolltreppen werden zum Anachronismus. Man denke nur an all die Einkaufszentren mit verschiedenen Ebenen, die in fünfundzwanzig Jahren für ein Fünftel der Bevölkerung unbequem, wenn nicht sogar völlig unzugänglich sein werden. Es wird dann überall ältere Kunden geben, nicht nur im Drogeriemarkt, sondern auch bei Hennes & Mauritz, Benetton, Toys »R« Us, Spar und Douglas, also in allen Geschäften mit Markenartikeln, mit denen die Alten von morgen – also wir – aufgewachsen sind. Sobald die Hersteller anfangen, schicke, sportliche, motorisierte Rollstühle (sie werden eher wie straßentaugliche Golfwägelchen für eine Person aussehen) zu bauen und schnittige Laufgestelle, werden wir wirklich merken, was sich geändert hat. Wir werden Polizisten brauchen, die den Fußgängerverkehr regeln.

Nicht nur für die ganz Steifen und Unbeweglichen wird sich die Einzelhandelsszene ändern müssen. Selbst diejenigen älteren Kunden, die noch gut zu Fuß sind, können sich nicht mehr so strecken und bücken wie früher. Außerdem wollen sie das gar nicht – jedes Bücken und Strecken erinnert sie an ihr Alter, das Letzte, woran sie erinnert werden wollen.

In Supermärkten sind Produkte, die auf einem zu hohen oder zu tiefen Regal angeboten werden, für ältere Kunden wirklich unzumutbar. Sie werden in einem anderen Geschäft etwas finden. Das trifft vor allem auf schwere Artikel zu, beispielsweise Kästen mit Erfrischungsgetränken oder Großgebinde mit Waschpulver – wenn man solche Waren nicht einfach aus dem Regal und in den Einkaufswagen hineinziehen kann, dann kauft man sie nicht. (Um Kunden gleich welchen Alters das Leben leichter zu machen, sollten sperrige Produkte auf der gleichen Höhe wie der obere Rand des Einkaufswagens angeboten werden.) Wenn man älteren Kunden das Leben leichter macht, verkauft man damit nicht nur mehr Waren, sondern weckt auch freundliche Gefühle bei einer Gruppe von Menschen, die oft vom Einzelhandel schlecht behandelt wird. Der ältere Herr, der in einen Laden kommt, um Batterien für sein Hörgerät zu kaufen, und sie leicht aus dem Fach nehmen kann, kommt wahrscheinlich wieder, wenn er ein Handy oder einen Computer braucht.

Eine der permanenten Herausforderungen, denen sich Banken heute gegenübersehen, besteht darin, ältere Kunden zur Benutzung der Geldautomaten zu bewegen. Diese Automaten können einschüchternd wirken, wenn man sich noch nicht mit interaktiven Bildschirmen auskennt, die man berühren kann, und mit Maschinen, die zu einem sprechen. Natürlich kann man ältere Mitbürger schulen, aber die Schulungen sollten nicht von Jugendlichen oder übereifrigen Möchtegern-Geschäftsführern gegeben werden: Alle unsere Untersuchungen zeigen, dass ältere Kunden Instruktionen und Hinweise am liebsten von Gleichaltrigen bekommen – ein älterer Bankangestellter könnte viele, viele Senioren zu den Geldautomaten führen. Es hilft schon, wenn die Geldautomaten vom Schalter aus gut sichtbar sind; wenn ältere Menschen sehen, dass andere diese Maschinen bedienen, dann wirken die Automaten weniger unheimlich. Wegen der nachlassenden Sehkraft und zunehmend arthritischer Finger müssen auch die Geldautomaten angepasst werden – die Tasten müssen größer werden, ebenso der Bildschirm *und* die Worte, die darauf erscheinen. Wenn man weiterhin durch den Einsatz von Automaten Kosten sparen will, dann müssen viele dieser Maschinen für alte Hände und alte Augen neu entwickelt werden. Auch die schriftlichen Anweisungen und Tasten des Briefmarkenautomaten und der Selbstbedienungswaage auf der Post sind zu klein, um leicht von älteren Menschen gelesen und bedient zu werden. Das Gleiche gilt für die Benzinpumpe an der Tankstelle und den Fahrkartenautomaten für die öffentlichen Verkehrsmittel.

Winzige Knöpfe, Haken und Ösen an Kleidungsstücken, besonders die völlig unpraktischen Rückenverschlüsse von Damenkleidern, werden durch einfachere Schließmechanismen ersetzt werden müssen, und dabei muss man über den Klettverschluss hinausdenken. Im Augenblick wetteifern die Hersteller von Handys darin, wer das kleinste Gerät auf den Markt bringen kann, aber die Zeit wird kommen, dass das Telefon mit den größten Knöpfen und dem größten Display der Favorit sein wird, zumindest bei älteren Kunden. Fernbedienungen für das Fernsehgerät, den Videorecorder und den CD-Spieler, die Knöpfe an der Videokamera, die Tastatur des Computer-Notebooks – wenn deren Entwicklung so weitergeht wie bisher, werden sie alle zu klein sein, um einem Senioren auch nur eine müde Mark aus der Tasche zu locken. Ich schreibe, als würde all dies erst in einer fernen Zukunft passieren, aber der Eindruck ist falsch: Diese Entwicklung hat bereits begonnen. Der Einzelhandel reagiert auf merkwürdige Weise.

Worauf verwendet der Einzelhandel heutzutage seine ganze Energie, was ist das Ziel von Innovationen und Kapitalausgaben? Die hoch verehrten älteren Kunden zufrieden zu stellen? Nein – alle Anstrengungen konzentrieren sich auf die großen Warenhäuser, die Handelsketten mit bekannten Markennamen und einem ausgefeilten Merchandising-Konzept, das die lieben Kleinen anspricht, wie beispielsweise Disney und Warner, auf Läden und Unternehmen, in denen man der Jugend das Geld aus der Tasche zieht, wie beispielsweise MTV und Nike, Hard Rock Café und Planet Hollywood. Die neuen interaktiven Geräte und Displayständer, die sich die Designer einfallen lassen, sind überwältigend – man weiß nie genau, ob man sich in einem Laden oder einem Vergnügungspark befindet, und vermutlich ist das so gewollt. Auf der Interpack 99 in Düsseldorf wurde zum ersten Mal eine Verpackung mit sprechendem Display gezeigt. Das so genannte »Soundboard« aus Wellpappe, das auf Knopfdruck Informationen und Musik abspielt, ist als Präsentationsmittel für Computersoftware entwickelt worden. Sicherlich macht es viel Spaß, solche Sachen zu erfinden und die Läden zu entwerfen, in denen sie Verwendung finden. Daher überrascht es auch gar nicht, dass hier die Musik spielt.

Unglücklicherweise konzentrieren sich diese Geschäfte aber auf eine Zielgruppe, die schrumpft. Heute ist mehr als ein Viertel der deutschen Bevölkerung älter als 60 Jahre. Bis zum Jahr 2050 wird ein Anstieg dieses Anteils auf fast 40 Prozent prognostiziert, während gleichzeitig die Zahl der unter 20-Jährigen sinkt – sie wird voraussichtlich schon im Jahr 2025 nur noch bei etwa 17 Prozent liegen. Es gibt also noch viel zu tun, wenn sich der Einzelhandel besser auf ältere Kunden einstellen will.

Diese Arbeit muss heute schon beginnen. Wir können ja im Kleinen anfangen – und zunächst einmal fordern, dass in Aufzügen bessere Musik gespielt wird! Wenn ich im Supermarkt einkaufen gehe, dann möchte ich die Original-Doors hören und nicht die schmalzige Streichorchester-Version von *Light My Fire*. Um ehrlich zu sein: Ich kann es kaum erwarten, bis ich zum Altentreff gehen darf, bei dem wir alle auf unsere Gehstöcke gestützt über die Tanzfläche schwanken, während der Diskjockey die Sonderausgabe des Soundtracks zum 50. Geburtstag von *Saturday Night Fever* spielt.

Ich habe schon weiter oben auf das neue Image der Rollstühle hingewiesen, völliges Neuland, das meines Wissens bisher noch niemand vermessen hat. Diese Fahrzeuge werden sicherlich modernisiert werden, mit stärkeren Motoren ausgestattet, Geschwindigkeitsreglern, vielen verschiedenen Polstern, unter denen man wählen kann, breiten Reifen genau wie diejenigen, die wir in den neunziger Jahren für unsere Jeeps kauften, Aufladegeräten für die Akkus in unseren Handys, einem Halter für Trinkbecher, einem CD-Spieler und passenden Heckaufklebern. Viele Hersteller werden die Gelegenheit wahrnehmen und Lizenzen verkaufen, was Marken wie Harley, BMW und John Deere (oder auch Louis Vuitton, Chanel und Gucci) völlig neue Märkte erschließen wird. Die neuen Fahrzeuge werden auch nicht mehr Rollstühle genannt werden – schließlich gleichen sie mehr den Minitraktoren zum Rasenmähen oder motorisierten Dreirädern. Sie werden auch nicht unbedingt mit einer Behinderung assoziiert. Sie sind einfach nur bequem und praktisch, etwas für den Senior, der sonst schon alles hat.

Eine ganz große Frage ist auch, wie gut oder schlecht *das* Kleidungsstück der Nachkriegsjahrgänge altern wird. Werden Jugendliche die gleiche Jeansmarke kaufen wie ihre Großeltern? Ich vermute einmal, dass meine Generation Jeans bis ins Grab tragen wird. Aber wenn Jeans die Uniform der Senioren sind, werden dann auch andere Altersgruppen sie tragen wollen? Oder wird Jeans das gleiche Schicksal ereilen wie Gamaschen?

Zurzeit stellt sich der Markt für Gesundheitsprodukte und Schönheitspflege viel zu wenig auf ältere Kunden ein, aber in Zukunft wird sich das ändern müssen. Es sollte spezielle Marken geben, die auf die Bedürfnisse von Senioren über fünfundsechzig zugeschnitten sind, einschließlich Spezialprodukte für Haar-, Körper- und Zahnpflege, Kosmetik sowie Pflegeprodukte für Männer.

Matratzengeschäfte der Zukunft werden gut beraten sein,

sich auf Seniorenprodukte zu spezialisieren. Diese Zielgruppe sucht lange und intensiv nach einer ergonomischen Unterlage und ist auch bereit, entsprechend dafür zu zahlen. Matratzen werden mehr in den Bereich der medizinischen Produkte als zu Möbeln und Heimtextilien gehören. Sie werden ein Teil der umfangreichen Produktpalette zur Unterstützung der Wirbelsäule sein.

Wenn es in den Industriestaaten in Zukunft nicht mehr so viele Kinder geben wird, dann tut der Fast-Food-Sektor gut daran, seine Anstrengungen zu verdoppeln, um für Senioren attraktiv zu werden. Der Tag wird kommen, an dem Burger King für seine Produkte nicht mehr im Zusammenhang mit dem neuesten Disney-Zeichentrickfilm wirbt, sondern im Werbeblock bei den *Golden Girls*. Wer das Spezialmenü bestellt, wird dazu auch keine Disney-Figur mehr bekommen, sondern eine Kleinigkeit im Stil einer Hummelfigur.

Während einer Studie, die wir für eine Videothek durchführten, hörten wir einen älteren Mann einen Verkäufer fragen: »Kann ich mir diese Videokassette in Farbe auch auf meinem Schwarzweiß-Fernsehgerät ansehen?« Wenn es um das Erreichen einer älteren Zielgruppe geht, leisten Hersteller und Verkäufer von technischen Produkten heutzutage miserable Arbeit. Natürlich sind wir Kinder der Nachkriegsgeneration alle technikbegeistert, aber wer weiß, welche neuen Wunder es in drei Jahrzehnten geben wird, die uns einschüchtern? Normalerweise bringen neue Technologien Vorteile mit sich, die ideal für ältere Käufer sind: Einkaufen per Internet und E-Mail machen ihnen das Leben einfacher, wenn sie nicht mehr so beweglich sind, und die Westentaschencomputer der Zukunft (etwa in der Größe der heutigen Handcomputer, nur besser) werden viele Informationen speichern können, wenn ihr Gehirn nicht mehr dazu in der Lage sein wird, beispielsweise, wenn sie eine Telefonnummer suchen oder im Supermarkt stehen und sich nicht mehr erinnern können, warum sie dort sind.

Bei der Vermarktung technischer Produkte sieht man weder in der Werbung noch hinter der Theke im Geschäft je eine Person, die älter als dreißig ist. Außerdem sind die Produkte für ältere Menschen schwer zu benutzen; das fängt bei der winzigen Tastatur an und geht weiter über das Schriftbild vieler Websites bis zu den Schaltern an Computern und Druckern, die alle hinten am Gerät angebracht sind. Vielleicht verlieren High-Tech-Produkte etwas von ihrem Nimbus, wenn selbst meine Oma sie benutzen kann. Aber in ein paar Jahrzehnten, wenn wir selbst Omas und Opas sein werden, lassen wir uns das nicht mehr bieten.

11. Die lieben Kleinen

Nachdem die Neuverteilung der Rollen zwischen den Geschlechtern so viel in unserem Leben verändert hat und Männer und Frauen sich kühn in ganz neue Abteilungen des Einzelhandels wagen, bleiben die Auswirkungen auf die Kinder nicht aus: Sie gehen inzwischen überallhin.

Früher war es so: Die Kinder gingen in die Schule, wodurch ihre Mutter Zeit und Gelegenheit bekam, die unzähligen Aufgaben wahrzunehmen, die zur Haushaltführung gehören, vor allem natürlich das Einkaufen von Lebensmitteln, Kleidung und anderen Waren und Dienstleistungen, die der Haushalt brauchte. Papa kaufte alkoholische Getränke, Autoreifen, Zigarren, Rasenmäher, Lebensmittel (aber höchstens ein- oder zweimal im Jahr) und Mamas Geburtstagsgeschenk. Zur Bank gingen entweder Vater oder Mutter, je nachdem, wie in dieser Hinsicht die Arbeitsteilung in der Familie aussah. Nur beim Kauf von teuren Gebrauchsgütern war die ganze Familie involviert, aber wie oft kaufte man schon ein Auto oder ein neues Sofa? Nicht häufig genug, dass irgendjemand für Verbleib und Beschäftigung der Kinder sorgen musste.

Heutzutage arbeiten meist beide Eltern, was bedeutet, dass alle Einkäufe, die sich nicht in der Mittagspause erledigen lassen, dann getätigt werden müssen, wenn die Familie Zeit zusammen verbringen möchte. Einkaufen wird somit zur willkommenen Freizeitbeschäftigung – vielleicht weniger amüsant als eine Woche in Disneyland, aber trotzdem mit einigem Unterhaltungspotenzial, wie sich zeigen wird. Außerdem ist die Scheidungsrate inzwischen so hoch, dass ein Elternteil (egal welchen Geschlechts) in Begleitung der lieben Kleinen ein durchaus üblicher Anblick in Kinos, Restaurants und Geschäften geworden ist. Kinder kommen heute überallhin, weil wir sie mitnehmen, aber sobald sie da sind, verändern sie das Umfeld im Einzelhandel auf subtile aber offensichtliche Weise.

Außerdem spielt die Tatsache eine Rolle, dass unsere Kinder noch viel mehr als wir Erwachsenen von den Massenmedien mitbekommen, die darin wetteifern, ihnen etwas zu verkaufen. Der Markt will Kinder und braucht Kinder, und diese fühlen sich durch die Einladung geschmeichelt und sind nur zu gerne bereit, den Verlockungen nachzugeben. Die Stars des Werbefernsehens werden von ihnen genauso verehrt, wie frühere Generationen von Kindern Heilige verehrten, und schon in frühester Jugend begreifen die lieben Kleinen die Verbindung zwischen einem Markennamen und dem Status, den dieser vermittelt.

Genau wie jede andere größere Veränderung hat auch die eben geschilderte Vor- und Nachteile. Für den Alltag im Einzelhandel bedeutet sie dreierlei:

1. Wenn ein Laden nicht kinderfreundlich ist, werden die Eltern das sehr schnell mitbekommen und dort nicht mehr einkaufen. Allein schon die Inneneinrichtung eines Geschäftes und die Anordnung von Ständern und Regalen bestimmt, ob der Laden kinderfreundlich ist oder nicht: Automatische Türen, breite Gänge und keine Treppen machen das Einkaufen für Eltern leichter, die einen Kinderwagen schieben oder ein Kleinkind hinter sich herziehen (oder ihm nachjagen).

2. Man kann sich auf Kinder als begeisterte Konsumenten (oder Mitkonsumenten) verlassen, vorausgesetzt, man geht auf ihre Bedürfnisse ein. Anders ausgedrückt: Wer Kindern etwas verkaufen will, muss es so platzieren, dass sie es sehen und danach greifen können. Wer andererseits

seinen Laden nicht genauso kindersicher macht wie sein Heim, wird viele unangenehme Überraschungen erleben.

3. Wenn man die volle und ungeteilte Aufmerksamkeit der Eltern haben möchte (beispielsweise als Autoverkäufer oder Bankangestellter), muss man einen Weg finden, um ein unruhiges, gelangweiltes Kind zu unterhalten.

Die Reaktion von Kindern auf die Erwachsenenwelt wurde mir zum ersten Mal nicht in irgendeinem Warenhaus, sondern an einem Ort der Kultur, dem Rodin-Museum in Philadelphia, bewusst. Ich flanierte zwischen den überlebensgroßen Bronzestatuen des großen Meisters, tief versunken in ästhetische Betrachtungen, als ich ein junges Stimmchen ausrufen hörte: »Schau mal Mama – ein Po!« Ich drehte mich um und sah den kleinen Engel, der mit beiden Händchen Balzacs Hinterteil angrapschte.

Daraufhin schaute ich mich um und bemerkte, dass auf allen Statuen Handabdrücke waren, ungefähr in der gleichen Höhe, in der das reizende Kind den armen alten Honoré betatscht hatte. Ganz offensichtlich war dieser kleine Kerl nicht der einzige Museumsbesucher, der sich auf taktile Eindrücke verließ.

Diese Beobachtung illustriert ein paar Binsenwahrheiten über das Verhalten von Kindern. Erstens, sie nehmen mit Begeisterung an der Welt der Objekte teil. Es bedarf nur des geringsten Anstoßes, damit sie alles in Reichweite anfassen. Die kreativen Impulse eines Kindes finden ihren Ausdruck darin, dass es in allem ein Spielzeug sucht, vom alltäglichsten bis zum erhabensten Gegenstand. Ein Bügelbrett? Natürlich ein Spielzeug. Balzacs Hinterteil? Auch das ist ein Spielzeug. Mir wurde eines klar: Wenn man möchte, dass Kinder etwas anfassen, dann muss man es nur tief genug platzieren – sie werden es schon finden. Tatsache ist, dass alles, was unterhalb einer gewissen Höhe platziert wird, *ausschließlich* von Kindern angefasst wird.

Supermärkte waren die Ersten, die das Bedürfnis der Kinder, beim Einkaufen alles anzufassen, ausnutzten. Auf unseren Videokassetten haben wir zahllose Szenen mit Kindern in

Lebensmittelgeschäften festgehalten – sie betteln und sie schmeicheln, sie jammern und bitten inständig, dass Mama oder Papa eine bestimmte Ware auswählen soll (und wenn das nicht funktioniert, packen sie das Objekt ihrer Begierde selbst und werfen es in den Einkaufswagen). Wenn sie können, werden sie es anfassen, und wenn sie es anfassen, dann besteht zumindest die Chance, dass Papa oder Mama nachgeben und es kaufen werden (insbesondere Papa). Aber die Platzierung muss mit einer gewissen Sorgfalt erfolgen; einmal führten wir eine Untersuchung in einem Supermarkt durch, in dem Waren, die Kinder reizen sollten, auf dem untersten Regal angeboten wurden, weil niemand bemerkt hatte, dass für Kinder, die im Einkaufswagen sitzen, das Regal knapp unterhalb der mittleren Höhe in idealer Reichweite liegt.

Supermärkte haben die Kunst, Kinder anzuziehen, so weit entwickelt, dass Eltern zu rebellieren beginnen. In Reaktion auf ständige Beschwerden über die Süßigkeiten und Kaugummiständer an den Kassen haben einige Märkte begonnen, Kassen ohne ein derartiges Warenangebot zu installieren. (Jetzt beschweren sich die Süßwarenhersteller.) Vor ein paar Jahren haben wir in einer unserer Studien einen alarmierenden Trend festgestellt: Mehr und mehr Eltern vermeiden konsequent den Gang mit Keksen und Knabberartikeln, um sich das vorhersehbare Betteln und Jammern ihrer Kleinen zu ersparen. Um diesem Problem zu begegnen, entwickelte unser Kunde, ein Keckshersteller, eine Gegenstrategie und platzierte seine Ware in einem geeigneten Umfeld mit passenden Artikeln (beispielsweise Kekse auf der einen Seite des Ganges und Babynahrung auf der anderen) oder in frei stehenden Ständern am Ende eines Ganges.

Familien könnten kaum zusammen einkaufen gehen, wenn es keine kinderfreundlichen Restaurants gäbe, und McDonald's profitiert mehr als alle anderen von dieser Tatsache. Diese Lokale sind nicht nur praktisch, sie werden auch zur Bestechung unserer kleinen Mitbürger eingesetzt, damit diese einen Vormittag lang brav mit durchs Einkaufszentrum traben. McDonald's hat schon sehr früh begriffen, dass sie bloß die Kinder anlocken mussten – nicht nur mit Hilfe der Speisekarte, sondern auch mit Spielsachen und den Zeichentrickfiguren, die auf alle möglichen Sachen gedruckt sind – um auch die Eltern als Kunden zu gewinnen. Aber auch McDonald's macht Fehler. Ein ganz gravierender: Die Theken sind alle zu hoch für Kinder. Ein sieben- oder achtjähriges Kind ist sicherlich in der Lage, alleine vom Tisch zur Theke zu gehen und sich noch mehr Pommes frites oder ein weiteres Erfrischungsgetränk zu bestellen. Aber die Inneneinrichtung der Restaurants macht dies unmöglich. Auch die Speisekarten hängen so hoch, dass nur Erwachsene sie bequem sehen können. Es sollte Speisekarten in Augenhöhe der Kinder geben, auf denen große Fotos der verschiedenen Gerichte gezeigt werden, mit so wenig Schrift wie möglich.

Nachdem die Nachkriegsgeneration das Kinderkriegen so lange wie möglich hinausgeschoben hat, während die nächste Generation stattdessen sehr jung heiratet, sieht man heutzutage mehr Kinder in Buchhandlungen als je zuvor. In der Vergangenheit bestand die Kinderbuchabteilung aus ein paar Regalen ganz hinten im Laden, noch hinter den Wörterbüchern. Heutzutage zählt diese Abteilung häufig zu den attraktivsten und einladendsten Bereichen einer Buchhandlung.

Kluge Buchhändler wählen dabei die folgende Warenplatzierung: Alle Bücher, die auf bekannten Fernsehsendungen basieren, werden auf den unteren Regalen angeboten, damit sich die Kleinen die Simpsons oder Miss Piggy selbst nehmen können, ohne dass ihre Eltern sie daran hindern, die möglicherweise eine schlechte Meinung von Figuren aus dem Fernsehen haben. Klassische Kinderbuchliteratur, beispielsweise Grimms Märchen, Hauff, Andersen oder alles andere, was dick und umfangreich aussieht, wird oben im Regal platziert, in Augenhöhe der Erwachsenen, denn die werden diese ehrwürdigen Werke kaufen. In die Mitte zwischen den beiden genannten Extremen kommen dann Sachen, die alle Generationen ansprechen – Karl May oder Astrid Lindgren. (Die Auslage in Videotheken sollte nach dem gleichen Prinzip erfolgen, das auch Buchhandlungen verwenden: die Klassiker, zum Beispiel Märchenfilme, die vermutlich Eltern auswählen, auf den oberen Regalen, und die aktuellen Favoriten wie beispielsweise ein Disney-Zeichentrickfilm oder die Teletubbies in Reichweite der Kinder, damit diese ihr lautstarkes, aber trotz allem liebenswertes Betteln beginnen können.)

Wir empfehlen den Buchhandlungen, die als Kunden zu uns kommen, immer, ihre Ware nach männlichen und weiblichen Interessen einzuteilen und der Tatsache Rechnung zu tragen, dass Männer sich auf die Themengebiete Sport, Business, Heimwerken und Basteln sowie Computer stürzen werden, während man die Frauen eher vor den Regalen mit Büchern über Psychologie, Ratgebern für Gesundheit, Ernährung, Diät, Heim und Garten finden wird. Wir raten unseren Kunden, die Kinderbücher in Sichtweite der für Frauen interessanten Themen zu platzieren – auf niedrigen Regalen, damit die Mütter sich selbst Bücher ansehen, aber hin und wieder auch einen Blick auf ihre Kleinen in der Kinderabteilung werfen können.

In dem Superstore von Amerikas größtem Buchhändler Barnes & Noble in der Nähe von meinem Büro gibt es in der Kinderabteilung viele kleine Stühle, was durchaus positiv ist, aber die meisten Kinder sind daran gewöhnt, dass ihnen ein Erwachsener vorliest, auf dessen Schoß sie sitzen. Ich bin immer in Versuchung, einen oder zwei der breiten Lehnstühle aus einem anderen Ladenbereich zu schnappen und sie in die Kinderabteilung zu zerren.

Kinderbuchverlage sind nicht besonders gut darin, ihre Ware für den wichtigsten Kundenkreis, nämlich die Erwachsenen, attraktiv zu machen. Wenn man Bücher für sein eigenes Kind kauft, dessen Geschmack und Lesefähigkeit man genau kennt, dann braucht man wahrscheinlich wenig Hilfe. Aber was machen alle die Großeltern, Onkel, Tanten und Freunde der Familie, die den lieben Kleinen auch Bücher mitbringen möchten? Sie brauchen klare Angaben auf den einzelnen Büchern (und vielleicht auch am Regal oder an den Ständern), für wen diese gedacht sind – hauptsächlich welche Schulklasse (oder welches Alter). Nur wenige Bücher oder Bücherregale liefern diese wichtige Information. Dies ist ein klassisches Beispiel dafür, dass weder die Designer noch die

Marketingleute eine klare Vorstellung davon haben, welche Informationen Kunden brauchen. Immer wieder kann man potenzielle Käufer in Buchhandlungen beim Lesen beobachten, in der Hoffnung, dass der Text ihnen einen wichtigen Hinweis gibt, aber dann stellen sie das Buch verunsichert wieder ins Regal zurück und beschließen, dem Jungen doch etwas anderes zu kaufen. Es könnte auch nützlich sein, den Käufer über die Absicht und Zielsetzung eines Buches aufzuklären – soll das Kind daraus etwas über Kommunikation und Beziehungen lernen oder soll seine Phantasie angeregt werden –, damit er entscheiden kann, ob dieses Werk ein geeignetes Geschenk ist oder nicht.

Wenn es um die Wahl eines Geschenkes geht, lassen Verlage die Käufer noch auf andere Weise im Stich: Kinderbücher sind relativ billig, was bedeutet, dass man oft mehr als eines kauft. Aber selbst für erfolgreiche Serien gibt es selten Geschenkpackungen mit mehreren Büchern, obwohl Sammlungen von vier oder fünf Büchern oft ein ideales Geschenk wären.

Rein theoretisch wählen Erwachsene Spielsachen aus und kaufen sie, aber die wirkliche Entscheidung wird von den Kindern getroffen. Selbst in einem Alter, in dem das Kleinkind sich sprachlich noch nicht artikulieren kann, sieht man Eltern, die ein Spielzeug aus dem Regal nehmen, es anschauen und dann dem Kind vor die Nase halten, um die einzig wirklich wichtige Meinung dazu einzuholen. Ist es begeistert, dann kaufen sie – daher machen es die meisten Verpackungen heutzutage auch möglich, dass man auf Knöpfe drücken und an Drähten ziehen kann, ohne die Verpackung öffnen zu müssen. Aber mir gefällt die Art und Weise, wie die Zany-Brainy-Geschäfte darauf eingehen, was Kinder am liebsten machen: Spiele und Spielsachen werden aus der Schachtel genommen und auf dem Fußboden ausgebreitet.

Das zugrunde liegende Prinzip ist einfach: Erwachsene Käufer fassen gerne Sachen an und Kinder kennen in dieser Hinsicht gar keine Hemmungen. Sie fassen einfach alles an. Man muss sie nur einmal beobachten und dann die Gestaltung des Ladens entsprechend planen. Aber es gibt wenigstens zwei Problempunkte, zu deren Lösung der Einzelhändler seinen gesunden Menschenverstand einsetzen muss.

Man muss sich zuallererst klarmachen, dass die Frustration und der Ärger der Eltern direkt proportional zu der Anzahl der von den Kindern betrachteten, begrapschten und gewünschten Artikel wächst – dabei bringen Eltern die Kinder überhaupt erst in die Geschäfte. Es ist das gleiche Problem wie bei den Eltern, die Keksregale und Kassen mit Süßigkeitsständern oder Spielsachen meiden. Einkaufen wird zu einer echten Plage, wenn man ständig hinter einem Kind herrennen muss, das selbst auch einkaufen möchte. Wenn ein Erwachsener erst einmal Erfahrung mit einem Laden gesammelt hat, der zu attraktiv für Kinder ist, dann hat er nur noch einen Wunsch: dieses Geschäft zu meiden. Man muss also wirklich den richtigen Mittelweg finden.

Zweitens: Wenn man den Laden und die Ware für Kinder attraktiv machen will, dann muss man die Kleinen auch vor eventuellen Gefahrenquellen schützen. Man muss das Geschäft also genauso kindersicher machen wie einen privaten Haushalt. Man sollte einmal durch einen Laden gehen und sich den Bereich zwischen dem Fußboden und etwa einem Meter Höhe genau anschauen und überlegen, welches Chaos ein vierjähriges Energiebündel hier anrichten kann. Die offensichtlichen Gefahrenpunkte, beispielsweise Steckdosen und scharfkantige Regale, sind vermutlich leicht genug zu finden und zu entschärfen. Aber man muss auch sicherstellen, dass schwere Gegenstände sich nicht einfach mit einem Ruck herunterreißen oder umwerfen lassen. Wir verbrachten einen Tag in einem Burger-King-Restaurant, in dem die Theke durch eine Art Zaun abgegrenzt war, mit einer oberen Leiste in Taillenhöhe. In acht Stunden zählten wir insgesamt 52 Jungen und Mädchen, die auf dieses Hindernis kletterten, darüberstiegen oder darauf balancierten und herumturnten, und ich bin mir sicher, dass sich Kinder an dem Ding schon recht wehgetan haben.

Einer der Envirosell-Angestellten erzählt noch heute die Geschichte von jenem Nachmittag, als er mit einem renommierten Designer interaktiver Computerspiele zusammensaß, der gerade seinen letzten Prototyp enthüllt hatte, eine Konsole, die im Spielbereich einer Fast-Food-Kette installiert werden sollte. Die ersten beiden Kinder saßen an dem Ding und spielten damit – ohne besondere Zwischenfälle. Das dritte Kind zog seine Schuhe aus, lehnte sich weit in dem Stuhl zurück und berührte den Sensorbildschirm mit den Zehen. Das nächste Kind nahm das Kunststoffspielzeug, das es zum Mittagessen dazugeschenkt bekam, und fing an, damit auf den Bildschirm zu hämmern.

»Gütiger Himmel«, japste der Designer, »schauen Sie nur, was es da macht!«

»Das ist Interaktion.«

Nach wie vor richten sich alle aufregenden Innovationen im Handel nach den Wünschen der jungen Käufer – man betrachte sich nur die Geschäfte von Disney, Nickelodeon und Warner sowie Restaurantketten wie Planet Hollywood und Hard Rock Café. Vom Blickwinkel der Kinder und Jugendlichen aus sehen alle diese Läden und Lokale wie Vergnügungsparks aus, in denen auch etwas verkauft wird. Alle die faszinierenden Neuentwicklungen im Bereich Videos, Interaktion, Digitalisierung und Computer sieht man in Geschäften, die von Achtjährigen favorisiert werden. Neulich ist uns bei einem Besuch bei Nickelodeon aufgefallen, wie sehr die Geschäfte mehr und mehr auf die Kinder eingehen. Die Hinweisschilder, die anzeigten, wo man Ware mit den verschiedenen Zeichentrickfilm-Figuren finden würde, zeigten nur noch Bilder, keine Schrift mehr. Die Kinder fanden damit ihre Lieblinge ohne Schwierigkeiten – aber Erwachsene hatten damit Probleme.

Man muss nicht Donald Duck persönlich sein, um die Kinder wenigstens einigermaßen zu beschäftigen. Aber in den Branchen, die darauf angewiesen sind, dass Kunden stillsitzen oder -stehen und ihnen ihre volle Aufmerksamkeit widmen, ist es unabdingbar, für die Unterhaltung der Kinder zu sorgen.

Alle Eltern werden diese Erkenntnis als selbstverständlich betrachten. Daher ist es erstaunlich, wie wenig Geschäftsleute diesem Phänomen Rechnung tragen. Erst vor kurzem habe ich einen Zweijährigen beobachtet, der durchs ganze Geschäft tollte, während seine Mutter versuchte, etwas zu kaufen – und das in einem Laden, in dem man die Existenz von Kindern kaum ignorieren kann: einem Geschäft für Umstandsmoden. Die Unterhaltung der lieben Kleinen erfordert oft nicht mehr als einen Fernsehhbildschirm und ein paar Videokassetten mit Disneyfilmen in einer stillen Ecke, wie man oft in französischen Verbrauchermärkten beobachten kann. (Es überrascht mich immer wieder, wenn ich sehe, dass gerade Videotheken kein einziges Kinderprogramm auf einem ihrer Bildschirme spielen, damit die Eltern Gelegenheit haben, sich ein paar Minuten länger umzusehen.) In einem kleinen Geschäft mag es schon genügen, ein paar Plastikspielsachen auf einem eineinhalb Quadratmeter großen Areal zu verteilen, auf das Mama oder Papa hin und wieder einen Blick werfen können.

Ikea ist berühmt für seine Kinderkrippe, der Haufen bunter Plastikbälle ist zu einer Art freundlichem Firmenlogo geworden. In Wien ist gerade ein Ikea-Möbelhaus eröffnet worden, das ganz auf die Bedürfnisse der Kunden von morgen ausgerichtet ist. Es gibt darin fünf Kinderspielbereiche, darunter einen 200 Quadratmeter großen Spielplatz gleich beim Eingang. Jedes Kind bekommt beim Betreten des Ladens eine kleine Überraschung und für die Eltern gibt es ein Informationsblatt, das über die vielen Unterhaltungsmöglichkeiten für Kinder unterrichtet.

Vor ein paar Jahren führten wir eine Untersuchung für die Wells Fargo Bank durch, die ergab, dass 15 Prozent aller Menschen, die eine der Niederlassungen betreten, unter sieben Jahre alt sind. »Was ist Ihr wirksamstes Verkaufsinstrument?«, fragte ich eine Angestellte in der Kreditabteilung. Sie langte in eine Schreibtischschublade und zog einen Lutscher hervor. Sie erklärte mir, dass dies normalerweise genüge, um sich zwei Minuten ungestörte Zeit mit dem anwesenden Elternteil zu erkaufen, und mehr brauche sie nicht. Die Bank verteilt auch ein Malbuch, dessen Hauptdarsteller ein kleiner Hund ist, der in einer Wells-Fargo-Niederlassung lebt.

Zusammen mit ein paar Buntstiften kann dies ohne Zweifel den Abschluss eines Darlehensvertrages bedeuten. In New York hat die Citibank ein Mitmach-Buch für Kinder herausgebracht. In beiden Fällen erkaufen sich die Banken Ruhe und Frieden für die Kunden von heute und – wenn man bedenkt, wie prägend glückliche Kindheitserinnerungen sind – die treuen Kunden von morgen.

Es gibt ein paar Regeln, die man beachten sollte, wenn man einen angenehmen Warteraum (statt eines Pferchs) für Kinder schaffen will. Eltern müssen jederzeit und von jedem Ort aus die Möglichkeit haben, nach ihren Kindern zu schauen, das heißt, es muss ein offener Bereich sein, der weder von Wänden noch von sonstigen Hindernissen verstellt wird. Es muss ein sicherer Bereich sein. Er muss groß genug sein. Idealerweise sollte auch die Möglichkeit bestehen, dass Kinder verschiedener Altersgruppen getrennt voneinander sind. Sonst werden die älteren Kinder immer dominieren und der Aufenthalt wird für die jüngeren Kinder zu einer unangenehmen Erfahrung, weil sie den Großen im Weg sind.

Das Talent der Autohändler, Kinder zu unterhalten, ist besonders schwach ausgeprägt. Das ist enttäuschend, denn die meisten Kinder mögen Autos – zumindest Spielzeugautos. Man könnte hier viel tun, aber Autohändler hinken bei ihren Verkaufsmethoden sowieso hinter den anderen Branchen her. Folglich ist der Autokauf für Familien schwieriger, als er unbedingt sein müsste. Solange kein Autohändler sich des Problems annimmt, ist keiner von ihnen gefährdet. Aber von dem Augenblick an, wenn Ford oder Chrysler die Existenz von Kindern beim Autohändler zur Kenntnis und ernst nehmen werden, müssen alle anderen auch etwas tun.

Vor ein paar Jahren las ich einen Bericht über einen Lebensmittelladen, der Probleme mit den Teenagern hatte, die sich jede Nacht auf dem Parkplatz herumtrieben. Einen Wachmann anzustellen, der jede Nacht draußen stehen und die Jugendlichen böse anschauen sollte, wäre teuer gekommen. Das Geschäft fand eine ganz andere Lösung: Über die Lautsprecher neben dem Parkplatz verbreitete es sanfte, ruhige Mantovani-Musik. Die Jugendlichen verschwanden.

Teenager sind jung genug, um voll auf ein Image hereinzufallen, den Überredungskünsten der Werbung auf den Leim zu gehen, sich von Marketing, Botschaften in den Medien, Trends und Etiketten beeindrucken zu lassen. Sie glauben immer noch daran, dass ein Markenname die Macht habe, ihnen einen bestimmten Status zu verleihen, zu bestimmen, wer cool ist, Charisma oder besonderes Wissen hat. Sie bestimmen ihre Identität über die Wahl, die sie beim Einkaufen treffen – man kann sie mit den Erwachsenen der fünfziger Jahre vergleichen, die noch nicht die Werbe-Experten waren, die wir heute sind. Kindern und teilweise auch Jugendlichen stehen weniger Medien zur Verfügung als Erwachsenen, daher erreichen sie die Werbebotschaften in einer wesentlich konzentrierteren Form. Sie suchen die Welt nach Ikonen oder irgendwelchen anderen Zeichen ab, die ihnen zeigen, dass ein Objekt – irgendwelche Waren, irgendwelche Läden – exklusiv für sie bestimmt ist.

Es sollte also relativ einfach sein, den richtigen Marketingansatz für diese Zielgruppe zu finden. Aber es gibt da ein paar Regeln, die man beachten muss. Im Rahmen einer Studie über den Verkauf von Jeans fiel uns ein merkwürdiges Verhaltensmuster der Jugendlichen beim Einkaufen auf: Eine Gruppe von Teenagern brachte verhältnismäßig viel Zeit in der Jeansabteilung zu (3 Minuten, 52 Sekunden) verglichen mit Jugendlichen in Begleitung ihrer Eltern (2 Minuten, 32 Sekunden). In einer Gruppe von Gleichaltrigen sahen sich die Kids etwa ein Drittel mehr Artikel genau an. Aber unter den Teenagern in Begleitung ihrer Eltern war der Prozentsatz derjenigen, die tatsächlich etwas kauften, fast doppelt so hoch wie in der Gruppe der Teenager unter sich, 25 Prozent im Vergleich zu 13 Prozent. Auf einmal dämmerte es uns: Mit ihren Freunden kommen die jungen Leute meistens, um sich umzuschauen und sich Vorabinformation zu holen. Nachdem sie ihre Entscheidung getroffen und die Zustimmung der Gruppe erhalten haben, kommen sie mit Mama und/oder Papa zurück – schließlich sitzen die auf dem Geld – und versuchen, die Transaktion so schnell wie möglich hinter sich zu bringen, da sie sich die Demütigung ersparen möchten, dass man sie in der Öffentlichkeit mit ihren uralten Versorgern zusammen sieht.

Ist das nicht ein Zeichen dafür, dass der Handel im Allgemeinen und die Banken im Besonderen besser auf jugendliche Kunden eingehen sollten? Wie wäre es denn mit einem Bankeinzug des Taschengeldes und Zugriff darauf mit Karte am Geldautomaten? Legen Einzelhändler eigentlich noch Ware zurück, und sollte man diese Möglichkeit nicht auf breiter Basis wieder einführen, speziell für jugendliche Kunden? Wir haben für die französische Bank Crédit Agricole gearbeitet, die spezielle Zweigstellen für Teenager und junge Leute Anfang zwanzig einrichtet. Die erste dieser Niederlassungen, das »eco-forum«, wurde im März 1999 in Rennes eröffnet. Der Anteil der Studenten an der Gesamtbevölkerung ist in Rennes einer der höchsten in ganz Europa. Die Filiale liegt im Stadtzentrum ganz in der Nähe vom Hauptpostamt. Sie sieht nicht wie eine typische Bankfiliale aus – das Design, die verwendeten grafischen Darstellungen, die Öffnungszeiten, das Personal, die Musik, alles ist auf die junge Zielgruppe zugeschnitten. Im eco-forum werden Seminare darüber veranstaltet, wie man seine erste eigene Wohnung mietet, wie man ein Motorrad finanzieren kann, und so weiter – alles Themen, mit denen man jungen Leuten praktische Lebenshilfe geben möchte.

Das französische Experiment ist sehr wichtig. Europäische Banken sind meistens ziemlich steif. Es war schwierig, das mittlere Management der französischen Bank zur Akzeptanz des Konzeptes zu bewegen, schwieriger, als die Organisation auf das Modell umzustellen. Die Idee, einen Marketingvorposten zu errichten, wo der Erfolg nicht am Gewinn gemessen wird, sondern anhand der Anzahl der neu eröffneten Konten, öffnet völlig neue Perspektiven für das Bankwesen. Das Problem der Banken besteht vielfach darin, dass sie pompöse Gebäude und eine starre Hierarchie haben, die tiefgreifende Veränderungen erschweren. Das eco-forum-Konzept funktioniert, weil es sich auf eine bestimmte Zielgruppe einstellt. Der Ansatz ist clever, denn er demonstriert, dass ein Produkt oder eine Dienstleistung, die für jugendliche Kunden entwickelt wurde, für den Rest der Menschheit tabu ist. Die Marke Clarion gibt es nicht mehr, aber eine Zeit lang war sie eine heftig beworbene Kosmetikmarke. Der Hersteller setzte schon früh interaktive Computer ein – Frauen tippten ein paar Informationen über ihren Hautton und -typ ein, dann sagte ihnen der Computer, welche Clarion-Produkte für sie geeignet waren. Aus irgendeinem Grund wurden die Computer immer häufiger auf den unteren Regalen aufgestellt, genau in der richtigen Höhe für heranwachsende junge Mädchen. Die fühlten sich angesprochen und nutzten die Computer. Nachdem erwachsene Frauen das beobachtet hatten, nahmen sie natürlich an, Clarion sei eine Marke für Teenager und kauften sie nicht mehr. So bekam Clarion ein bestimmtes Image und es dauerte nicht lange, bis die Marke komplett verschwand.

IV

SIEH MICH AN, BERÜHRE MICH,
FÜHL MICH, KAUF MICH:
DIE DYNAMIK DES KAUFENS

In den vorangegangenen Kapiteln haben wir gesehen, was alles unternommen werden muss, damit der Einzelhandel endlich kundenfreundlich wird. Man muss die Gegebenheiten der menschlichen Anatomie berücksichtigen, damit der Einkauf sich praktisch durchführen lässt. Man muss auf geschlechts- und altersspezifische Unterschiede eingehen, sonst sind Geschäfte, Banken und Läden nur für geschlechtslose, alterslose Käufer, die es nun einmal nicht gibt. Nachdem man alle diese Punkte berücksichtigt hat, beginnt die eigentliche Herausforderung. Sie fängt da an, wo die Psychologie des Konsums zur echten Kunst wird: bei der Präsentation der Ware, dem Werben um den Kunden, bis hin zur Verführung, wenn man so will. Trotz allem, was wir über das Einkaufsverhalten wissen, bleibt es uns nach wie vor ein Rätsel. Wieso geht jemand in ein Geschäft und denkt an IBM, um eine Weile später mit einem Compaq PC unterm Arm wieder herauszukommen, oder umgekehrt? Wie kommt es, dass eine Kundin, die sich in einer Boutique nur für ein paar Minuten die Zeit vertreiben wollte, sie ein paar hundert Mark ärmer wieder verlässt, sich dafür aber schicker – und schöner – als je zuvor fühlt? Natürlich ist die einfache Antwort, dass der Kunde oder die Kundin eben einfach etwas gefunden hat, was er oder sie wollte, aber es gibt keine einfache Erklärung dafür, warum das so ist und wie das passiert. In wirklich guten Geschäften wird eine Art Einzelhandelsjudo praktiziert – man nutzt den Schwung der Kundin, ihre weitgehend unausgesprochenen Neigungen und Wünsche, um sie in eine Richtung zu lenken, die sie gar nicht vorgesehen hatte und die ihr oft gar nicht bewusst wird. Letztendlich genügt es nicht, dass die Ware in Reichweite der Kundin ist – die Kundin muss auch die Hand nach ihr ausstrecken wollen. Nachdem sie einen Artikel in die Hand genommen hat, muss sie diesen auch begehren und kaufen wollen, sonst war alles vergebliche Liebesmüh. Bei so viel Wissenschaft entdecken wir schließlich, dass es die Liebe ist, die die Welt des Einzelhandels bewegt. Was lieben Kunden? Ein paar ganz wichtige Punkte haben wir bereits gelernt, zum Beispiel:

Berühren. Wir leben in einer Welt des Berührungsmangels und das Einkaufen ist eine der wenigen Gelegenheiten, die wir haben, um die materielle Welt unmittelbar zu fühlen. Fast alle Spontankäufe sind ein Ergebnis von Sinneseindrücken – Berühren, Hören, Riechen oder Schmecken –, die man im Geschäft oder Restaurant erlebt. Daher kann Merchandising so viel einflussreicher sein als Marketing und daher werden auch das Internet, Kataloge und Einkäufe am Fernsehbildschirm immer nur eine Ergänzung zum Einkauf in richtigen Geschäften sein, ihn aber niemals ganz ersetzen können.

Spiegel. Vor jeder spiegelnden Oberfläche geschieht das Gleiche – wir putzen uns wie die Schimpansen, Männer und Frauen gleichermaßen. Wie bereits erwähnt, lassen Spiegel Kunden langsamer gehen, was sich positiv auf die Ware auswirkt, die in der Nähe der Spiegel platziert ist. Aber selbst in der Nähe von tragbaren Artikeln, zum Beispiel Garderobe, Schmuck oder Kosmetik, wo Spiegel eine unerlässliche Verkaufshilfe sind, stellt der Einzelhandel nicht genug davon bereit und bringt die vorhandenen garantiert am falschen Platz unter.

Entdeckungen. Nichts befriedigt mehr, als ein Geschäft zu betreten und, metaphorisch gesprochen, die Fährte von etwas aufzunehmen, wonach wir schon lange gesucht haben, und die Beute zu stellen. Zu viele Hinweisschilder, Plakate und Displays machen den Einkaufsbummel banal; Geschäfte sollten ihre Kunden nicht bewusst verwirren oder in die Irre führen, aber sie sollten sie verführen, mit Vorschlägen und Andeutungen dessen, was noch kommt, die Gänge entlanglocken. Der Duft von frisch gebackenem Brot kann genügen, um die Kunden in einem Supermarkt zur Brottheke strömen zu lassen; ein großes, ästhetisches Foto von einem Manschettenknopf, der unter einer eierschalenfarbenen Smokingjacke hervorlugt, sagt mehr aus als jedes Hinweisschild auf Abendgarderobe.

Reden. Diejenigen Läden, die viele Paare, Gruppen von Freunden oder Bekannten anziehen, sind in der Regel sehr erfolgreich. Wer eine Atmosphäre schaffen kann, die der Diskussion über ein Kleidungsstück oder auch ein Handy förderlich ist, dessen Ware verkauft sich von allein. Alle unsere Untersuchungen beweisen, dass die Menge der eingekauften Ware mit der Zeit steigt, die eine Gruppe von Menschen oder ein Paar in einem Laden verbringt.

Erkannt werden. Auf diesem Gebiet kann der kleine Nachbarschaftsladen gegen die großen bundesweiten Ketten konkurrieren. Wenn sie die Wahl haben, kaufen Kunden lieber dort ein, wo man ihnen das Gefühl vermittelt, willkommen zu sein, und im Allgemeinen sind sie auch bereit, für dieses Privileg etwas mehr zu bezahlen. Auch kleine Geschäfte können die Treue ihrer Kunden fördern, indem sie Stammkunden Rabatt gewähren oder einfach nur darauf achten, was die Leute gerne mögen. Unsere Untersuchungen zeigen, dass *jede* Art von Kontakt, die von einem Verkäufer hergestellt wird, die Wahrscheinlichkeit erhöht, dass der Kunde etwas kauft. Wenn das Verkaufspersonal ein paar Vorschläge macht oder nützliche Informationen liefert, stehen die Chancen sogar noch besser. Natürlich mögen Kunden keine Verkäufer, die sie zu sehr bedrängen, man muss also den richtigen Mittelweg finden.

Schnäppchen. Es scheint selbstverständlich, dass Kunden Sonderangebote mögen, aber nur die Preise reduzieren genügt nicht. In manchen Warenhäusern wird beispielsweise häufig ein ganzer Stoß von Damenslips auf einen Tisch geschüttet und ein Schild verspricht vier Slips zum Preis von 24 DM, was sich viel besser anhört als der übliche Preis von 6 DM pro Slip. Selbst in den versnobtesten Läden werden die Ständer mit Ausverkaufsware begeistert durchwühlt. Natürlich erwarten Kunden ein gewisses Maß an Gedränge rund um die Schnäppchentische, aber wenn sie sich allzu eingeengt fühlen, werden sie nichts kaufen. Sie ziehen beispielsweise eine Bluse von dem überfüllten Ständer, aber wenn sie keine Möglichkeit haben, einen Schritt zurückzutreten, um sich die Ware genau anzusehen und mit Artikeln zum Normalpreis zu vergleichen, werden sie nicht kaufen.

Es gibt natürlich auch Dinge, die Kunden hassen:

Zu viele Spiegel. In einem Geschäft sollte es nicht aussehen wie auf dem Jahrmarkt. Ab einem gewissen Punkt verliert man den Überblick bei zu vielen Spiegeln.

Warteschlangen. Kunden hassen es nicht nur zu warten, sie hassen auch die negativen Gefühle, die in ihnen aufsteigen, wenn sie warten müssen – zum Beispiel Ärger über das ineffiziente Ladenmanagement oder Unruhe, weil sie glauben, in der langsamsten Schlange zu stehen, oder Langeweile, weil es in Sichtweite nichts zu lesen oder zu schauen gibt, während sie warten. Die Erinnerung an einen an sich angenehmen Einkaufsbummel kann durch eine unangenehme Erfahrung an der Kasse völlig ausgelöscht werden.

Dumme Fragen stellen müssen. Insbesondere brandneue Produkte sollten so ausgestellt werden, dass Kunden sie genau untersuchen können, nicht etwa hinter Glas. Außerdem sollte es genug Hinweistafeln, Broschüren, Anleitungen auf Video, Zeitungsartikel, sprechende Displays und alle anderen Dinge geben, die notwendig sind, damit Leute beim Einkaufsbummel genügend Vorabinformation sammeln können, ehe sie eine Frage stellen. Immer dann, wenn Läden sich bemühen, neue und komplizierte Produkte für Kunden zugänglich zu machen, steigen die Abverkäufe.

Ware, die nicht auf Lager ist. Eine Erklärung erübrigt sich.

Unlesbare oder unverständliche Preisschilder. Auch diesen Punkt braucht man nicht zu erklären.

Eine Bedienung, die einen einschüchtert. Auch unhöfliche Bedienung, langsame Bedienung, schlecht informierte Bedienung, dumme Bedienung, geistesabwesende Bedienung, faule Bedienung, übellaunige Bedienung. Die beste Mundpropaganda für einen Laden ist vermutlich die folgende: »In dem Geschäft sind sie immer so freundlich!« Wenn die Bedienung schlecht ist, werden sich Kunden einen anderen Laden suchen; schlechter Service macht fast immer den Erfolg der besten Warenplatzierung, der niedrigsten Preise und des günstigsten Standorts zunichte. Man mag Einkaufen für eine sehr nüchterne Tätigkeit halten, aber Gefühle stehen auch hierbei im Vordergrund, und ein gutes Gefühl ist immer besser als ein schlechtes.

In den folgenden Kapiteln werde ich die vermutlich stärksten Kaufanreize diskutieren – Möglichkeiten, das Objekt der Begierde anzufassen, es auszuprobieren, zu kosten, zu riechen oder sonst irgendwie zu erforschen – und die Kunst, wie man mit geschickter Aneinanderreihung dieser Objekte Leute beeindrucken kann. Wir werden sehen, dass nicht allein die Ware, sondern auch die Platzierung der Ware bestimmt, was zur Kenntnis genommen oder einfach übersehen wird. Wir werden auch demonstrieren, wie die Einzelhändler sogar unser Zeitgefühl manipulieren können, um Einfluss auf das Konsumerlebnis zu nehmen. Wir werden sogar einen Blick auf etwas werfen, das als krasses Gegenteil des sinnlichen Einkaufs angesehen werden könnte – die Welt der Zukunft mit dem e-Commerce.

12. Der sinnliche Käufer

Die folgende Frage mag immer merkwürdig erscheinen, egal, wer sie wann stellt, aber besonders seltsam wird sie hier in diesem Buch wirken und noch dazu so weit hinten im Buch. Aber ich muss die Frage trotzdem stellen: Einkaufen – was ist das eigentlich?

Ich meine nicht den reinen Austausch von Ware gegen Geld. Ich meine auch nicht das Betreten eines für die Öffentlichkeit frei zugänglichen Raumes, in dem Waren aufbewahrt werden, bis sie gegen Geld eingetauscht werden. Ich meine auch ganz bestimmt nicht, was ist Einzelhandel oder was ist Handel oder ein Geschäft.

Ich meine, was bedeutet Einkaufen, das Einkaufserlebnis? Wer kauft ein und wie? Wie macht man das: einkaufen?

Einkaufen ist mehr als »sich eine Packung schnappen und wieder verschwinden« – man braucht Cornflakes, geht zum Cornflakes-Regal, greift sich eine Packung, bezahlt dafür und »Auf Wiedersehen«. Die Tätigkeit, an die ich denke, schließt die Erfahrung und das Erlebnis jenes Teils der Welt ein, der zum Verkauf bestimmt ist, und zwar so, dass wir alle unsere Sinne – Sehen, Tasten, Riechen, Schmecken, Hören – benutzen, um einen Artikel zu wählen und einen anderen abzulehnen. Der Einfluss der Sinne auf den Entscheidungsprozess ist deshalb so spannend, weil wir nur durch die Sinne etwas erfahren können. Im Zusammenhang mit dem Konsum sind die Sinne ganz besonders wichtig, weil fast alle Spontankäufe – und ebenso viele geplante Käufe – das Resultat eines Sinnes-eindrucks sind: Der Käufer sieht, berührt, riecht oder kostet etwas, das ihm zumindest Vergnügen oder Genuss verspricht, wenn nicht sogar die vollkommene Erfüllung.

Ich möchte den Grundgedanken wiederholen, weil ich ihn für den Schlüssel zum Verständnis halte: Heute kaufen wir Dinge, weil wir sie berührt und/oder probiert haben.

Warum möchte jemand etwas anfassen, ehe er es kauft? Es gibt eine Menge praktischer Gründe dafür und der wichtigste ist natürlich, dass wir wissen müssen, wie sich ein Gegenstand anfühlt, wenn die taktilen Eigenschaften des Produktes seine wichtigsten Attribute sind. Beispielsweise fassen wir gerne Handtücher an, ehe wir sie kaufen. Eine unserer Untersuchungen zeigte, dass Handtücher im Durchschnitt von sechs verschiedenen Kunden berührt werden, bis sie jemand kauft. Für Bettwäsche gilt das Gleiche – wie sich Betttücher anfühlen, ist eigentlich der einzig wichtige Aspekt. Außerdem für Bekleidung – wir müssen insbesondere Pullover und Hemden anfassen, befühlen und streicheln, aber auf die meisten anderen Kleidungsstücke trifft das auch zu. Ich glaube, die Hersteller von Herrenunterwäsche verpassen viele günstige

Gelegenheiten, denn ihre Produkte werden nach wie vor in Plastikhüllen eingeschweißt. Aus gutem Grund wird so keine Damenunterwäsche verkauft – Frauen wollen alles anprobieren, was sie auf der Haut tragen. Der Mann von heute würde das auch gerne, wenn man ihn nur ließe.

Außer Textilien gibt es auch andere Produkte, die mit unserem Körper in Berührung kommen und daher wert sind, angefasst zu werden – Lotionen und Feuchtigkeitscremes, Lippenstifte, Make-up, Deodorant, Puder, um nur ein paar Produkte aus dem Bereich Körperpflege und Kosmetik zu nennen. Man muss Produkte anfassen, wenn man sie später in der Hand halten, tragen oder handhaben will. Einen Hammer muss man beispielsweise in der Hand wiegen, um festzustellen, ob es der richtige ist. Das Gleiche gilt für Handtaschen, Aktentaschen und Koffer. Auch für Schirme, Messer, Spachtel und Zange. Es gilt für alles, was man den ganzen Tag lang bei sich hat, beispielsweise eine Brieftasche. Wenn man die Dinge anschaut, erhält man eine recht gute Vorstellung davon, wie sie sich anfühlen werden, aber nichts kann den haptischen Eindruck ersetzen.

Was muss man nicht anfassen? Glühbirnen – niemand fasst Glühbirnen an. Aber man muss sie unbedingt ausprobieren. Man kann sie in einer Schachtel im Supermarkt kaufen oder in der Eisenwarenhandlung, wo sie an einem Ständer hängen. Man kann aber auch in ein großes Einrichtungshaus gehen und die Birnen in Aktion sehen: Unter Lampenschirmen leuchten sie richtig gemütlich. Was glauben Sie wohl, mit welcher Verkaufsstrategie man mehr Glühbirnen an den Mann oder die Frau bringt, insbesondere die teuren Birnen?

Man kann sagen, dass Käufer vor allem die Produkte genau betrachten und untersuchen wollen, die ihnen besonders wichtig sind oder mit denen sie sich besonders beschäftigen, das heißt Produkte, die verschiedene Möglichkeiten bieten oder zum Vergleich einladen. Beispielsweise wird man in einem Supermarkt vermutlich die neue Jogurt-Marke probieren wollen oder einen bestimmten Käse oder die preiswerten Äpfel oder Pfirsiche, bevor man sie kauft. Aus irgendwelchen Gründen scheinen die Hersteller von pikanten Brotaufstrichen ständig irgendwelche Verkostungen ihrer neuen Kreationen zu veranstalten. Niemand muss ein Budweiser probieren, ehe er es kauft, aber bevor man das neue alkoholfreie Pils oder ein mexikanisches Bier kauft, möchte man zuerst einmal kosten. Ein zwanzigjähriger Balsamicoessig wird immer eine teure Delikatesse bleiben, aber wenn ein Geschäft ihnen eine Probe anbietet, werden die Kunden vielleicht zugreifen.

Fast 90 Prozent aller neuen Lebensmittelprodukte sind Flops, aber nicht weil die Leute sie nicht mögen, sondern nur, weil die Leute sie nie probiert haben. Meiner Meinung nach kann man eine neue Produkteinführung nicht ernst nehmen, wenn keine Anstrengungen unternommen werden, mit genügend Geld und ausreichender werblicher Unterstützung Muster und Proben an die Konsumenten zu verteilen. Zeitungen veranstalten fast schon routinemäßig Kampagnen, bei denen sie kostenlose Kopien verteilen. Das System funktioniert gut, allerdings ist es wichtig, sich den richtigen Ort für die Verteilung auszusuchen. Mir ist es schon viel zu oft passiert, dass ich mir meine Zeitung kaufte und dann um die nächste Ecke bog, wo man mir ein Gratisexemplar entgegenhielt. Zumindest dieses Problem taucht bei ganz neuen Produkten nicht auf.

Natürlich muss man sich für eine Marketingkampagne in Verbindung mit einer Verkostungsaktion die richtige Zielgruppe aussuchen. In der Frühzeit von Popcorn für die Mikrowelle wurden wir von General Mills engagiert, um den Markt für ihr Produkt zu erweitern. »Wer kauft das Produkt zurzeit?«, fragten wir. Die Antwort lautete: »64 Prozent unserer Kunden sind Frauen.« Ein Grund dafür war, dass damals Männer die Vorteile der Mikrowelle noch nicht entdeckt hatten, ein anderer, dass die meisten Marketingaktivitäten – Fernseh- und Anzeigenwerbung – in Frauensendungen beziehungsweise Frauenzeitschriften erschienen.

»Wen möchten Sie mit der Verkostungsaktion erreichen?«, fragten wir. »Frauen natürlich«, lautete die Antwort. Natürlich war das die falsche Antwort, denn das Unternehmen hatte bereits einen Großteil der weiblichen Käufer für sich gewonnen. Wenn man einmal in Ruhe über Popcorn für die Mikrowelle nachdenkt, dann wird einem klar, dass es für Männer einfach ideal ist. Nichts lässt sich leichter zubereiten, es ist ein salziger Snack, und Männer sind leicht beeinflussbare, impulsive Kunden, die man dazu verführen kann, fast alles zu probieren. Das Produkt wurde in einem Sechserpack für etwa vier Dollar angeboten. Wir rieten unserem Kunden, männliche Käufer nicht zu Großgebinden zu verpflichten, eine Zweierpackung für einen Dollar auf den Markt zu bringen und dafür in beliebten Sportsendungen zu werben.

Abgesehen von Lebensmitteln ist das Interesse an Artikeln des täglichen Bedarfs gering. Ich bin mir sicher, dass es eine Marktnische für Luxustoilettenpapier gibt. Die Leute wären bereit, mehr dafür auszugeben, wenn man ihnen die Produktvorteile im Supermarkt vorführen könnte, und da liegt das Problem. Dieselben Schwierigkeiten haben die Hersteller von Frischhaltefolie, Alufolie und Müllbeuteln. Bei diesen Artikeln suchen sich die meisten Kunden das billigste Produkt aus, und es ist fast unmöglich, sie davon zu überzeugen, dass es sinnvoll ist, bessere (und teurere) Müllbeutel zu kaufen. Warum mehr Geld ausgeben, wenn nur der Müll den Unterschied merkt?

Klugerweise bemühen sich Verbrauchermärkte, sinnliches Einkaufen zu fördern. Die meisten guten Läden haben inzwischen eine eigene Backstube, deren warmer, anheimelnder Duft durch das ganze Geschäft zieht. In einer idealen Welt würden wir in Läden viel mehr Düfte genießen können. Der Gang mit Waschmitteln würde nach Seife und Weichspülern duften. In der Metzgereiabteilung würden Steaks oder Würstchen brutzeln. Auf diese Weise ließe sich sicher mehr Fleisch verkaufen, aber auch das ganze Einkaufserlebnis würde dadurch verändert: Statt einfach nur in einen Supermarkt zu gehen, würden wir uns auf eine Reise für die Sinne begeben. In England sprühen ein paar Geschäfte für Kinderkleidung Babypuder durch die Belüftungsrohre, um Kunden an den süßsäuerlichen Geruch von neugeborenen Babys zu erinnern, möglicherweise einer der am stärksten emotional besetzten

Düfte, die es überhaupt gibt. Als wir den amerikanischen Herstellern von Babypuder vorschlugen, dass sie ihren Packungen eine Duftnote geben sollten, schreckten sie davor zurück, denn sie befürchteten, dass die Geschäftsführer jedes Produkt aus ihrem Laden verbannen würden, das die sterile, geruchlose Atmosphäre des Supermarktes zu beeinträchtigen droht. Es ist wahr: Abgesehen von den Warenregalen, die sie aufstellen, unternehmen Supermärkte nichts, um unserem Wunsch nach sinnlicher Anregung nachzukommen; dem Geruchssinn, Geschmackssinn oder Tastsinn wird nichts geboten und für das Auge gibt es auch nicht viel. Supermärkte sind auf dem Stand der sechziger Jahre stehen geblieben, der Zeit der Tiefkühlkost, Dosengerichte, Fertiggerichte, Instantgerichte, verschweißten Verpackungen und des hygienisch sauberen Ideals von strahlend weißer Sauberkeit. Infolgedessen sind Supermärkte gefährlich langweilig geworden (gefährlich für die Verkaufszahlen, meine ich). Ich wünschte, sie würden große, offene Küchen installieren, wie man sie in den Kochsendungen im Fernsehen sieht, wo der Küchenchef des Ladens leckere Snacks zubereiten und sie mitsamt den Rezepten an die Kunden verteilen könnte. Wie wäre es denn, wenn der Geschäftsführer über den Lautsprecher verkündete: »Aufgepasst, liebe Kunden! Während der nächsten Viertelstunde gibt es in der Tiefkühlabteilung für alle kostenlos Passionsfruchtsorbet!« Wie wäre es mit einem Diskjockey und einer Tanzfläche beim Obst und Gemüse, einem Marionettentheater bei den Cornflakes, einer Jazzcombo oder dem Gesangsverein des Gymnasiums neben der Kasse? Es wäre durchaus möglich, etwas mehr Leben in einen Geschäftstyp zu bringen, der im Einzelhandel die Verkörperung puritanischen Geistes darstellt.

Die Möglichkeit, Ware zu berühren und auszuprobieren, ist für den Einkauf auch deshalb wichtiger denn je, weil die Art und Weise, wie Läden funktionieren, sich geändert hat. Vor langer Zeit führten uns die Geschäftsinhaber und Verkäufer an die Ware heran, die sie verkauften. Es gab genügend von ihnen und sie hatten genug Wissen, um die Vermittler zwischen den Kunden und der Ware zu sein. Wir konnten einem Verkäufer oder einer Verkäuferin ruhig Glauben schenken, denn er oder sie hatte in der Vergangenheit schon so oft Recht gehabt. Das war die Zeit der großen hölzernen Schränke mit Glastüren, hinter denen die Ware ausgestellt wurde, das goldene Zeitalter der Eisenwaren-, Kurzwaren- und Gemischtwarenhandlungen, als noch eine klare Trennlinie zwischen den Kunden und dem Personal verlief.

Heutzutage bevorzugt man im Verkauf offene Auslagen, alles wird so präsentiert, dass wir es anfassen, riechen oder probieren können, ohne Umweg über die Verkäufer. Es ist heutzutage auch fast sinnlos, einen Verkäufer zu fragen, ob ein Artikel, den man haben möchte und im Laden nicht findet, vielleicht im Lager vorhanden ist. In manchen Geschäften gibt es überhaupt keinen nennenswerten Lagerraum. Alles steht entweder im Regal oder wird darunter oder darauf gelagert. Das ist eine großartige Innovation – was nutzt einem die Ware, die im Lager versteckt ist? Man kann sie nicht kaufen, es sei denn, man fände einen Verkäufer, und was soll man machen, wenn es zu wenig Beschäftigte in dem Laden gibt oder zu wenige, die sich wirklich auskennen, beziehungsweise zu wenige, die wirklich versuchen, dem Kunden aktiv zu helfen? Es ist absolut richtig, alle Waren im Geschäft selbst zu präsentieren, und zwar so einladend, verführerisch und praktisch wie möglich, und es dann den Kunden und ihrem Instinkt zu überlassen, die richtigen Sachen alleine zu finden.

Ein anderer Grund, warum Anfassen und Probieren so wichtig geworden ist, ist die schwindende Bedeutung von Markennamen. Solange die Konsumenten an die Firmen hinter den großen Markennamen glaubten, trug dieser Glaube immens zum Verkaufserfolg der Produkte bei. Heute sind wir alle Individualisten.

Wir alle glauben nur, was wir selbst sehen, riechen, ertasten, hören, kosten, versuchen. Je nach dem, was wir kaufen und wie teuer es ist, bewahren wir eine gesunde Skepsis oder werden von Zweifeln geplagt, die erst überwunden werden müssen, ehe wir etwas kaufen. Ein gewisses Maß an Vertrauen in ein Produkt und seinen Wert ist schon notwendig und dieses Vertrauen entsteht nur auf der Basis eigener Erfahrung, nicht aufgrund von Fernsehwerbung oder Empfehlungen. Es ist erschreckend, wie wenig man diese einfache Tatsache im Einzelhandel zu begreifen scheint. Wir haben schon viele Studien im Computereinzelhandel durchgeführt und stoßen dabei immer wieder auf das gleiche Phänomen: haufenweise Drucker, aber nur wenige sind tatsächlich betriebsbereit und mit Papier gefüllt, obwohl es wirklich einfach ist, die Geräte auf Probedruck einzustellen.

Vertrauensbildende Maßnahmen sind nicht nur für teure Artikel wie Autos, Lautsprecher oder Designer-Kleidung erforderlich. Wir führten eine Studie über eine mögliche neue Innengestaltung eines Zeitungskiosks durch, in dem ein Kühlschrank für Erfrischungsgetränke Platz finden sollte. Der eine Entwurf versteckte den Kühlschrank diskret unter der Theke; vorgesehen war, dass ein paar leere Dosen auf der Theke die Kunden über die verfügbaren Getränke informieren sollten. Wir fanden bald heraus, dass dieses System wenig überzeugte – Leute glauben nicht, dass sie eisgekühlte Getränke bekommen, wenn sie nicht die beschlagenen Dosen deutlich sehen können. Rein instinktiv scheinen die Menschen in diesem Fall (und in anderen Fällen) einen Beweis zu verlangen. Sobald die Kühlschränke in Sichtweite der Kunden aufgestellt waren, wurden sehr viele kalte Getränke verkauft.

Viele unserer ersten Eindrücke von der Welt bekommen wir beim Einkaufen. Wo gehen wir sonst schon mit der klaren Absicht hin, irgendwelche Objekte genau zu untersuchen? Natürlich gehen wir in Museen, aber wir sollten besser nicht versuchen, irgendetwas anzufassen, außer in dem angeschlossenen Laden – also im Einzelhandel. Nur in Geschäften gibt es unzählige Möglichkeiten, etwas zu betasten und im wahrsten Sinne des Wortes zu begreifen. Selbst wenn wir gar nichts einkaufen müssen, so müssen wir doch hin und wieder die Gelegenheit haben, die Ware anzufassen und zu probieren.

Das beste Beispiel für unverfälschtes natürliches Einkaufsverhalten sehen wir, wenn wir ein kleines Kind beobachten, das wirklich *alles* anfasst. Das Kind sucht und sammelt Informationen, Verständnis, Wissen, Erfahrung, Eindrücke. Vor allem Eindrücke, denn warum sonst würden die Kleinen alles wenigstens zweimal berühren, riechen, schmecken oder hören wollen? Ich würde das sogar auf die Tierwelt beziehen, auf Hunde, Vögel, Insekten. Wenn man eine Ameise beobachtet, die geeignete Nahrung sucht, könnte man sagen: Auch sie kauft ein.

Und das gilt auch für ein Produkt, für das Geruch, Gefühl oder Betasten eigentlich völlig unwichtig sind: In einer Buchhandlung kann man viele Kunden sehen, die ein Buch streicheln, reiben, in der Hand wiegen oder auf irgendeine andere Art die physische Natur des Buches zu erfassen suchen, obwohl seine physischen Attribute (außer der Schriftgröße und -art) überhaupt nichts mit dem Vergnügen zu tun haben, das ihnen dieses Produkt verschafft. Trotzdem müssen sie es einfach instinktiv anfassen. Wir handeln genauso instinktiv wie die Tiere, und trotz der Macht unserer Phantasie und Einbildungskraft, unserem Vorstellungsvermögen, unserer Intelligenz und der Fähigkeit zur Visualisierung erfassen wir physischen Wesen die Welt mit allen fünf Sinnen (und vielleicht auch mit einem sechsten Sinn, einem Übersinn, einem Metasinn, einem Sinn, der auch das begreift, was die anderen nicht mitbekommen). Die Welt und alles darin kommt uns entgegen, stimuliert uns über unsere Sinne, und wir reagieren darauf. Unsere Fähigkeit zur Sinneswahrnehmung und unser Bedürfnis, die Sinne zu nutzen, ist so ausgeprägt, dass wir selbst dann, wenn wir etwas begegnen, das wir nicht mit unseren fünf Sinnen erfassen können, so darüber reden, als ob wir es könnten.

Wir sagen beispielsweise: Sehen Sie, was ich meine? Wie klingt das in Ihren Ohren? Haben Sie das Gefühl, dass das stimmt? Oder ist das, was ich sage, unbegreiflich?

Ich möchte noch einen letzten Grund nennen, warum berühren so wichtig ist. Wann besitzt ein Konsument eigentlich ein Produkt? Rein mechanisch betrachtet natürlich von dem Moment an, in dem er den Artikel gegen Geld tauscht, das heißt an der Ladenkasse. Aber das Kassenumfeld ist der am wenigsten attraktive Platz im ganzen Geschäft; dort genießt man gewiss nicht die Freude über den neuen Besitz.

Im Gegenteil: Hier erleben wir einen Verlust (unser schönes Geld), Ärger und Frustration (wir müssen Schlange stehen, wir müssen warten, bis wir das Wechselgeld bekommen oder bis die Kreditkarte überprüft ist und die Ware eingetütet wird, damit wir endlich gehen können). Etwas besitzen ist ein emotionaler und geistiger Prozess, kein rein mechanischer. Das Besitzergefühl beginnt bereits, wenn sich die Sinne des Käufers mit einem Gegenstand befassen – erst mit den Augen, dann mit den Händen. Sobald man das Ding in der Hand hält, angezogen hat oder in den Mund steckt, beginnt die Inbesitznahme. Das Bezahlen ist ein rein mechanischer Vorgang. Je eher ein Kunde dazu gebracht wird, einen Gegenstand in die Hand zu nehmen, je einfacher er etwas anprobieren oder kosten oder einmal rund um den Häuserblock fahren kann, desto leichter wird dieser Gegenstand seinen Besitzer wechseln, wird vom Verkäufer auf den Käufer übergehen.

Das alles gehört zum Einkaufen dazu.

Das Prinzip scheint also einfach genug zu sein: Kunden möchten Ware sinnlich erfassen, ehe sie kaufen. Daher besteht die Hauptaufgabe eines Geschäfts darin, den Kontakt zwischen den Kunden und der Ware zu fördern.

Einzelhändler sollten Konsumenten darum bitten, Sachen anzufassen, statt, wie es oft geschieht, sie aktiv am Anfassen zu hindern. Völlig egal, ob es sich dabei um Tastaturen für den PC, Brauseköpfe für die Dusche oder einen Wackelpudding mit neuem Geschmack handelt. Wenn ein Produkt irgendeine Funktion hat, dann sollte es diese Funktion auch im Laden ausüben. Wenn der Artikel irgendeinen Geschmack hat, dann sollten die Konsumenten das Produkt auch im Laden schmecken können. Wenn es einen Duft hat, dann sollten die Kunden ihn riechen können. Auch dann, wenn der Duft überhaupt nichts mit der eigentlichen Funktion des Produktes zu tun hat, sollten wir trotzdem die Möglichkeit haben, es zu riechen, denn mitunter hat der Zweck, für den eine Ware gedacht ist, überhaupt nichts damit zu tun, wie wir sie erleben und erfahren.

Ein Beispiel: Welche Aufgabe haben Klimaanlagen? Sie sollen Räume angenehm kühl halten. Woher wissen wir, dass sie unsere Erwartungen erfüllen? Wir fragen einen Freund oder lesen das passende Heft der Stiftung Warentest oder verlassen uns auf die Meinung des Verkäufers. Man kann die Anlage nicht beurteilen, wenn man sie nur anschaut, auch nicht, indem man sie in dem ohnehin klimatisierten Verkaufsraum anschaltet. Mangels relevanter Beurteilungskriterien kaufen wir die Marke, die wir immer schon gekauft haben, oder diejenige, die gerade am billigsten ist. Aber es gibt noch einen weiteren Aspekt: Wie hört sich die Klimaanlage an? Diese Frage ist gerade deshalb so wichtig, weil wir bei der Kühlung, die uns die Anlage verschafft, keinen Unterschied feststellen können. Letztendlich ist das Geräusch, das verschiedene Anlagen machen, ihr einziges Unterscheidungsmerkmal. Immerhin summt (oder klappert) eine solche Anlage einige Jahre im trauten Heim. Das ist der Punkt, der Menschen im Fall von Klimaanlagen wirklich betrifft, aber man würde das nicht glauben, wenn man sie in einem Verkaufsraum sieht. Hersteller und Einzelhandel lassen sich hier eine große Chance entgegen: Wenn das Verkaufspersonal tatsächlich dazu angehalten würde, das System anzuschalten, damit man hört, wie es klingt – dieses wie ein Propellerflugzeug, das dort wie ein kaputter Mixer und jenes, das etwas teurer ist, wie ein kleines Kätzchen, das im Schlaf schnurrt –, dann hätte man ein ganz neues Kriterium, um eine Klimaanlage einer anderen vorzuziehen.

In gewisser Weise trifft das eben Gesagte auf alle größeren Geräte und Apparate zu – Kühlschränke, Geschirrspülmaschinen, Staubsauger, Waschmaschinen, Wäschetrockner –, teilweise gilt es auch für ein paar kleine Geräte, zum Beispiel die Kaffeemühle, den Mixer oder den elektrischen Dosenöffner. Wir können den Karton anstarren und auf einen Blick sehen, ob er das Ding enthält, das wir haben wollen. Wir können die technische Beschreibung lesen und mehr oder weniger genau erfahren, was das Ding kann. Aber wir sollten auch *hören* können, welche Geräusche es macht.

Noch ein weiteres Beispiel dafür, dass Geschäfte nicht

begreifen, wie wir Ware erleben möchten. Man beurteilt ein Betttuch meistens nach einem simplen Kriterium: Wie fühlt es sich an? Das Problem besteht darin, dass die meisten Tücher in einer Plastikverpackung angeboten werden, sodass man sie ansehen, aber nicht berühren kann. Also reißt man die Verpackung mit dem Fingernagel auf und berührt verstohlen das Tuch. Wenn man sich dann zum Kauf entschließt, sucht man sich eine andere Packung, denn wer will schon eine beschädigte (selbst dann, wenn man sie selbst beschädigt hat)? Es gibt in der Nähe von meinem Büro ein großes Betten-und-Badezimmer-Zentrum; dort wurden die Tücher alle gewaschen und perfekt gebügelt, ehe man sie aufhängte, damit die Kunden einen richtigen Eindruck davon bekommen, wie sie sich im eigenen Bett anfühlen werden. Und das ist der einzige Punkt, der wirklich alle interessiert.

Wahrscheinlich ist Bekleidung die Produktkategorie, bei der am offensichtlichsten ist, dass man sie anfassen und anprobieren muss. Heutzutage gibt es nur noch wenige Bekleidungsgeschäfte, in denen die Kunden die Ware nicht anfassen, streicheln und betasten können, egal ob es sich um Socken für 5 DM oder einen Designeranzug für 2000 DM handelt. Man kann nach wie vor nicht in eine moderne Galerie gehen und an einem Picasso herumreiben, aber man kann in einen Calvin-Klein- oder Giorgio-Armani-Laden gehen und sich zwischen den Meisterwerken der Konfektion austoben. Meistens bemühen sich die Leute, die Bekleidungsgeschäfte entwerfen, intensiv darum, dass wir die Möglichkeit haben, die Ware anzufassen. Aber wenn es dann darum geht, Umkleidekabinen zu planen, zeigen sie doch, dass sie überhaupt nicht begriffen haben, was in dem Geschäft wirklich vor sich geht.

Was machen sie falsch? Sie stellen sich Umkleidekabinen wie Badezimmer vor, bloß ohne sanitäre Einrichtungen. Sie betrachten sie als Kabinen, in denen sich die Konsumenten ausziehen, das begehrte Kleidungsstück anziehen, um dann kurz die Kabine zu verlassen und brav einen Blick in den Spiegel zu werfen, zurückzukehren und sich wieder umzuziehen. Sie statten diese Kabäuschen mit so viel Zauber und Schönheit aus wie die Umkleideräume in öffentlichen Badeanstalten. In keiner anderen Hinsicht werden bei Bau und Entwurf von Einzelhandelsgeschäften so viele Fehler gemacht, und auf diesem Gebiet wird generell wenig Rücksicht auf die Bedürfnisse von Händlern und Kunden genommen. Bei den Umkleidekabinen fangen die Innenausstatter an zu sparen, vermutlich, weil sie ja nicht zu groß ausfallen dürfen, damit kein Platz »verschwendet« wird. Sie wollen nicht viel Geld in einen Bereich investieren, der niemals für eine Architekturzeitschrift fotografiert werden wird.

Tatsache ist, dass die Umkleidekabine wahrscheinlich wichtiger ist als der ganze Verkaufsraum. Es ist eine Binsenwahrheit, dass eine Verbesserung der Umkleidekabinen den Umsatz erhöht. Dieses Prinzip funktioniert immer. Eine Umkleidekabine ist nicht nur eine lästige Notwendigkeit – sie ist ein Verkaufsinstrument, genauso wie ein Ständer mit Waren oder die Schaufensterdekoration oder die Werbung. Mit der richtigen Umkleidekabine kann man bessere Verkaufsförderung betreiben als mit allen anderen Mitteln zusammengenommen. Nachdem wir viele, viele Bekleidungsgeschäfte untersucht haben, sind wir auf folgende Formel gekommen: Die Wahrscheinlichkeit, dass ein Verkauf getätigt wird, erhöht sich um 50 Prozent, wenn der Verkäufer einen Kontakt zum Kunden herstellt, sie steigt aber um 100 Prozent, wenn es zu diesem Kontakt kommt *und* der Kunde eine Umkleidekabine aufsucht. Anders ausgedrückt: Die Wahrscheinlichkeit, dass ein Kunde etwas kauft, ist nach Kontakt mit einem Verkäufer plus einer Anprobe doppelt so hoch wie ohne.

Manche lernen es nie: Wir führten eine Studie für ein großes und sehr erfolgreiches Bekleidungsgeschäft durch, in dem die Umkleidekabinen einfach grässlich waren. Eine lange Reihe kahler, kleiner Zellen voll abgestandener Luft mit einem einzigen, schlecht beleuchteten Spiegel im Hintergrund. Wir stoppten die Zeit und fanden heraus, dass die Käufer in diesem Laden etwa ein Viertel bis zu einem Drittel ihrer Zeit in den Umkleidekabinen zubrachten. Anders ausgedrückt: Sie müssen sich auf engstem Raum bewegen und haben nur den einen Wunsch, etwas zu kaufen, das sie attraktiv machen soll.

In jeder anderen Branche würde man diese Zeitspanne als Teil des Geschäftsabschlusses betrachten – kritische Augenblicke, wenn der Käufer bereits entschlossen und bereit ist, den letzten Schritt zu tun. Bei Autohändlern, die wirklich nicht zu den Koryphäen des Einzelhandels gehören, gibt es Extrazimmer, in denen man zum Geschäftsabschluss kommt. In dem besagten Bekleidungsgeschäft machte man jedoch überhaupt keinen Versuch, die Umkleidekabinen auch nur einigermaßen angenehm zu gestalten oder dafür zu sorgen, dass man die neue Garderobe wenigstens im besten Licht sehen konnte. Es dachte auch kein Mensch daran, im kritischen Moment den ganzen Charme und die Hilfsbereitschaft des Personals positiv einzusetzen. Ich denke dabei an ganz einfache Sachen, zum Beispiel, dass ein Verkäufer einen Kunden zu den Kabinen begleitet, dann wieder verschwindet, um ein paar Gürtel zu suchen, die am besten zu der Hose passen könnten, oder vielleicht ein Hemd oder eine Weste; denn es ist ja bekannt, dass oft die richtigen Accessoires ein Kleidungsstück verkaufen. Sobald ein Kunde in der Umkleidekabine verschwindet, ist er (oder sie) in der richtigen Stimmung, um etwas zu kaufen. Viele Einzelhändler verpassen diese Gelegenheit, statt sie zu nutzen.

Ich besuchte einmal die Etage mit der Designermode in einem großen Kaufhaus in New York und sah dort die schrecklichsten Umkleidekabinen, die mir je zu Gesicht gekommen waren. Schmutzige, schäbige, abgetretene Teppiche. Kaltes, wenig schmeichelhaftes Licht. Die gleichen Haken und Sitzgelegenheiten wie in jedem Billigladen. Spiegel, die Konturen verzerrten und den Betrachter nicht hübscher machten. Als ich das Personal auf diese Tatsache aufmerksam machte, sagte eine Verkäuferin sarkastisch: »Wollen nicht *alle* Frauen breitere Hüften?« Das Mobiliar sollte dem in einem traumhaften Boudoir entsprechen. Die Beleuchtung sollte einen verdammt gut aussehen lassen. Man sollte das Licht auch verändern können, damit man einen Eindruck davon gewinnt, wie eine Farbe bei Tageslicht, bei Neonlicht oder bei Kerzenschein aussieht. Es sollte viele, große, erstklassige Spiegel geben – sie sollten wie der Rahmen für ein schmeichelhaftes Porträt wirken –, nicht einfach eine Glasscheibe an ein paar billigen Haken an einer Sperrholzwand. Wenn vor den Umkleidekabinen Platz für einen kleinen Vorraum ist, umso besser. Dort können sich der Käufer oder die Käuferin und deren Begleiter die Ware wirklich in Ruhe ansehen. Ein Käufer könnte feststellen, wie es sich anfühlt, wenn man sich in diesem Kleidungsstück hinsetzt, ein wichtiger Aspekt, wenn man beispielsweise den Anzug für ein Galadiner anziehen möchte. Außerdem sollte es frische Blumen geben. Frische Blumen zeigen deutlich, dass sich an diesem Tag schon jemand um diesen Raum gekümmert hat und genau diese Botschaft sollte rüberkommen.

Auch sonst machen Bekleidungsgeschäfte vieles falsch, zum Beispiel auch hinsichtlich der Spiegel. Meistens gibt es zu wenige, und dann auch noch am falschen Platz. Es sollte überall dort Spiegel geben, wo man etwas anprobieren oder auch nur hochhalten kann, um zu sehen, ob es einem steht. Wenn man ein Kleidungsstück in die Hand nimmt und sofort feststellen kann, wie man darin aussieht, kauft man es möglicherweise. Wenn man erst einen Spiegel suchen muss, könnte man zu dem Schluss kommen, dass sich die Mühe nicht lohnt. Wo die Hüte ausgestellt sind, sollte auch ein Spiegel sein – und nicht zwei Meter davon entfernt. Ich habe mehr als eine Schuhabteilung mit Selbstbedienung gesehen, wo es in Bodenhöhe keinen einzigen Spiegel gab. Es muss genügend Umkleidekabinen geben, sie müssen deutlich gekennzeichnet sein, damit man sie leicht entdecken kann, auch aus einiger Entfernung. Je weiter sie von den Kleidungsstücken entfernt sind, umso weniger Kunden werden sich die Mühe machen, sie aufzusuchen. Ein wirklich entschlossener Kunde wird immer eine Umkleidekabine finden, aber kein Geschäft kann mit dieser unerschrockenen Klientel allein überleben. Wir haben schon Läden gesehen, in denen man durchs ganze Geschäft und dann noch eine Treppe hinauf- oder hinuntergehen musste, ehe man etwas anprobieren konnte. Das ist tödlich. Wir führten eine Studie für ein Kaufhaus durch und hielten mit unserer Kamera viele Kunden fest, die mit Kleidungsstücken in der Hand suchend umherirrten und keine

Umkleidekabine fanden. Es gab sie natürlich und in ausreichender Zahl, aber sie waren irgendwo in Ecken versteckt, hatten unscheinbare kleine Türen, durch ein unauffälliges Schildchen gekennzeichnet.

Die Ware außer Reichweite der Kunden zu platzieren hat Verkaufsprobleme zur Folge. Wir führten eine Studie für ein Juweliergeschäft durch, dessen Besitzer es kurz zuvor gelungen war, einen Designer zu engagieren, der berühmt für die Gestaltung von Ausstellungen in Museen war und der nun die Auslagevitrinen für die Schmuckstücke entworfen hatte. Das Ergebnis war wunderschön, aber abweisend – sein Schöpfer war es gewohnt, Auslagen zu gestalten, die das Publikum bestaunen, aber nicht berühren durfte, genau das falsche Konzept in einem Geschäft, das Kunden ermutigen möchte, die Ware zu kaufen und mitzunehmen. Im Vergleich zu viel einfacheren Auslagen hatten die Vitrinen einen schlechten Effekt auf den Absatz.

Und nun ein Beispiel dafür, wie gut geführte Geschäfte vorgehen. Wir führten eine Studie für RadioShack durch, und zwar genau zu dem Zeitpunkt, als die Geschäftsleitung beschlossen hatte, dass sie die Läden zu den beliebtesten Telefongeschäften in Amerika machen wollte. Wir beobachteten unzählige Kunden, die auf die Wand mit den Regalen voller Telefonapparate zugingen, sie anschauten, die Preise verglichen und dann, fast ausnahmslos, den Hörer abnahmen und ans Ohr hielten. Was erwarteten sie? Vermutlich gar nichts – einfach nur eine Reflexhandlung. Was soll man sonst mit einem Telefonapparat tun? Wie soll man sonst Telefone miteinander vergleichen, wenn nicht mittels des Gefühls, das der Hörer in der Hand und am Ohr verursacht? Nun, so argumentieren wir, wenn Regel eins des Probierens sagt, dass man die Situation so lebensecht wie möglich gestalten sollte, dann sagt Regel zwei in diesem Fall, dass man am Telefon auch eine andere Stimme hören sollte. Wir rieten RadioShack, sie sollten die Telefone mit einem Tonband verbinden, dessen Nachricht abzulaufen begann, sobald der Hörer abgenommen wurde. Sobald das geschehen war, füllten sich die Läden mit Kunden, die bei den ausgestellten Telefonapparaten die

Hörer abnahmen, einen Moment lauschten und dann den Hörer ihrer Begleitperson hinhielten – was ein großer Vorteil war, denn nun hatte man einen Ansatzpunkt für die Diskussion über einen Kauf, was die Wahrscheinlichkeit, dass tatsächlich etwas gekauft würde, enorm erhöhte. (In Geschäften unterhalten sich die Leute liebend gerne über die Ware, die man kaufen könnte.) Außerdem hatte RadioShack jetzt eine gute Gelegenheit, etwas Werbung an den Mann oder die Frau zu bringen. Im Rahmen einer anderen Untersuchung besuchten wir Telefongeschäfte, in denen die Apparate auf Tischen standen, sodass man die Modelle sehen und in die Hand nehmen konnte; außerdem war jedes Telefon an eine Leitung angeschlossen, was die einzig sinnvolle Lösung ist – Kunden nahmen den Hörer ab und riefen ihren Ehepartner oder Freunde an, um das Modell zu diskutieren, das sie gerade benutzten. Die Telefonapparate verkauften sich von selbst, und darum geht es.

Auch andere Geschäfte wissen, wie wichtig es ist, Kunden die Ware testen zu lassen, egal ob sie dann beschädigt wird oder nicht. Wenn ein Möbelgeschäft seinen Kunden erlaubt, einen Schaukelstuhl auszuprobieren und der nach ein paar Monaten schäbig und abgenutzt aussieht, dann ist das kein Problem – der Laden hat genug Stühle verkauft, um diesen Verlust wettzumachen. Läden, die den Kunden alles zugänglich machen, haben gewisse Verluste aufgrund von Abnutzung und Vandalismus, aber sie verkaufen dafür auch sehr viel mehr.

Man kann die Ausstattung eines Geschäfts so ändern, dass Kunden die Gelegenheit bekommen, die Ware zu berühren und zu probieren. Aber wenn sich die Verpackungen nicht ebenfalls ändern, werden nach wie vor viele Möglichkeiten zum direkten Kontakt zwischen Ware und Kunde ungenutzt bleiben. Was Gesundheitsprodukte und Kosmetika betrifft, sind der Duft und das Gefühl bei der Berührung der Produkte überaus wichtig. Die Hauptaufgabe einer Hautlotion besteht nun einmal darin, dass sie sich gut anfühlt, wenn sie auf die Haut kommt. Gibt es für Deos noch viele andere Auswahlkriterien außer ihrem Duft (und ihrer Hautverträglichkeit)?

Obwohl Haarwaschmittel zuallererst die Aufgabe haben, unser Haar zu reinigen – was man im Geschäft nun wirklich nicht ausprobieren kann –, sollte nach ihrer Anwendung das Haar auch nach einer Sommerwiese duften, und das könnte man im Geschäft ausprobieren, wenn einen die Verkäufer nur ließen.

Eine Lösung für diese Probleme könnte die Probierecke im Drogeriemarkt sein, wo man neue Produkte problemlos testen kann. Das Gefühl, das einem Produkte vermitteln, die mit dem Körper in Berührung kommen, ist so wichtig, dass die Abverkäufe sich sicher erhöhen würden, wenn die Konsumenten dieses Gefühl viel öfter erleben könnten.

Das weiteste Feld für neue Ideen bietet dabei sicher die Art und Weise, wie Kosmetik verkauft wird. Hersteller und Einzelhändler legen auf eine ordentliche und gepflegte Präsentation der Ware Wert. Dagegen haben Frauen auch nichts einzuwenden, aber verständlicherweise möchten sie Kosmetika ausprobieren, bevor sie etwas kaufen, und eine solche Probe läuft nicht immer sauber und ordentlich ab.

Cellophanverpackungen machen es zunehmend schwerer, ein Produkt unmittelbar zu erfahren. Viele Produkte sind unter zu viel Verpackungsmaterial verborgen, was jeden Kunden ärgert, der den direkten Zugriff sucht. Wir haben uns inzwischen weit von den einfachen Kopfhörern entfernt, die früher in Schallplattengeschäften installiert waren. Heute gibt es stattdessen verschiedene, ziemlich komplizierte elektronische Systeme, mit denen man es interessierten Kunden möglich macht, sich an Ort und Stelle eine Auswahl bestimmter CDs anzuhören. Man geht also zu einem Standplatz – einer Stelle, wo Kopfhörer angeschlossen sind – und hat dann eine Liste vor Augen mit allen CDs, unter denen man wählen kann. Der Umgang mit dieser Technik ist vor allem für ältere Menschen nicht gerade einfach.

Das einfachste System ist immer das beste. Der Kunde sucht aus irgendeinem Ständer eine CD aus und bringt sie zur Theke, wo ein Verkäufer die Packung öffnet und die CD spielt. Das ist die Lösung – kein Schnickschnack, keine Knöpfe, keine langen Listen, keine Wartezeiten. Anstatt Geld für komplizierte, unzuverlässige Maschinen für die Auswahl weniger Songs auszugeben, kauft der Laden eine Verpackungsmaschine, die gespielte, aber nicht verkaufte CDs wieder mit Cellophan umhüllt, und das ist alles. Das System muss es auch möglich machen, dass sich die Leute Musik so anhören können, wie es der menschlichen Natur entspricht – das heißt, niemand sollte Musik hören müssen, während er stillsteht und auf den Fußboden starrt. In einem Geschäft in Alabama, das wir untersuchten, waren die Kopfhörer mit meterlangen Kabeln ausgestattet, sodass sich die Musikliebhaber frei bewegen und weitere Ständer mit CDs anschauen konnten. Mit solchen Methoden gelingt es Geschäften, sich von einfachen Verkaufsstätten für CDs in Orte zu verwandeln, wo man Musik hören kann, feststellen kann, was es überhaupt gibt, was neu ist, wer welche Musik spielt. Auf diese Weise wird der Laden zu einem interaktiven Radiosender und das Einkaufen macht wirklich Spaß. Vom Standpunkt des Geschäfts aus ist das Beste an diesem System, dass der Laden nicht mehr so abhängig von Marketing und Werbung der CD-Hersteller ist. Wenn der Einzelhandel Kunden den Zugang zur Ware ermöglicht, dann nimmt er das Marketing in die eigene Hand – direktes Marketing, das den interessierten Kunden erreicht, der in der Lage ist, sofort an Ort und Stelle seine Wünsche zu befriedigen.

Oft leidet die Verpackung, wenn sie dem Informationsbedürfnis des Kunden im Weg steht. Häufig beobachten wir das in Hi-Fi-Abteilungen – zum Beispiel findet der potenzielle Käufer von Kopfhörern einen ganzen Stapel von ihnen, alle sorgfältig in Kartons verpackt. Weit und breit gibt es keinen Ständer, auf dem man Produktmuster begutachten könnte. Wenn die Kartons richtig gestaltet wären – mit einem großen, deutlichen Foto der Kopfhörer und allen technischen Details und Attributen, gut lesbar aufgelistet –, dann wäre es vielleicht nicht so wichtig, das Produkt in natura zu sehen. Aber wenn die Verpackung den Kunden nur unzureichende Hinweise bietet, dann reißt man ganz einfach die Verpackung auf, nimmt die Kopfhörer heraus und schaut sie sich an. Wenn der Kunde dann nicht kauft, bleibt der Laden auf einer unverkäuflichen Packung sitzen. Kein Mensch wird etwas in einem zerrissenen Karton kaufen.

Es ist nicht zwingend notwendig, dass die Verpackung eine unüberwindbare Hürde zwischen dem Kunden und einem Produkt darstellt. Hersteller haben begriffen, dass Erwachsene Spielsachen ausprobieren wollen, ehe sie sie ihren Kindern kaufen. Vielleicht liegt das daran, dass Spielzeugwerbung oftmals irreführend ist und Kindern den Eindruck vermittelt, dass ein billiges Plastikflugzeug in der Lage sei, genau wie eine teure, elektronisch gesteuerte Maschine durch die Küche zu segeln und weich zu landen. Wie dem auch sei, der Trend geht inzwischen zur Entwicklung von Verpackungen, die es möglich machen, dass man das Spielzeug ausprobiert, ohne den Karton zu öffnen oder die Plastikfolie zerreißen zu müssen. Man kann einen Knopf drücken oder an einer Schnur ziehen, und das Krümelmonster singt in seinem Pappgefängnis. So ist es viel einfacher zu wissen, was man da kauft, und das ist der Moment, in dem das wachsende Vertrauen der Kunden auch zu einem Anstieg der Abverkäufe führt. Die raffinierteste Spielzeugverpackung, die ich bisher gesehen habe, war diese: Ein Kinderdreirad aus Kunststoff war so von Karton umhüllt, dass der Sitz, die Pedale, die Lenkstange und die Räder frei blieben, sodass ein Kind es Probe fahren konnte, ohne die Verpackung zu beschädigen. Wenn dieses Prinzip auf alle Verpackungen angewandt würde, dann würde Einkaufen sehr viel mehr Spaß machen.

Manchmal sind auch Sicherheitserwägungen schuld daran, dass Ware außer Reichweite der Kunden ausgestellt wird. Walkmen und tragbare CD-Spieler sind solche Produkte. Ich vermute, dass jedes teure Produkt, das Teenagern besonders gefällt, auch häufig gestohlen wird. Aber es sollte genügen, solche Waren in verschlossenen Glasvitrinen auszustellen; tatsächlich sind sie dann aber auch noch einzeln in durchsichtige Plastikbehälter eingeschlossen, die es unmöglich machen, sich den CD-Spieler anzuhören, ehe man ihn kauft. Ich bin sicher, dass einige Kunden sich für ein teureres Modell entscheiden würden, wenn sie nur den Unterschied zu den billigen hören könnten.

Modeschmuck ist eine andere Produktkategorie, bei der dieser Fehler auch häufig gemacht wird. Artikel, die vielleicht 40 oder 50 DM kosten, werden hinter Stahl und Glas eingeschlossen und den Kunden wird die Möglichkeit genommen auszuprobieren, wie eine Kette oder ein Armband an ihrem Hals oder Arm aussehen oder sich anfühlen würde. Im gleichen Geschäft sieht man dann häufig andere Ware von gleichem oder noch höherem Wert offen ausgestellt. Natürlich ist das eine Reaktion des Handels auf diebische Kunden, aber geschäftsfördernd ist es nicht.

Bekleidungsgeschäfte haben ein paar Tricks gelernt, wie man Waren gut sichtbar ausstellt und trotzdem verhindert, dass sie leiden. Treten wir in das wunderschöne Armani-Geschäft in der Madison Avenue. Dort sieht man Kunden, die mit ihren Händen schon Gott weiß was angefasst haben, und nun befühlen sie teure italienische Mode, als ob sie ihnen bereits gehöre. Bekleidungsgeschäfte haben eine Strategie entwickelt: Wenn es einen Anzug in mehreren Farben gibt, hängt das Geschäft die dunklen Farben in Reichweite der Kunden auf, während die beigen, hellgrauen und eierschalenfarbenen Töne hoch oben aufgehängt werden, wo man sie zwar sehen, aber nicht berühren kann. Wenn auf einem Verkaufstisch ein Pullover in verschiedenen Farben zu haben ist, dann liegen die hellen Farben immer ganz unten und die dunk-len oben, wo sie angefasst und befühlt werden – wer merkt das schon?

Natürlich ist der Wunsch, Ware zu verkaufen, der Grund, warum man sie für Käufer zugänglich macht. Es gibt aber noch einen weiteren Aspekt: Man möchte dem Kunden ein möglichst teures Produkt verkaufen. Wenn man keine echten Kriterien findet, nach denen man Produkte miteinander vergleichen könnte, dann veranlasst einen der Instinkt normalerweise dazu, ein billiges zu wählen. Aber wenn sich ein Geschäft darum bemüht, Kunden wenigstens ein bisschen Information über die Artikel zu vermitteln, werden wenigstens ein paar Käufer mehr Geld ausgeben, als unbedingt notwendig wäre. Wenn er die Wahl zwischen drei Marken oder drei Modellen und die Möglichkeit des direkten Vergleichs hat, dann findet der Kunde oft auch einen guten Grund, sich für das bessere Produkt zu entscheiden.

Dieser Aspekt ist eigentlich für alle Produkte wichtig, die wir bisher erwähnt haben – für Männerunterwäsche, Kopfhörer, Pullover, Hautcreme und so weiter. Typischerweise findet man in einem Matratzengeschäft eine große Anzahl von Betten, die nur darauf warten, inspiziert zu werden. Manche Matratzen sind billiger, andere teurer, aber es kostet den Laden genauso viel, die Matratze für 600 DM auf Lager und in Ordnung zu halten wie die Matratze für über 3000 DM. Wenn es dem Verkäufer gelingt, wenigstens jeden fünften Kunden zu bewegen, erst die billigste Matratze zu testen und sich dann bis zur teuersten und besten vorzuarbeiten, dann macht er sicher einen guten Umsatz.

Das kann ihm aber nur gelingen, wenn er die Kunden die Matratzen ausprobieren lässt. Schließlich stehen die Betten alle da und warten nur darauf, dass sich jemand hinlegt. Sie sehen einladend aus, aber man muss sich wirklich wie zu Hause fühlen, um eine Matratze auszuprobieren. Man nimmt schließlich an einem öffentlich zugänglichen Ort vor wildfremden Menschen eine Position ein, in der man leicht verletzlich ist. Vielleicht möchte man sich lieber nicht hinlegen, während sich der Verkäufer über einen beugt. (Der hat natürlich Angst, dass der Kunde nichts kaufen wird, wenn er, der Verkäufer, auch nur fünf Schritte zurücktritt und aufhört, seine telepathische Botschaft »Kaufen Sie jetzt diese Matratze!« auszusenden.) Währenddessen liegt man auf einer Matratze, die freundlicherweise ganz vorn im Laden ausliegt, wo man bequem durch das Schaufenster beobachtet werden kann. Was kann sonst noch getan werden, um diesen Einkauf so unangenehm wie möglich zu machen? Natürlich sind die Betten nicht bezogen, man weiß also gar nicht, wie sich die Matratze im eigenen Heim unter den Bettlaken anfühlen wird, und Kopfkissen gibt es natürlich auch nicht; man hat also überhaupt keine richtige Vorstellung davon, wie bequem (oder unbequem) dieses Prachtstück im Alltag sein wird.

Möglicherweise könnte der Versuch, die besseren Matratzen etwas mehr im Hintergrund auszustellen, vielleicht sogar hinter einer Trennwand, damit man sich eher wie in der etwas privateren Atmosphäre einer Umkleidekabine fühlt, den einen oder anderen Kunden dazu verführen, sich für die bessere Unterlage zu entscheiden. Man macht sich mehr Gedanken darüber, wie man das Anprobieren einer Jeanshose für 100 DM angenehm gestalten kann, als darüber, wie man das Probeliegen auf einer Matratze für 3000 DM attraktiv machen kann. Wir haben eine Studie im Matratzenhandel durchgeführt und fragten einen Geschäftsführer, warum denn keine Kissen verschiedener Dicke mit frisch gewaschenen Kissenbezügen zum Ausprobieren der Matratzen zur Verfügung gestellt würden.

Mit den Worten »Wir verkaufen keine Kissen!« wies er unser Anliegen weit von sich. Für ihn spielte es gar keine Rolle, dass Kissen viel höhere Gewinnmargen haben als Matratzen oder dass man mit Kissen ein einfaches Accessoire zu einem Produkt anbieten könnte, das in dieser Hinsicht sonst kaum Möglichkeiten bietet.

Ähnlich lief es in einem Telefongeschäft, auch dort konzentrierte man sich auf das Wesentliche; mehr so nebenbei wurde auch ein merkwürdiges kleines Ding angeboten, ein Halter für den Telefonhörer. Das war eine Art weiche Wiege aus Kunststoff, die es angenehmer machte, den Hörer zwischen Schulter und Ohr zu klemmen. Das kleine Ding sah nach nicht viel aus, aber sobald man es ausprobiert hatte, wurde einem klar, dass es eine prima Idee war. Wenn man es nicht ausprobierte, sah man nicht ein, warum man es kaufen sollte, und da keine dieser Dingelchen ausgestellt wurden, konnte man sie auch nicht einfach ausprobieren, und da sich das Verkaufspersonal überhaupt nicht darum kümmerte, blieb das Wunderwerk ungetestet und unverkauft. Das Produkt kostete keine zehn Mark, aber wie bei vielen Accessoires war die Gewinnspanne unverschämt hoch – höher als bei allen anderen Artikeln in dem ganzen Geschäft. Wir rechneten aus, dass, wenn nur jeder dritte Kunde so ein Ding kaufte, der Gewinn die Monatsmiete für den Laden abdecken würde.

Etwas Ähnliches entdeckten wir zehn Jahre später während einer anderen Studie in anderen Telefongeschäften. Auch hier bestand das Problem darin, dass man sich viel zu sehr darauf konzentrierte, das Hauptprodukt – Handyverträge – zu verkaufen, anstatt einfach nur zu versuchen, so viel Geld wie möglich in die Kasse zu bringen. In diesem Geschäft wurden die Handys automatisch und ohne Zusatzkosten mit einer serienmäßigen Tasche aus Kunstleder verkauft. Aber wenn man etwas Extravaganteres wollte – zum Beispiel ein Leopardenfellmuster oder etwas in rotem Wildleder –, dann hatte man Pech. So was wurde nicht angeboten. Das Geschäft konzentrierte sich so verbissen auf den Verkauf der Verträge, dass niemand auf den Gedanken kam, etwas mehr Initiative zu entwickeln.

Es gibt noch einen letzten Punkt, der mit der sinnlichen und emotionalen Natur des Einkaufens zu tun hat. Es mag merkwürdig klingen, aber es ist notwendig, den Kunden klarzumachen, dass sie Sachen anfassen *dürfen*. Die Leute wissen, wie schwierig es ist, etwas hübsch zu gestalten, daher scheuen sie sich mitunter, die harte Arbeit einer anderen Person zunichte zu machen. Wir stießen auf dieses Problem, als wir der Bagelkette Einstein dabei halfen, den Prototyp eines Restaurants ausgerechnet in Utah zu testen. Übrigens war es eine großartige, ungewöhnliche Entscheidung, eine neue Art, Bagels zu verkaufen, ausgerechnet an einem Ort zu testen, wo bis dato kaum jemand die Dinger gegessen hat – wenn das Konzept dort funktioniert, dann funktioniert es überall.

Im 20. Jahrhundert wurden zahlreiche Nahrungsmittel bestimmter Nationalitäten in international berühmte Magenfüller verwandelt. Zum Beispiel die Pizza – meine in italienischer Geschichte bewanderten Freunde schwören, die Pizza sei ein Produkt dieses Jahrhunderts. Bis zum Ende des 19. Jahrhunderts wurden Tomaten außerhalb Nordamerikas kaum verwendet. Während eine Art Toast mit Tomatensoße und Käse möglicherweise schon vor 1900 in Neapel existierte, wurde erst in diesem Jahrhundert die Pizza in ein universelles Nahrungsmittel verwandelt, das in Lhasa wie in Durbin gegessen wird. Den Bagels könnte es genauso ergehen wie der Pizza. Ursprünglich ist ein Bagel ein osteuropäisches, jüdisches Gebäck. Es handelt sich dabei um eine etwas zähe Semmel, die gekocht (oder gedämpft) und gebacken wird. In den Handelszentren an der Ostküste Amerikas, besonders in New York und Montreal, ist ein Bagel mit Streichkäse zum Frühstück beliebt. Die Idee, ein typisches Großstadtprodukt wie Bagels in die trockene, dünn besiedelte Wüstenlandschaft Utahs zu transferieren, stellt einen echten Härtetest dar – kann ein Geschäft, das sich auf ein völlig fremdartiges Nahrungsmittel konzentriert, Geld verdienen? Es stellte sich heraus, dass dies tatsächlich möglich war, aber es gab gewisse Anfangsprobleme.

In dem Geschäft war ein Wandregal mit Tüten voll Bagelchips verschiedenster Geschmacksrichtungen so platziert, dass Kunden, die in der Schlange vor der Kasse standen, die Möglichkeit hatten, spontan eine Tüte mitzunehmen. Die Packungen waren aber so sorgfältig und präzise angeordnet, dass sich die Kunden nie sicher waren, ob sie die Tüten anfassen durften oder nicht. Die Lösung bestand darin, hin und wieder einen der Angestellten zum Regal gehen zu lassen, der ein paar Tüten herauszog und ein gewisses künstliches Durcheinander mit ein paar Lücken herstellte. Daraufhin wagten sich auch die Konsumenten an das Regal. Die Verkäufer schufen eine völlig neue Sinneswahrnehmung für die Kunden, indem sie einfach eine Tüte ergriffen und aufrissen und dann der Warteschlange zum Verkosten anboten, eine gute Methode, um die Einheimischen mit wunderbaren Weizenbagelchips mit Käsegeschmack vertraut zu machen.

13. Die großen Drei

Das Einmaleins des Einzelhandels postuliert, dass jedes Geschäft durch drei Hauptmerkmale gekennzeichnet ist: das Design (das heißt der Laden an sich), Merchandising (die Ware, die man in dem Laden unterbringt, und die Art und Weise, wie man sie ausstellt) und das Betreiben des Geschäfts (alles das, was die Beschäftigten dort tun). Diese großen Drei scheinen völlig unabhängig voneinander zu sein, in Wirklichkeit hängen sie aber zusammen, was bedeutet, dass eine Entscheidung, die über einen dieser Aspekte getroffen wird, auch Auswirkungen auf die beiden anderen hat. Generell kann man sagen, wenn man eines der drei Hauptmerkmale stärkt und unterstützt, lastet weniger Druck auf den anderen beiden. Wenn man eines schwächt, dann haben die anderen beiden eine größere Last zu tragen. An sich ist das weder gut noch schlecht, es ist eine einfache Tatsache.

Ketten wie Hennes & Mauritz und Gap und viele andere Bekleidungsgeschäfte zeichnen sich dadurch aus, dass man wirklich alles, was zum Kauf angeboten wird, berühren, streicheln, auseinander falten und aus nächster Nähe untersuchen kann. Viele Pullover und Hemden lassen sich nur deshalb so gut verkaufen, weil die Einzelhändler beschlossen haben, einen engen Kontakt zwischen Ware und Kunden zu fördern. Diese Merchandising-Strategie bestimmt die Art der Auslagen (viele breite, flache Warentische, von denen man sich leichter bedienen kann als von Regalen oder Kleiderständern). Sie bestimmt auch, wie und wo die Verkäufer ihre Zeit verbringen; das ständige Anfassen bedeutet nämlich, dass Pullover und Hemden laufend wieder zusammengefaltet und ordentlich hingelegt werden müssen. Das führt dazu, dass der Laden viele Angestellte braucht, die von Auslage zu Auslage gehen, statt hinter der Theke oder an der Kasse zu stehen und zu verkaufen. Das kostet viel Geld, aber für Gap und andere ähnliche Läden lohnt sich die Investition – es sind Betriebskosten. Der springende Punkt ist, dass es sich hierbei um eine bewusste Entscheidung handelte.

Mitunter ist es nicht so sehr eine klare Entscheidung als vielmehr eine Reaktion auf die Gegebenheiten. Revlons Merchandising muss in ganz unterschiedlichen Ladengeschäften funktionieren – in Verbrauchermärkten, Spezialgeschäften, Drogeriemärkten. In letzteren sind die Gänge typischerweise eng und voll gestellt. Aufgrund dieses Designs muss man mit dem gefürchteten Anrempel-Faktor rechnen. Die Art und Weise, wie sich Revlon in Drogeriemärkten präsentiert, muss klar, auffällig und direkt sein, damit der Markenname den Kundinnen sofort ins Auge fällt, damit sie schnell finden, was sie suchen, und ebenso rasch weitergehen können. Wenn die Displays und Kennzeichnungen feiner und diskreter wären, würden die Kundinnen durch die ständigen Rempeleien aus den Gängen vertrieben, ehe sie noch einen einzigen Artikel gewählt hätten. Dieser Aspekt fällt uns immer wieder auf, denn die Leute, die Verpackungen und Werbematerial entwerfen, verbringen einfach nicht genug Zeit in den Läden, in denen ihre Kreationen üblicherweise landen. Beispielsweise neigen Kunden mit Universitätsabschluss dazu, alles, was auf einer Verpackung steht, zu lesen. So sammeln sie am liebsten Informationen, ehe sie sich zu einem Kauf entschließen. Daher wird eine Firma, die Kräutertees verkauft, die Verpackungsdesigner anweisen, möglichst viel Text auf den Flaschen und Behältern unterzubringen. Der Designer folgt brav den Anweisungen. Aber das Kleingedruckte ist für ältere Kunden schwer zu lesen, die eine Hauptzielgruppe für Vitamintabletten und Kräuterheilmittel sind. Außerdem verkauft sich diese Art von Produkt in der Regel besonders gut in Drogeriemärkten, wo die Gänge typischerweise eng sind und Kunden davon abhalten, länger stehen zu bleiben, um in Ruhe den Verpackungstext zu lesen. Auf diese Weise führt eine gute Entscheidung (mehr Information auf die Packung zu drucken) zu einem weniger guten Ergebnis (kein Mensch kann das Kleingedruckte lesen).

Ich möchte mit diesem Beispiel einfach darauf hinweisen, dass jede Entscheidung gründlich auf ihre Implikationen abgeklopft werden sollte. Im wirklichen Leben geschieht das sehr selten. Es passiert nicht in kleinen Firmen, wo eine Hand voll Leute alle Entscheidungen treffen müssen. Es passiert noch weniger in Großunternehmen. Oft betreten wir den Konferenzraum eines Unternehmens, um unsere Ergebnisse zu präsentieren, und die Leiter der zuständigen Abteilungen für das Ladendesign, das Merchandising und die Organisation sind anwesend. Häufig fällt uns dann auf, dass sie einander kaum kennen. In Extremfällen haben sie ihre Büros sogar in verschiedenen Städten. Das gegenseitige Misstrauen, die Rivalität untereinander und der Wunsch, das eigene Territorium zu verteidigen, scheinen mitunter greifbar zu sein. Entweder wissen die Abteilungsleiter nicht, was die anderen so treiben, oder sie wollen es nicht wissen. Viele kurzsichtige Entscheidungen sind die Folge.

Ein gutes Beispiel wird dies verdeutlichen. In einem großen, berühmten Warenhaus entschied der Leiter der Abteilung für Damenschuhe, er brauche mehr Platz, um die Ware auszustellen. Dieser Platz wurde geschaffen, indem man die Kassen- und Verpackungstheke verkleinerte. Infolgedessen mussten die Verkäuferinnen, die daran gewöhnt waren, die Ware auf der Theke in Tüten zu stecken, Schuhe und Plastiktaschen zum Eintüten nun auf den Boden stellen. Dadurch wurde das Verpacken mühsamer und langsamer und die Arbeit für die Kassiererinnen, die meistens selbst schicke und unbequeme Schuhe trugen, schwieriger. Am Ende eines Arbeitstages hatten diese Frauen Rückenschmerzen, und ihnen taten die Füße weh – außerdem waren sie verständlicherweise verärgert. Als Teil unserer Untersuchungen filmten wir den Kassenbereich, und als wir wieder im Büro waren, stoppten wir die Zeit für jede Transaktion: Um 16.30 Uhr brauchte eine Kassiererin etwa doppelt so lange für eine Kundin wie um 11 Uhr vormittags. Die Verkleinerung des Kassenbereiches machte auch alles viel enger, was ebenfalls das Kassieren verlangsamte. Insgesamt erforderte die geringe Verbesserung des Merchandising eine größere Änderung in der Gestaltung des Ladens, die negative Auswirkungen auf den ganzen Ablauf des Geschehens hatte. Nur um ein paar Schuhe mehr ausstellen zu können (vielleicht ein Dutzend Paar), dauerte das Abkassieren länger, die Geduld der Kunden wurde mehr strapaziert und

Energie und Arbeitsmoral des Personals sanken auf einen Tiefpunkt. Wenn man bedenkt, dass jeder Verkäufer Schuhe besser an die Frau bringt als das schönste Display, war dies insgesamt eine sehr schlechte Entscheidung – und bloß, weil jemand, der es besser hätte wissen müssen, vergessen hatte, dass die Änderung eines Aspekts Auswirkungen auf das Ganze hat.

Ein anderer unserer Kunden, eine Kette von Videotheken (nicht die gleiche, die ich vorhin erwähnt habe), traf ein paar interessante Entscheidungen, die das Aussehen der Läden betrafen. Die Hauptfarbe sollte ein sattes Weinrot sein. Als Beleuchtung wurden Reihen mit Glühbirnen gewählt. Auf dem Reißbrett sah das wahrscheinlich toll aus, aber im wirklichen Leben war es oft anders. Die weinrote Farbe sah schnell abgenutzt, zerkratzt, fleckig und schäbig aus, was dem ganzen Laden rasch ein billiges Aussehen verlieh, und die Maler waren laufend mit Ausbesserungsarbeiten beschäftigt. Dieses Schicksal ereilt die meisten Oberflächen, die in satten, dunklen Farbtönen angestrichen wurden – man sieht jeden noch so kleinen Kratzer. Außerdem brauchte man zur Beleuchtung der dunklen Wände und Gestelle mehr Licht, als man bei einer hellen, weißlichen Farbe gebraucht hätte. Die Stromkosten gingen dadurch in die Höhe, ganz abgesehen von der Tatsache, dass laufend irgendwelche Glühbirnen durchbrannten und ersetzt werden mussten, damit der Laden nicht wie ein zwielichtiges Etablissement aussah. Infolge einer falschen Entscheidung stiegen letztendlich die laufenden Kosten des Unternehmens beträchtlich, was direkte Auswirkungen auf den Gewinn hatte.

Das Verhältnis zwischen den genannten drei Hauptfaktoren, die den Einzelhandel beeinflussen, ist heutzutage einem enormen Druck ausgesetzt, und das nur aus einem einzigen Grund: Die meisten Firmen sind ständig auf der Suche nach Möglichkeiten, Personalkosten zu sparen. Für den Geschäftsmann bedeuten zusätzliche Arbeitskräfte höhere Betriebskosten. Für den Kunden bedeuten sie mehr Service. Der Einzelhandel versucht, gleichzeitig einen guten Service zu bieten und das Personal zu reduzieren, und meistens klappt das nicht. In den Zeiten, als es in Geschäften noch ausreichend Personal gab und man die Beschäftigten dazu anhielt, längere Zeit im gleichen Laden zu bleiben und das nötige Fachwissen zu erwerben, waren die Anforderungen an das Ladendesign und das Merchandising noch gering und vergleichsweise einfacher Natur. Ein Geschäft konnte es sich leisten, mit Waren voll gestopft zu sein, denn es gab immer einen hilfsbereiten Verkäufer, der wusste, wo was zu finden war.

Heutzutage wissen viele Einzelhändler ihr Personal nicht zu schätzen und bezahlen es schlecht, wodurch sich die ganze Situation geändert hat. Ladendesign und Merchandising müssen nun viel mehr Aufgaben übernehmen; manchmal leisten sie gute Arbeit, manchmal aber auch nicht. Beispielsweise versuchen Einzelhändler, fehlendes Personal durch interaktive Computer oder Informationsstände zu ersetzen, an denen die Fragen der Kunden beantwortet werden. Doch die Computerinstallationen sind oft nicht besonders gut – sie verwirren, beantworten Fragen nicht detailliert genug oder reagieren so langsam, dass man fürchten muss, sie hätten völlig den Geist aufgegeben. Was machen also die Kunden? Wir haben schon viele beobachtet, die schimpfend ein Geschäft wieder verließen. Manche schnappen sich auch einfach einen Verkäufer und zerren ihn zu dem Computer, damit er ihnen zeigt, wie man das Ding benutzt. Eine großartige Methode, um Personal zu sparen!

In einem Kaufhaus, das wir untersuchten, wehrte sich das überforderte Personal, indem es die Regale und Ständer einfach zu voll stopfte – mehr Kleidungsstücke wurden auf einem Drehständer untergebracht, als dort bequem Platz hatten. Manche Kunden versuchten gar nicht erst, sich etwas vom Ständer zu nehmen, es war einfach zu mühsam. Diejenigen potenziellen Käufer, denen es tatsächlich gelang, einen Kleiderbügel hervorzuziehen, zerrten meistens noch ein paar mehr Kleidungsstücke hervor, die häufig auf den Boden fielen und dort liegen blieben. Und wessen Aufgabe war es wohl, sie wieder aufzuheben, den Staub auszuklopfen und sie erneut aufzuhängen? Die Zeit, die man dadurch sparte, dass die Ständer zu voll gehängt wurden, musste dann dafür verschwendet werden, die Ständer wieder in Ordnung zu bringen. Noch schlimmer war die Tatsache, dass die Ware, die auf dem Boden lag, natürlich von keinem Kunden angeschaut wurde.

Aber es ist möglich, Läden so zu entwerfen und Merchandising so einzusetzen, dass Arbeitszeit gespart werden kann. Ein Beispiel bietet der United States Postal Service, der verschiedene Prototypen von neuen und (immens) verbesserten Postämtern getestet hat. In einem dieser neuen »Läden« war der Selbstbedienungsbereich – wo man Umschläge und Briefmarken vom Automaten kauft, Pakete selbst wiegt und das nötige Porto selbst aufklebt – weiter hinten im Raum untergebracht als die traditionellen Schalter mit den Postbediensteten. In einem anderen Prototyp war der Selbstbedienungsbereich ganz vorn, direkt hinter dem Eingang, und die Bedienungstheken lagen weiter hinten. In dem ersten Postamtstyp bedienten sich verhältnismäßig wenige Leute selbst; Kunden, die daran gewöhnt waren, bedient zu werden, stellten sich in die Schlange und sahen die Selbstbedienungsmaschinen im Hintergrund gar nicht. In dem zweiten Prototyp nutzten viel mehr Leute die Möglichkeit zur Selbstbedienung; Kunden betraten das Postamt in der Absicht, sich an einem Schalter anzustellen, dann sahen sie die anderen, die alles schnell selbst erledigten und machten es ebenso. In Banken lässt sich das gleiche Verhalten beobachten: Wenn die Selbstbedienungs- und Geldautomaten von den Schaltern aus gut sichtbar sind, dann »migrieren« Kunden von der Bedienungstheke zur Automation.

Ein zweites Beispiel stammt von einer riesigen Drogeriemarktkette. Diese Läden haben sich während der letzten zwei Jahrzehnte ungeheuer verändert, aber etwas ist gleich geblieben: Es macht dem Personal gerade bei Kräuterpräparaten und ätherischen Ölen immer noch viel Arbeit, viele kleine Flaschen, Behälter und Schachteln sorgfältig in Reih und Glied auf zahllosen Regalen anzuordnen. Wann immer ein Kunde etwas in die Hand nimmt, um das Kleingedruckte zu lesen, kann man sicher sein, dass dieses Produkt von einem Verkäufer wieder richtig ins Regal gestellt werden muss. Das macht viel Arbeit. Vor kurzem hat Wal-Mart ein Experiment gewagt: Traditionelle Regale wurden durch Schütten ersetzt. Statt beispielsweise ein ganzes Regal mit kleinen Tablettenröhrchen und noch kleinerer Schrift vor sich zu sehen, sah der Kunde die Großaufnahme einer Vitamin-C-Packung auf einem Plakat. Unter diesem Plakat stand eine Schütte, in die man alle entsprechenden Röhrchen geworfen hatte.

Der Unterschied war enorm. Erstens war das Problem der sorgfältigen Warenplatzierung gelöst: Eine Verkäuferin rollte einen Wagen mit Waren in den entsprechenden Gang, öffnete einen Karton, kippte die Ware in eine Schütte und ging zur nächsten. Keine Regale mit sorgfältig angeordneten Kleinstverpackungen mehr. Auch den Kunden gefiel die neue Methode besser – statt einer langen Reihe von Packungen mit Kleingedrucktem sahen sie nun ein großes Poster des Etiketts, das leicht zu lesen war. Viel besser für die Augen, besonders für alte Augen. Ehe die Änderung durchgeführt wurde, war Wal-Marts Hauptsorge, die Schütten könnten bei den Kunden den Eindruck von Billigware und minderer Qualität erwecken. Das Gegenteil war der Fall – die Kunden, die wir befragten, betrachteten die Schütten als die bessere Art, Ware anzubieten. Eine hervorragende Lösung.

14. Zeit und Zeitgefühl

In jedem Laden geht es zu wie im wirklichen Leben, es gibt gute und schlechte Zeiten. Die guten Zeiten, also die Zeit, die der Kunde mit Anschauen und Auswählen verbringt, möchte man verlängern, die schlechten verkürzen.

Schlechte Zeiten herrschen immer dann, wenn ein Kunde warten muss. Verständlicherweise mögen Kunden nicht warten, aber sie sind vernünftig und tun es – bis zu einem gewissen Punkt. Wenn dieser Punkt aber einmal erreicht ist, werden sie ärgerlich. In unzähligen Studien haben wir immer wieder gesehen, dass der wichtigste Faktor, der das Urteil des

Kunden über die Qualität des Service beeinflusst, die Zeit ist, die der Kunde warten muss. Wenn die Kunden glauben, dass sie nicht zu lange warten mussten, haben sie den Eindruck, gut und kompetent bedient worden zu sein. Wenn man sie zu lange warten lässt, stellt sich das Gefühl ein, dass sie schlecht und inkompetent bedient werden. Kurze Wartezeiten machen das ganze Einkaufserlebnis angenehmer, lange ruinieren es.

Aber es ist möglich, die Wartezeit zu beeinflussen, die Art, wie Kunden sie wahrnehmen, zu ändern. Man kann sogar schlechte Zeiten in gute Zeiten verwandeln.

Zunächst ein Wort zu dem Thema »Zeit« und »Zeitgefühl«. Wir alle tragen eine Armbanduhr, aber es gibt noch eine viel wichtigere Uhr, und zwar die in unserem Kopf. Diese innere Uhr ist für äußere Einflüsse sehr empfänglich und ist wichtiger als die teuerste Rolex. Wir haben viele Kunden zum Thema »Zeit« befragt und sind zu folgendem interessanten Ergebnis gekommen: Wenn Menschen bis zu einteinhalb Minuten warten müssen, dann stimmt ihr Zeitgefühl ziemlich genau mit der tatsächlich verflossenen Zeit überein. Sobald aber mehr als 90 Sekunden vergehen, wird unser Zeitempfinden verzerrt; wenn man dann Leute fragt, wie lange sie gewartet haben, werden sie oft voller Überzeugung eine viel zu lange Zeit angeben. Wenn sie zwei Minuten lang warten mussten, dann sagen sie drei oder vier. Käufer empfinden die Wartezeit nun nicht mehr als kurze Pause im Rahmen einer längeren Aktivität (Einkaufen), sondern als eigenständige Tätigkeit. Sobald dieser Übergang eintritt, beginnen die schlechten Zeiten. Im Einzelhandel führt die Zeit ein brutales Regiment: Wenn man sich binnen zwei Minuten um einen Kunden kümmert, dann ist das ein Erfolg; werden daraus drei Minuten, dann ist es eine Katastrophe.

Die größten Zeitprobleme treten an der Kasse auf oder immer dann, wenn die Kunden Schlange stehen müssen, um zu zahlen, an einen Schalter zu gelangen oder sich ihr Essen an einer Theke zu bestellen. Und hier können Maßnahmen getroffen werden, um das subjektive Zeitempfinden zu beeinflussen. Beispiele dafür sind:

Jede Art von Interaktion. Wenn ein Kunde wartet, nachdem er mit einem Verkäufer Kontakt hatte, vergeht für ihn die Zeit schneller, als wenn er darauf wartet, mit einem Angestellten in Kontakt zu kommen. Das haben unsere Studien klar bewiesen. Die Tatsache, dass ein Verkäufer zur Kenntnis nimmt, dass ein Kunde wartet – und ihm vielleicht auch einen nachvollziehbaren Grund für die Wartezeit nennt –, trägt viel dazu bei, die Unruhe des Kunden über die Wartezeit zu mildern, vor allem dann, wenn der Angestellte schon kurz nach dem Beginn des Wartens den Kunden registriert. Einmal ging ich in einen großen Drogeriemarkt, wo der Filialleiter ganz offensichtlich den Kontakt mit seinen Kunden genoss. Wenn die Schlangen an den Kassen ein bisschen zu lang wurden, dann kam er aus seinem Büro und trat im Laden als eine Mischung aus Pausenclown und Aufseher auf. Seine Anwesenheit schien die Arbeit der Kassiererinnen etwas zu beschleunigen, außerdem war er wirklich amüsant. Wenn ich die Wahl hätte, während der Stoßzeiten drei Kassiererinnen oder zwei Kassiererinnen und einen leitenden Angestellten zu beschäftigen, dann würde ich mich für die zweite Option entscheiden. Der Filialleiter bereitet die Kunden auf das Kassieren vor – er (oder sie) kann den Kunden freundliche Ratschläge erteilen oder ihre Fragen beantworten und so nicht nur die tatsächliche Wartezeit verkürzen, sondern den Kunden auch das Gefühl geben, dass sie schnell bedient werden. Außerdem kann man auf diese Weise die Kunden auf nette Art dazu erziehen, sich selbst effizienter zu verhalten.

Eine andere Methode, um die Zeit subjektiv schneller vergehen zu lassen, ist die, den Kunden zu sagen, dass sich jemand darum bemüht, ihre Wartezeit zu begrenzen, und dass sie nicht vom Zufall oder einem mehr oder weniger gütigen Schicksal abhängt. Manche Banken erzielen diesen Effekt, indem sie Elektroniktafeln aufstellen, die anzeigen, wie lange die Wartezeit wahrscheinlich sein wird. Die Angaben auf den Tafeln sind natürlich nie ganz genau, aber das macht nichts – wenn einem gesagt wird, dass man nur zwei Minuten warten muss, dann vergehen die vier Minuten, die man tatsächlich wartet, viel schneller. Vor kurzem habe ich die

Hotline für den technischen Service eines Computerherstellers angerufen. Die Stimme auf dem Anrufbeantworter informierte mich darüber, dass ich »zwischen einer und fünf Minuten« würde warten müssen, um ein menschliches Wesen an die Strippe zu bekommen. Genau genommen ist das eine lange Zeitspanne, aber es gelang der Firma, mich einerseits zu beruhigen und andererseits mit der Zeitangabe auf Nummer Sicher zu gehen. Eine clevere Lösung.

Ordnung. Wenn Kunden sehen, dass man in genau der Reihenfolge bedient wird, in der man angekommen ist, dann entspannen sie sich, und die Wartezeit erscheint ihnen kürzer, als sie ist. Das ist ein Trick, um das Zeitempfinden zu beeinflussen – sobald man die Unsicherheit beseitigt, wirkt die Wartezeit kürzer.

Die Anordnung der Kassen ist nach wie vor ein großes Dilemma für den Einzelhandel. Ohne Frage besteht das schnellste und effizienteste System darin, dass sich die Kunden alle in einer einzigen Schlange anstellen. Damit stellt man sicher, dass sie in der Reihenfolge bedient werden, in der sie ankamen, und sie brauchen sich keine Gedanken darüber zu machen, ob ihre Schlange mal wieder die lang-samste ist. Es gibt allerdings ein Problem bei diesem Ansatz: Mitunter wird man eine *sehr* lange Warteschlange haben – was Kunden, die in Eile sind, leicht abschreckt. Irgendwie sehen drei Schlangen mit jeweils fünf Leuten weniger schlimm aus als eine Schlange von fünfzehn Menschen. Das ist zwar völlig irrational, aber wahr, und genau darin besteht der Unterschied zwischen Wahrnehmung und Wirklichkeit.

Gesellschaft. Die Wartezeit erscheint einem kürzer, wenn man mit jemandem reden kann. Keine überraschende Erkenntnis. Ein Laden kann aber in dieser Hinsicht wenig tun, außer zu akzeptieren, dass die Kunden, die alleine sind, am meisten Kontakt mit dem Personal brauchen.

Ablenkung. Fast alles kann Kunden beim Warten ablenken. Videotheken sollten Videofilme spielen, die für alle Altersgruppen geeignet sind. (Und die Bildschirme müssen von der Schlange aus gut sichtbar sein – einmal haben wir für eine Videothek eine Studie durchgeführt, in der die Angestellten die Monitore so ausgerichtet hatten, dass sie, und nicht die Kunden, unterhalten wurden.) Eine Bank, die wir untersuchten, hatte ein Fernsehgerät installiert und einen Sender eingeschaltet, der ständig Seifenopern zeigte – eine schlechte Idee, denn eine Seifenoper amüsiert einen nur dann, wenn man sich die ganze Episode anschaut. Eine andere Bank in Kalifornien hatte eine viel bessere Lösung gefunden; auf einem großen Bildschirm wurden den ganzen Nachmittag lang, zu der Zeit, wenn die meisten Kunden Rentner sind, Slapstick-Sketche gezeigt. Heutzutage denkt man immer nur an Videofilme, aber weniger technische Ideen funktionieren genauso gut. Viele Lebensmittelgeschäfte bieten Proben und Verkostungen an, eine gute Methode, um die Zeit totzuschlagen, die außerdem noch für neue Produkte wirbt. Es ist ein guter Merchandising-Ansatz, Ständer mit Artikeln für Spontankäufe nahe bei den Kassen zu platzieren, sie bieten aber auch Zeitvertreib. Die Platzierung ist hier der Schlüssel zum Erfolg; wir untersuchten eine CD-Handlung, in der die Ständer mit den CDs etwa einen Schritt zu weit von den Kassen entfernt waren, um es möglich zu machen, sich eine CD zu angeln, ohne die Schlange zu verlassen. Man sollte auch bedenken, dass eine Person am Anfang der Schlange wenig Ablenkung braucht – er oder sie ist ja schon in der Warteposition und kommt gleich dran. Ladenwerbung, Hinweisschilder oder Verkaufsständer sollten ideal für die zweite oder dritte Person in der Schlange platziert sein.

Die Ständer mit allen Magazinen der Regenbogenpresse neben den Kassen im Supermarkt sind eine wunderbare Ablenkung, man bekommt allen Tratsch und Klatsch mit, ohne die einschlägigen Sendungen im Fernsehen sehen zu müssen. Auch Hinweistafeln erfüllen hervorragend den Zweck, Kunden abzulenken. Wenn es etwas zum Lesen gibt, kommt Kunden die Wartezeit kürzer vor, das haben unsere Untersuchungen gezeigt. Kluge Einzelhändler betrachten die Wartezeit der Kunden sogar als immateriellen Vorteil – hier bietet sich eine der wenigen Gelegenheiten, wo Kunden stillstehen, alle in eine Richtung schauen und nicht viel zu tun haben. Genau hier hat man die Chance, schlechte Zeit in gute

Zeit zu verwandeln: Warten mag ein notwendiges Übel sein, aber man kann die Zeit nutzen, um etwas zu kommunizieren und gleichzeitig die Zeit in der Wahrnehmung der Kunden zu verkürzen.

Heutzutage gibt es nicht nur an den Kassen das Problem, dass Kunden warten müssen. Typischerweise versuchen Einzelhändler, Kosten zu reduzieren, indem sie weniger Personal beschäftigen, was bedeutet, dass Kunden nun mehr Zeit als je zuvor damit verbringen, einen Verkäufer zu suchen, der ihre Fragen beantworten kann. Das ist eine besonders fatale Wartezeit; wir haben schon zahllose Kunden beobachtet, die auf der Suche nach Hilfe in einem Geschäft hin und her liefen. Wenn sie etwa eine Minute lang vergeblich hin und her gegangen sind, sieht man, wie sie anfangen, innerlich zu kochen. Bei Männern passiert das besonders häufig; wenn sie nicht schnell eine Antwort bekommen, dann geben sie auf und gehen wieder nach Hause (oder in ein anderes Geschäft). Wir untersuchten ein Kaufhaus, das gerade seine Personalpolitik geändert hatte; statt überall im Haus in verschiedenen Abteilungen Kassen aufzustellen, wurden alle Kassen am Ausgang gebündelt (natürlich gab es nun *weniger* Kassen). Folglich wurde nun die Wartezeit an den Kassen deutlich länger. Außerdem war es sehr schwierig, im Verkaufsbereich überhaupt noch einen Angestellten zu finden. Zu allem Überfluss erweckte die Schlange ungeduldig Wartender an den Kassen direkt im Eingangsbereich bei Neuankömmlingen den Eindruck, der Laden sei überfüllt. Insgesamt kann man sagen, dass die Einsparung von ein paar Gehältern zu hohen Ausgaben führte, um die Nachteile des neuen Arrangements wieder wettzumachen.

Mit der folgenden Frage sieht sich der Einzelhandel heute ständig konfrontiert: Wann werden Einsparungen im Personalbereich durch die Kosten aufgewogen, die durch frustrierte Kunden entstehen? Banken sind in dieser Hinsicht besonders verletzlich. Wir führten Studien in zwei unterschiedlichen Branchen durch, bei einer europäischen Bank und einem amerikanischen Elektronikgeschäft, die beide aus Sicherheitsgründen Bargeld nur in einer einzigen Schublade verwahrten.

In der Bank mussten die Kassierer selbst für einfache Transaktionen zwischen ihrem Schalter und der Geldschublade hin und her rennen. In dem Geschäft konnten die Kunden die Kassierer beobachten, die sich gegenseitig aus dem Weg schubsten, um ans Bargeld zu kommen. Weder das Verhalten in der Bank noch in dem Geschäft wirkte auf die Kunden besonders Vertrauen erweckend, und die Auswirkung auf die Wartezeit kann man sich vorstellen.

15. Frust an der Kasse

Der »Kassen-Blues« ist ein notwendiges Übel. Vielleicht wird es ihn eines Tages nicht mehr geben. Dann werden Geschäfte uns Selbstbedienungsmöglichkeiten bieten, wie wir sie heute schon an der Tankstelle, der Mautstelle und in Banken nutzen. Kunden werden ihre Ware in irgendein Computer-Lesegerät schieben, das per Scanner den Code liest, die Beträge addiert, die Mehrwertsteuer getrennt ausweist, eine Kredit- oder Scheckkarte schluckt, auf die nötige Bestätigung wartet, die Karte samt Kassenbon wieder ausspuckt, eine Tüte passender Größe freigibt und eine kurze Mitteilung hören lässt: »Danke, dass Sie bei Paco eingekauft haben – piep – bitte nehmen Sie Ihren Bon, der Ihnen einen zehnprozentigen Rabatt auf Ihren nächsten Einkauf von Accessoires sichert – piep – wir wünschen Ihnen noch einen schönen Tag – piep – Danke, dass Sie ....«

Ein Teil dieser Technik ist bereits im Einsatz – beispielsweise die tragbaren Scanner, die FedEx- und UPS-Kurierdienstfahrer bei sich haben. Seien wir ehrlich: Bei allem Glanz und Zauber, trotz aller Glorifizierung des Einkaufserlebnisses im zwanzigsten Jahrhundert, ungeachtet aller Wissenschaft und Kunst der Handelsgenies, hat bisher niemand eine Methode entwickelt, um die Phase des Bezahlens und Verpackens der Ware attraktiv zu machen. Die Einzelhändler versuchen den Moment auszunutzen und platzieren Waren mit hohen Gewinnmargen, die zum Spontankauf reizen, an den Kassen. Sie nutzen Ablenkungsmaßnahmen, damit die Kunden nicht darüber nachdenken, dass sie hier für das Privileg, ihr Geld rausrücken zu dürfen, Schlange stehen. Genau das führt zu der Frustration an den Kassen: Theoretisch sollte hier die Musik spielen, denn hier zieht man dem Käufer das Geld aus der Tasche. Tatsächlich ist dies aber der langweiligste Teil des Einkaufserlebnisses. In dieser Phase beobachten wir auch die größte Unruhe bei den Kunden. Sie überlegen: »Bin ich in der richtigen Schlange? Wie lange wird das noch dauern?« Der ganze übrige Laden sieht so gut organisiert aus und ist wirklich kundenfreundlich. Hier verliert man alle Illusionen und es wird einem klar, was ein Laden wirklich ist: eine Maschinerie, in der Ware gegen Geld getauscht wird. Wehe, wenn das Design dieses Apparates nicht stimmt, wenn er schlecht gebaut ist oder wenn er von den Angestellten falsch bedient wird – hier zeigt es sich.

Wie wir schon dargelegt haben, ist das größte Problem bei den Kassen die Frage, wo man sie unterbringen soll. Die logische Antwort wäre: ganz vorn im Laden, in der Nähe der Türen. Man betritt ein Geschäft, macht seinen Rundgang, wählt ein paar Dinge aus, kehrt dann zum Eingang zurück, bezahlt und geht. Das ist auch die sinnvollste Anordnung, wenn man mit wenig Personal auskommen will. Wenn die Kasse in der Nähe der Tür untergebracht wird, kommt ein kleiner Laden außerhalb der Stoßzeiten mit einem Angestellten aus. Wenn dem nicht der Fall ist, dann braucht man mindestens zwei Leute, einen Kassierer und einen Wachposten. Einmal haben wir ein Schuhgeschäft untersucht, in dem der törichte Architekt die Kasse ganz hinten im Laden untergebracht hatte, und zwar so, dass der Kassierer auf die Wand schaute. Dadurch war garantiert, dass bei jeder Bezahlung der Kassierer einen Augenblick lang dem ganzen Laden und allen Kunden den Rücken zudrehte – geradezu eine Einladung für Diebe.

Aber es ist auch ein Fehler, die Kasse so zu platzieren, dass ein Kunde, der den Laden betritt, sie als Erstes sieht. Das ist genauso, als würde man ein Restaurant durch die Küche betreten. Die Erwartungen auf das, was kommt, werden einfach nicht geschürt. Wenn es dazu noch an der Kasse langsam vorangeht und die Schlange immer länger wird, schreckt das Kunden, die den Laden betreten wollen, endgültig ab. Wir haben unzählige Male potenzielle Kunden beobachtet, die einen Blick in ein Geschäft warfen, eine lange Schlange an der Kasse sahen und weitergingen. Ein Blick auf die Kassen zeigt, dass man sich auf Frust einstellen muss – selbst wenn man etwas findet, was man wirklich haben möchte, wird man doch auf die Folter gespannt, bis man damit nach Hause gehen darf.

Wenn man einen geeigneten Platz für die Kassen sucht, muss man auch überlegen, welche Auswirkungen das auf den übrigen Laden haben wird. Man schaut sich den Entwurf für ein neues Geschäft an oder die künstlerische Gestaltung eines Architekturmodells, und man sieht einen wunderbar ordentlichen, klaren Raum. So sehen die Planer ihre Schöpfungen am liebsten – ohne Heerscharen von Menschen. Genauso zeigt jede Architekturzeitschrift Ladengeschäfte: leer. Aber dann macht das Geschäft auf, Kunden erscheinen auf der Bildfläche, und plötzlich merkt man, dass die Schlangen vor den Kassen den Laden in zwei Hälften teilen. Die Schlange der Kunden, die zahlen möchten, steht so, wie sich das der Architekt in seinem Elfenbeinturm nie geträumt hätte (seine Frau erledigt die Einkäufe). Aber jetzt haben wir den Salat – ein Wall von Kunden, der andere daran hindert, einen Teil des Ladens gut sehen oder gar betreten zu können. Wenn alle Kunden in der Schlange auch noch einen Einkaufswagen vor sich herschieben, dann bilden sie ein echtes Hindernis. Die meisten anderen Leute, die den Laden betreten, können nicht an der Schlange vorbeisehen, was bedeutet, sie werden vielleicht nie erfahren, dass es die Artikel, die sie suchen, in dem Geschäft wirklich gibt. Wir haben die Bewegungen von Kunden auf verschiedene Weise gemessen, unter anderem, indem wir die Kundendichte pro Abteilung feststellten. Zu jeder vollen Stunde laufen wir durch den ganzen Laden und zählen, wie viele Leute sich in jeder Abteilung aufhalten. In den Geschäften, in denen der Kassenbereich schlecht platziert ist, findet man während der Stoßzeit nur wenige Kunden im hinteren Teil des Ladens. Die Schlange derjenigen, die an der Kasse warten, wirkt wie eine menschliche Barriere.

Von der Schlange an der Kasse auf die Zahl der Käufer im übrigen Laden zu schließen führt oft zu Trugschlüssen. Ein paar wenige zeitraubende Transaktionen können fälschlicherweise den Eindruck vermitteln, der Laden sei überfüllt. Durch die Menschentraube ganz vorn im Laden bleibt verborgen, dass sich dahinter ein wahres Einkaufsparadies auftut, das niemand zu betreten wagt.

Warum machen Einzelhändler so viele Fehler bei einer so elementaren Einrichtung wie den Kassen? Hauptsächlich deshalb, weil ihnen nicht klar ist, wie stark Effizienz in diesem Bereich das ganze Einkaufserlebnis beeinflusst. Für Geschäftsleute kann sich dies als gravierender Fehler erweisen, nämlich immer dann, wenn ein Kunde endlos lange vor der Kasse warten muss und sich schwört, deshalb nie wieder in diesen Laden zu gehen. Sobald die Kunden einmal den Kassenbereich erreicht haben, bemühen sich die Einzelhändler und die von ihnen beauftragten Architekten nicht länger, ihre Kunden zufrieden zu stellen. Es gibt nicht genug Platz, man versucht zu sparen und meistens sind viel zu wenig Kassierer im Einsatz. Spontan kommen mir zwei Fälle in den Sinn, in denen Einzelhändler versucht haben, im Bereich der Kassen zu viele Fliegen mit einer Klappe zu schlagen, was sich letztendlich nachteilig auf das Geschäft ausgewirkt hat.

Ein Beispiel ist die Grußkarten- und Dekorationsartikelkette Hallmark, die natürlich gerade in der Vorweihnachtszeit viele Kunden anzieht. Ein großer Teil des Umsatzes wird mit schicken, teuren Christbaumdekorationen gemacht. Viele dieser Artikel werden verschenkt und ein Großteil davon wird im Laden als Geschenk verpackt. Die gleiche Angestellte, die das Geld kassiert, ist auch für das Einpacken zuständig. Man kann sich vorstellen, was passiert, wenn eine Verkäuferin das Kassieren zwei Minuten lang einstellen muss, um eine Schachtel hübsch einzuwickeln und ein Band darum zu schlingen. In der Vorweihnachtszeit geht es in dem Geschäft schlimmer zu als am Charterflugschalter zu Beginn der Sommerferien. Es sollte eine eigene Theke für das Verpacken von Geschenken geben, doch von Jahr zu Jahr sind es weniger Geschäfte, die bei diesem logischen, aber altmodischen System bleiben. Die Geschäftsführung versucht das Gehalt für eine zusätzliche Angestellte zu sparen und verursacht dadurch einen riesigen Stau an der Kasse. Eine wirklich effiziente Lösung für das Problem wäre ein Stand, an dem die Leute ihre Sachen selbst einpacken können, komplett mit Geschenkpapier, Bändern, Folie, Schere und Tesafilm, aber ohne Angestellte.

Das zweite Beispiel ist RadioShack. Hier wurde die Ware an der gleichen Theke bezahlt und verpackt, an der auch die Reparaturen angenommen und zurückgegeben wurden. Das heißt, die eigentlichen Kunden, die schnell etwas kaufen und dann wieder gehen wollten, wurden durch die vielen anderen Leute aufgehalten, die etwas repariert haben wollten. Das hieß auch, dass der gut gelaunte Kunde, der gerade dabei war, einen Kassettenrecorder oder einen Bildschirm für seinen Computer zu erstehen, Schulter an Schulter neben einer schlecht gelaunten Person stand, die sich über einen fehlerhaften Kassettenrecorder oder Monitor beschwerte – und mitunter hielten beide das gleiche Modell in der Hand. Das Vertrauen der Kunden in die Ware, die sie gerade kaufen wollten, wurde dadurch nicht erhöht. Wir rieten dem Laden, die Theke für Reparaturen und Wartung in einem anderen Teil des Ladens unterzubringen, irgendwo hinten, wo die meisten Kunden sowieso nicht hingehen.

Ich habe ein ganz persönliches Interesse an einer besonderen Form des Kassenbereichs – die Hotelrezeption, an der man mich empfängt und an der ich zahle. Wie viele Leute heutzutage bin ich die Hälfte meines Lebens unterwegs. Aufgrund der Rastlosigkeit des modernen Geschäftslebens blüht das Gastgewerbe. Aber das schwierigste Problem beim Hotelaufenthalt ist noch nicht gelöst worden. Es ist immer die gleiche Situation: Man kommt spätabends an, müde, mit Jetlag, und möchte so schnell wie möglich von der Straße in sein Zimmer gelangen, um noch ein paar E-Mails zu verschicken, zu lesen, zu schreiben, zu telefonieren oder einfach nur den

Zimmerservice zu bestellen und sich einen Film anzusehen. Stattdessen steht man an der Rezeption ewig in einer Schlange, obwohl man doch nur einen Schlüssel braucht, da alles andere im Voraus per Telefon oder durch das Reisebüro geregelt wurde.

Ein Hotel, in dem ich einmal abstieg, war so fortschrittlich, in der Hotelhalle mehrere kleine Rezeptionstische einzurichten, an denen der Gast und ein Hotelangestellter nebeneinander an einem Computerbildschirm sitzen konnten. Das ist immerhin ein Anfang, aber irgendwann wird ein Hotel, das dieses System weiterentwickelt, zum Liebling aller Geschäftsreisenden werden. Es wird dort einen Rezeptionsbereich in der Hotelhalle geben, wo man in bequemen Sesseln sitzen kann. Sobald ein Angestellter jemanden in einem solchen Sessel sieht, wird er mit einem tragbaren Handcomputer zu ihm gehen und ein Kreditkartenlesegerät, einen Zimmerschlüssel und ein Getränk gleich mitbringen. So wird das Einchecken auf sympathische Weise erledigt.

16. Reine Magie

Wenn es im Einzelhandel überhaupt irgendwelche Tricks, irgendeine Magie gibt, dann beim Merchandising. Die vorausgegangenen Kapitel in diesem Buch beschäftigen sich mit Themen wie Ergonomik, menschlicher Anatomie, Kinetik und Demographie. In diesem Kapitel geht es nur darum, wie man es schafft, dass Produkte dem Kunden direkt ins Auge springen.

Zum Merchandising gehören zwei deutlich verschiedene Aspekte. Der eine besteht darin zu versuchen, Ware möglichst weit weg von irgendeinem Regal zu platzieren, auf dem sie unter für alle gleichen Bedingungen mit anderen Produkten konkurrieren müsste. Wer möchte das schon? Daher werden viel Geld und Energie darauf verwendet, um Artikel ganz für sich alleine zu präsentieren. Alle sind sich darin einig, dass

Regale etwas Wunderbares für Büchereien sind, dass man sie aber ansonsten wenn möglich vermeiden sollte. Die Stadtbücherei von Baltimore hat einmal das Experiment gewagt, ein paar Bücher aus dem Regal zu nehmen und offen auszustellen. Die Ausleihzahlen stiegen immens an. Buchhandlungen könnten sich ein Beispiel daran nehmen, denn sie zeigen kaum Phantasie bei der Präsentation der Bücher, abgesehen von einigen wenigen Bestsellern. Der Nachteil wäre, dass man mit diesem System deutlich weniger Bücher in einem Geschäft unterbringen könnte, was sicher zu einem Aufschrei bei den leidgeprüften Autoren und Verlagen führen würde.

Der andere Aspekt des Merchandising ist die hohe Kunst oder sogar Wissenschaft der Nachbarschaften – ein Artikel wird so in der Nähe eines anderen Produktes platziert, dass zwischen beiden eine Beziehung entsteht und mehr von beiden verkauft wird. Die richtige Nachbarschaft kann zu vielen zusätzlichen Abverkäufen führen. Mitunter handelt es sich dabei nur um die typischen Spontankäufe von Waren, die an der Kasse platziert sind, wie Bonbons oder Batterien, die im letzten Moment noch in den Einkaufskorb wandern. Aber zusätzliche Verkäufe kann man überall im Geschäft erzielen. Meiner Meinung nach achten Einzelhändler viel zu wenig darauf und ihr Geschäft leidet darunter. Da Zusatzprodukte meistens hohe Gewinnmargen haben, können sie entscheidend dafür sein, ob ein Laden gerade so überlebt oder ob er floriert. Sie können ein Geschäft, das kurz vor der Pleite steht, zum Erfolg führen. Ich war einmal Mitbesitzer einer Bar in New York, in der die Einnahmen aus dem Musikautomaten, dem Zigarettenautomaten und den Videospielen die Miete deckten. Die Einzelhändler müssen verstehen lernen, dass sie keine neuen Kunden mehr anlocken können – die Bevölkerung wächst kaum noch und es gibt bereits mehr Geschäfte, als wir wirklich brauchen. Üblicherweise kann man sagen, dass ein Geschäft 80 Prozent seines Umsatzes mit 20 Prozent seiner Kunden macht. Wenn ein Laden also einen höheren Absatz erzielen will, muss man sich überlegen, wie man dem vorhandenen Kundenstamm mehr verkaufen kann – wie man die Kunden dazu bringt, häufiger in den Laden zu kommen, länger dort zu bleiben und dadurch auch öfter und mehr zu kaufen.

Das ist der Grund, warum die Kette Gap inzwischen auch Parfüm und Kerzen verkauft. Die Bekleidungskette Hennes & Mauritz verkauft Kosmetik, weil sie (völlig zu Recht) annimmt, dass Frauen sich Make-up überall ansehen, aber ganz besonders in einem Geschäft, das es ohnehin darauf anlegt, sie hübscher zu machen. Auch die Barnes & Noble-Buchhandlung in der Nähe meines Büros hat sich ein Beispiel an den Videotheken genommen, die Popcorn, Chips, Coca-Cola und alle möglichen anderen Sachen verkaufen, die man zum Fernsehen braucht, und bietet nun auch belgische Pralinen an – die richtige Begleitung für den neuen Rosemarie-Pilcher-Roman. (Warum auch nicht? Irgendwo würden die Pralinen sowieso gekauft.) Ich glaube, dass viele Buchhandlungen die Konkurrenz von kreativen Geschäften fürchten müssen, die Bücher als Zusatzartikel verkaufen und denen es nicht mehr um reines Merchandising, sondern um den Verkauf eines ganzen Lebensgefühls geht, wie zum Beispiel die Küchenausstatter, die auch Kochbücher verkaufen. Ich war schon immer der Meinung, Buchhandlungen sollten auch Bücherregale verkaufen – angefangen bei einfachen Sperrholzbrettern bis zu Antiquitäten. Die Gewinnmargen bei Regalen sind hoch und in einer Buchhandlung würden sie zum beweglichen Mobiliar, das den ganzen Laden interessanter macht.

Nehmen wir einmal an, in einem Bekleidungsgeschäft beträgt der durchschnittliche Wert eines verkauften Artikels (ein Hemd) 40 DM. Wenn man den typischen Kunden dazu bewegen könnte, auch ein Paar Socken für acht Mark zu kaufen, dann entspräche das einer Umsatzsteigerung von 20 Prozent. Gar nicht übel! Wenn zum Hemd noch ein Gürtel für 26,50 DM kommt, ergibt das eine Steigerung von 66 Prozent. Genial! Jetzt muss man sich nur noch überlegen, wie sich dieses Ergebnis erzielen lässt. Eine Methode besteht darin, der Kundin sanft, aber deutlich klarzumachen, dass sie für den Geschmack des Einzelhändlers noch viel zu wenig Geld ausgibt: Braucht sie nicht vielleicht doch noch eine

Unterlage für ihre Computermaus? Ein anderer guter Ansatz ist es, die Unterlage einfach neben der Maus zu platzieren, sodass dieses Nebeneinander für sich spricht. Es ist so einfach. Wo platziert man Gürtel? Neben Hosen. Was macht man mit Socken? Man legt sie zu den Schuhen. Tomatensoße? Zu den Teigwaren. Kaufhäuser verkaufen Schlipse sehr erfolgreich im Erdgeschoss, hauptsächlich an weibliche Kunden. Aber Schlipse sollte man auch in der Nähe von Anzügen und Sakkos finden, und überraschenderweise fehlen sie dort sehr häufig. Das ist ein großer Fehler, denn mitunter braucht man ganz einfach eine auffallend bunte Krawatte, um sich vorzustellen, wie man in einem nüchternen grauen Anzug aussehen wird. Außerdem trägt niemand bloß einen Anzug – man braucht ein Hemd, einen Schlips, Socken, Schuhe, Manschettenknöpfe und einen Gürtel, ehe man aus dem Haus gehen kann. Warum sollte man also den teuersten Teil dieses Pakets isoliert von den anderen Artikeln verkaufen. Computergeschäfte stellen sich in dieser Hinsicht noch dümmer an. Üblicherweise stehen die Computer in einer Abteilung, die Drucker in einer anderen, die dazugehörigen Möbel sind in einem dritten Bereich untergebracht und ganz weit weg sind die übrigen Accessoires vom Kabel bis zu den Disketten. Kann man sich eine dümmere, weniger einladende Platzierung vorstellen? Diese Art der Organisation ist für das Lager geeignet, aber nicht für den Laden. Die Waren müssen so gezeigt werden, wie die Leute sie auch nutzen – Computer, Monitor, Drucker und Accessoires, alle verbunden, an die Steckdose angeschlossen und eingeschaltet, dazu die passenden Möbel, damit sich der Kunde hinsetzen kann, um das System auszuprobieren.

Ein ähnliches Problem gibt es im Supermarkt, und es beginnt mit der lebenswichtigen Frage: Wo soll man den Pesto platzieren? Bei den Delikatessen? Dort findet man ihn meistens. Also nicht bei den Teigwaren? Möglicherweise braucht man diese Kombination, um eine Kundin, die sich gerade überlegt, was sie am Abend kochen soll, an den letzten Italienurlaub zu erinnern. Warum gibt es Pesto nicht in beiden Regalen? Und da wir gerade von Kombinationen reden: An

der Fleischtheke wäre der ideale Platz für Paniermehl, Grill-
soßen, Zartmacher, Pfefferkörner und Meersalz, außerdem
für frische Kräuter. In Italien hat die Supermarktkette GS mit
dem Experiment begonnen, Lebensmittel so nebeneinander
zu platzieren, wie man sie für eine Mahlzeit braucht – hier
das Frühstück und dort das Abendessen.

Wie sieht es mit wirklich schwierigen Produkten aus, zum
Beispiel einzeln verpackten Kuchenstücken? Natürlich könnte man sie bei den ganzen Kuchen platzieren, aber warum
sollte jemand, der einen ganzen Kuchen sucht, nur ein Stück
kaufen und umgekehrt? Man könnte die Stücke zu den übrigen Desserts ins Kühlregal stellen. Aber wie wäre es denn mit
einem Stück Kuchen neben der Salatbar, als Belohnung dafür,
dass man sich für eine so gesunde Mahlzeit entschieden hat?
Allein schon diese Platzierung würde verdeutlichen, dass der
Kuchen etwas anderes ist als die übrige süße Masse im Kühlregal für anspruchslose Kindergaumen. In Kapitel 12 habe
ich mich darüber ausgelassen, wie schwer es den Marken-
herstellern von Alufolie fällt, Käufern ein paar Groschen mehr
für bessere Qualität aus der Tasche zu ziehen. Eine Methode zur Überwindung dieses Problems ist besseres Merchandising – im Sommer könnten Supermärkte beispielsweise am
gleichen Stand in der Nähe der Fleischtheke Holzkohle, Grill-
soßen, Einwegschürzen und Alufolie verkaufen. Vor allem
Männer würden höchstwahrscheinlich die komplette Ausrüstung auf einmal in ihren Einkaufswagen befördern, statt sich
die einzelnen Teile stückweise aus verschiedenen Gängen
zusammenzusuchen. In dem Zusammenhang könnten die
besondere Stärke und Strapazierfähigkeit der Markenfolie
auch durchaus wichtig erscheinen.

Wo platziert man im Drogeriemarkt die Probierpackungen
mit Haarwaschmitteln, Spülungen und dergleichen? Üblicherweise gibt es dafür einen eigenen Ständer, aber sie sollten im gleichen Regal stehen wie die Großpackungen der
gleichen Produkte. Möglicherweise ist gar nicht mehr erforderlich, um einen Kunden zum Ausprobieren eines neuen Produktes zu bringen, der davor zurückschreckt, eine große
Packung von etwas Unbekanntem mitzunehmen, nur um he-

rauszufinden, ob er es mag. Der gesunde Menschenverstand sagt uns, dass ein Käufer, der zuerst seine gewohnte Haarwaschmittelmarke aus dem üblichen Regal nimmt, wenig geneigt ist, dann vom Displayständer mit neuen Produkten noch ein anderes Shampoo zu wählen.

Nachbarschaften im Regal haben auch etwas mit Ordnung zu tun, man muss eine logische, vernünftige Reihenfolge für die Produkte finden. Eines schönen Dezembertages beobachteten wir ein Kaufhaus, in dem der Ständer mit Geschenkpapier direkt neben der Eingangstür platziert war. Die Abverkäufe waren gering, weil kein Mensch Geschenkpapier kauft, ehe er nicht das Geschenk hat. Der Ständer wurde an einen anderen Ort gebracht, wo er so ungefähr das Letzte war, was die Kunden sahen, ehe sie zur Kasse gingen, und der Verkauf stieg. Die Warenplatzierung in einem Supermarkt wird so ausgetüftelt, dass Nachbarschaften optimal ausgenutzt werden. Dem liegt der Gedanke zu Grunde, dass ein beliebter Artikel wie Cornflakes in zentraler Position viel zum Abverkauf der anderen Kellogg's-Produkte beitragen wird, die drum herum platziert sind. Da die meisten Menschen Rechtshänder sind, wäre der beste Platz für eine Ware etwas rechts vom Zentrum, damit man möglichst einfach zugreifen kann.

Mitunter sind es aber gerade irrationale Kombinationen, die unsere Aufmerksamkeit erregen. Im Möbelgeschäft gibt es Dutzende von Kommoden, schön ordentlich in Reih und Glied, nichts als Kommoden, eine nach der anderen, wie beim Direktverkauf aus der Fabrik. In einem Einrichtungshaus sieht man die Kommoden als Teil des Mobiliars, man stellt eine neben einen Stuhl, eine andere in eine Ecke, mit einem Spitzendeckchen darauf und einem Bild oder einem Spiegel darüber. Auf einer Kommode habe ich einmal ein altmodisches Glasgefäß mit verchromten Hammerchen gesehen (man stelle sich das vor!). Vielleicht fielen die Hämmerchen einem Kunden ins Auge und er nahm sogar eines davon in die Hand, und plötzlich bemerkte er die Kommode, sah sie zum ersten Mal richtig, und auf einmal wurde ihm klar, die Kommode war nicht nur dazu da, damit man ein Glasgefäß mit Hämmerchen darauf stellen konnte, sondern sie war tatsächlich

Ware, mit einem diskreten Preisschild in einer der Schubladen. Hier wurde das Auge nicht von vierzig Möbelstücken überwältigt, die alle mehr oder weniger gleich aussahen. Hier konnte man sich vorstellen, wie die Kommode im eigenen Heim aussehen würde. Außerdem wurde die Entdeckerfreude geweckt, wenn man in einem Moment Hämmerchen und im nächsten Möbel anschauen konnte – man war nie vor Überraschungen sicher. Jeder kann einem Kunden, der gerade ein Möbelstück sucht, Möbel verkaufen. Man muss sich etwas Besseres einfallen lassen, um Leute zum Möbelkauf zu animieren, die gar nicht auf neue Möbel aus sind. Ich gehe jede Wette ein, dass mehr als eine Kundin, die nur ein paar Spitzendeckchen suchte, mit einer neuen Kommode nach Hause kam.

Sinnvolle Nachbarschaften fallen einem ein, wenn man sich einfach vor einen Artikel stellt und überlegt, was einem spontan durch den Kopf schießt, wenn man ihn betrachtet. In der Abteilung für Malerfarben sollte auch ein Hinweis auf Elektrowerkzeuge vorhanden sein, auch wenn es sich dabei nur um ein Plakat oder ein Faltblatt oder eine einzige Kettensäge auf einem Tisch handelt – wer könnte der Versuchung widerstehen, die in die Hand zu nehmen? Wir wurden gefragt, wie man am besten Computerdrucker verkauft, und wir rieten dem Einzelhändler, dass sie wahrscheinlich am besten nach Herstellern sortiert werden sollten – Hewlett-Packard hier und Canon dort. Dann beobachteten wir, dass Kunden beim Einkauf anders vorgehen; sie möchten alle Drucker miteinander vergleichen, die weniger als 500 DM kosten, sie sind nicht an der Gesamtpalette eines Herstellers interessiert. Wir änderten schnell unsere Empfehlung.

Wer nicht direkt mit dem Einzelhandel zu tun hat, dem ist vermutlich gar nicht bewusst, wie groß die Industrie ist, die das ganze Werbe- und Merchandisingmaterial für die Läden herstellt – Hinweistafeln und -schilder, Displayständer, Schütten für Spontankäufe und noch viel mehr. Das, was heutzutage als Point-of-Purchase oder kurz gesagt PoP-Geschäft bezeichnet wird, angefangen bei Supermärkten über Drogeriemärkte bis zu Baumärkten und Autohandlungen, hat sich in kurzer Zeit immens entwickelt. Werbematerial für die Läden gibt es natürlich schon lange, sei es der Sarotti-Mohr oder die Bärchen der Bärenmarke. Aber seit den frühen achtziger Jahren haben PoP-Werbung und -Merchandising enorm an Bedeutung gewonnen, sie gehören zu den wichtigsten Marketinginstrumenten.

Bis dahin war das Merchandising wirklich das Stiefkind des Marketing. Die Werbeleute entschieden darüber, wie ein Produkt der Welt vorgestellt werden sollte, und den Jungs im Merchandising wurde es überlassen, sich um die Einzelheiten zu kümmern, die den Laden selbst betrafen – also die Displays und die Werbung im Geschäft. Dann haben die beiden Seiten langsam die Plätze getauscht. Den Einzelhändlern wurde nämlich klar, dass die Kunden mehr und mehr ihre Kaufentscheidungen erst vor Ort trafen. Wie ich in einem anderen Kapitel bereits erwähnt habe, zeigen Untersuchungen, dass mehr als die Hälfte der Käufe im Supermarkt spontan und ungeplant getätigt werden. Während sich diese Entwicklung vollzog, verloren die traditionellen Marketinginstrumente an Bedeutung – die Fernsehkanäle verloren ihre überwältigende Dominanz und es wurden andere Möglichkeiten gefunden, Ware zu präsentieren. Statt, wie in der Vergangenheit, ihrer Marke treu zu bleiben, wurden die Konsumenten skeptischer und unabhängiger in ihren Entscheidungen. Infolgedessen mussten sich die Hersteller mehr und mehr auf das Merchandising verlassen, für das die Ausgaben von mickrigen fünf Milliarden Dollar fast über Nacht auf 25 Milliarden stiegen. Traditionell wurde das Merchandising-Material von ursprünglich kleinen (aber heute gar nicht mehr so kleinen) Firmen im Familienbesitz produziert, das heißt, es war nicht besonders hoch entwickelt oder raffiniert, aber es hatte Biss und es hatte Pep. In dieser Branche findet man die Abenteurer, und ich meine das durchaus positiv. Da Merchandising noch relativ jung ist, haben die Leute, die in diesem Bereich tätig sind, noch eine Menge zu lernen und sie lernen es in der Praxis. Tatsache ist, dass ein großer Teil unserer Arbeit während der letzten zehn Jahre darin bestand, die Wirkung von Ladenwerbung, Hinweistafeln, Ständern und

Displays zu testen, zu messen und herauszufinden, was funktioniert und warum es funktioniert.

Hier ein Beispiel für geschicktes Merchandising und die Illusionen, die es wie Kaninchen aus dem Hut zaubern kann: Vor einiger Zeit hörte ich mir ein Referat an, das die Leiterin der Merchandising-Abteilung einer USA-weiten Kette von Damenoberbekleidungs-Geschäften für junge Frauen hielt und in dem sie erläuterte, wie eine bestimmte Sorte T-Shirts an die Frau gebracht wird. »Wir kaufen sie in Sri Lanka für drei Dollar pro Stück. Wir transportieren sie hierher und nähen Waschanleitungen in die Shirts, und zwar auf Französisch und Englisch. Bitte beachten Sie, dass wir nie sagen, die Ware würde in Frankreich hergestellt. Aber wer möchte, kann das annehmen. Dann strengen wir uns bei der Präsentation der Ware an – wir falten die Shirts sorgfältig und arrangieren sie auf einem attraktiven Tisch, und an die Wand dahinter hängen wir das Hochglanzfoto einer schönen Frau in exotischer Umgebung, die eines dieser Shirts trägt. Wir fotografieren sie so, dass ein Image von Reichtum und Luxus suggeriert wird. Wir verkaufen das T-Shirt für 37 Dollar. Und wir verkaufen sehr viele davon.« Es war die deprimierendste Lektion, die ich jemals gelernt habe.

Autohandlungen sind wirklich kein gutes Beispiel dafür, wie Merchandising funktionieren sollte, aber man kann von ihnen lernen, was man nicht tun darf. Wir untersuchten eine Importwagen-Handlung, die Stoff genug für ein BWL-Seminar geliefert hätte.

Die Verkäufer überschütteten die Kunden mit Produktinformation, gaben ihnen aber keine Mappen oder Taschen dafür, sodass man eine Menge loser Blätter mit sich trug, während man den Vorführraum inspizierte. Es gab eine Menge Ständer für Broschüren, aber sie waren leer, was ein Problem darstellt, nicht etwa weil Kunden so an Broschüren interessiert sind, sondern weil leere Ständer den (durchaus korrekten) Eindruck vermitteln, dass sich in diesem Laden niemand um solche Details kümmert. Einseitig bedruckte Plakate waren innen und außen an die Fenster geklebt, sodass man auf jeder Seite eine Menge leerer weißer Rechtecke zu sehen bekam. Auf einem Schild wurden die neuen Modelle angekündigt – allerdings die neuen Modelle des Vorjahres. Dagegen waren die Auszeichnungen und Diplome, die der Autohändler vom Hersteller erhalten hatte, an prominenter Stelle aufgehängt – genau die Sorte Information, die Konsumenten zum Gähnen bringt. Das Buch, in dem sich Kunden über die verfügbaren Farben für jedes Modell informieren konnten, war das totale Chaos – ein Heft mit Spiralbindung, mit Tesafilm ausgebessert. Anstelle eines Fotos vom Auto in allen möglichen Farben gab es für die Farben nur ein winziges Musterbuch, das eher für die Auswahl von Vorhängen geeignet schien. Hinweistafeln, die über den Autos hängen sollten, lagen stattdessen auf Tischen. Positive Berichte über die einzelnen Modelle waren aus Zeitungen ausgeschnitten worden, aber man hatte sie einfach an die Wände geklebt, statt sie schön zu präsentieren. Ein paar der Ausschnitte waren inzwischen verblichen und begannen sich an den Rändern aufzurollen. Alles das soll dazu dienen, einen Kunden zu einer Ausgabe zwischen 12 000 und 60 000 Dollar zu bewegen!

Es sind durchaus nicht nur die Einzelhändler, die das Design und den Einsatz von Merchandising-Material ruinieren. Häufig werden schon Fehler gemacht, ehe das Material überhaupt in die Läden kommt, und zwar von den Firmen, die es entwerfen und herstellen (und dann an bedauernswerte Einzelhändler verkaufen), und oft sind es Fehler, die sich leicht vermeiden ließen, wie zum Beispiel Displaymaterial aus unbeschichtetem Karton herzustellen. Wir beobachteten, wie ein Ständer aus Karton für Sonnenschutzmittel an einem Freitagnachmittag in einem Drogeriemarkt ankam. Sofort wurde er aufgestellt und der Abverkauf war gut. Dann kam die Putzkolonne und tat, was alle Putzbrigaden tun: Sie wischte den Fußboden, ohne nun alles, was auf dem Boden stand, zur Seite zu räumen. Der Ständer für Sonnencremes wurde unten etwas nass. Am Samstagnachmittag hatte er schon eine gewisse Schlagseite. Nachdem der Fußboden am Samstagabend wieder aufgewischt worden war, neigte sich der Ständer bedenklich. Nach dem nächsten Verkaufstag landete er im Müll.

Häufig macht sich auch niemand Gedanken darüber, wie ein Display wohl aussehen wird, wenn die Hälfte der Ware daraus verkauft worden ist. Wird die verbleibende Ware immer noch attraktiv aussehen oder eher wie vernachlässigte Restposten? Was sieht der Kunde, wenn er eine Flasche mit Ketchup oder sonst etwas weggenommen hat – braunen Karton oder irgendeine Botschaft oder gar ein hübsches Foto der Flasche? Das macht schon einen Unterschied.

Noch eine wichtige Frage: Kann man die Schrift aus sechs Meter Entfernung lesen? Wenn ein Display nur funktioniert, wenn man direkt davor steht, erfüllt es seine Aufgaben nur zur Hälfte. Ist die Rückseite bedruckt oder unbedruckt? Wie sieht es mit den Seiten aus? Wer auch immer das Display entwirft, hat keine Ahnung, wie es jeweils in einem Laden aufgestellt werden wird, und kann daher nie sicher sein, welche Seite die Kunden zuerst sehen werden (vorausgesetzt, sie bekommen das Ding überhaupt zu Gesicht).

Frei stehende Displayständer und Displays am Ende von Gängen sind aus dem amerikanischen Einzelhandel nicht mehr wegzudenken. Ob sie erfolgreich sind oder nicht, hängt davon ab, wie effektiv sie sind, wenn man sie im Laden aufgestellt hat. Genau wie bei Hinweistafeln und Postern kann man nicht im Voraus sagen, ob sie gut oder schlecht sind, man muss ihre Wirkung vor Ort betrachten. Der neueste Trend beim Display-Design sind die so genannten aktivierten Ständer – also solche, die Bewegung verwenden, meistens bewegte Lichter, die an und aus gehen, um die Aufmerksamkeit der Kunden zu erregen. Unsere Studien haben einige bemerkenswerte Ergebnisse erbracht: Die aktivierten Kühlschränke für Erfrischungsgetränke wurden von 46 Prozent der Kunden bemerkt, die normale Ausführung von nur 6 Prozent. Ein aktivierter Displayständer am Ende eines Ganges fiel 37 Prozent der Konsumenten auf, verglichen mit nur 16 Prozent, die von dem herkömmlichen Ständer Notiz nahmen. Aber ab einem gewissen Punkt heben sich die Effekte der einzelnen Displays gegenseitig auf. Es gibt so viele, die um die Aufmerksamkeit der Kunden werben, dass sie auf einmal nur noch als große bunte Masse wahrgenommen werden, ohne dass man in dem allgemeinen Durcheinander noch etwas klar erkennen könnte. John Wanamaker, der Gründer einer der ersten Kaufhausketten in Amerika, sagte einmal (ich gebe seine Worte frei wieder), dass die Hälfte der Werbung, die er mache, reine Verschwendung sei – aber er sei sich nicht sicher, welche Hälfte. Heutzutage kann man das Gleiche vom Merchandising und dem dafür verwendeten Material sagen, wie das folgende Beispiel illustriert.

Einer von Amerikas größten Lieferanten von Gewürzen hatte beschlossen, ein schickes neues Display zur Präsentation seiner Produkte in Supermärkten aufzustellen. Auf Anraten einer bedeutenden PoP-Agentur sollten einige Millionen Dollar für die neuen Displays ausgegeben werden. Der Prototyp war wunderbar; die Ware war in verschiedene Kategorien aufgeteilt, Gewürze, Extrakte, Essenzen und Aromen, eine Einteilung, die noch nie zuvor erfolgreich durchgeführt worden war. Heutzutage werden in jedem Supermarkt zahlreiche Schlachten geführt: Auf dem Markt für Gewürze gab es zwei Kontrahenten, und es sah so aus, als würde die Neuentwicklung dem Marktführer den entscheidenden Vorteil auf diesem Kriegsschauplatz verschaffen.

Der Prototyp wurde in die Firmenzentrale gebracht, damit ihn alle begutachten konnten, und hier waren alle, die dafür verantwortlich waren, begeistert. Also schaffte man das Modell in die Läden, wo es keinerlei positiven Effekt auf die Verkäufe hatte.

Es wirkte sich auch nicht negativ auf die Verkäufe aus, was immerhin erfreulich war, aber trotz aller Kosten für die Neuentwicklung war sie nicht erfolgreicher als die alten Displays, die sie ersetzen sollte. Was war schief gegangen? Erstens war die Einteilung in dem Display in Gewürze, Extrakte, Essenzen und Aromen für den Konsumenten völlig sinnlos. Wen interessiert das schon? Wichtig ist, wie der Artikel mein Essen würzt, wie er schmeckt und wie er riecht. Was genau mache ich mit Kurkuma? Wie verwende ich Rosmarin beim Brathähnchen? Man könnte Menschen eine ganze Menge über Gewürze erzählen und einiges davon könnte sie vielleicht sogar dazu verführen, mehr Gewürze zu benutzen. Wie riecht

Safran? Ein Display, das diese Frage beantworten könnte, wäre ein echter Fortschritt gewesen, aber unser Prototyp war das nicht. Die Displays waren ein Augenschmaus, wenn man sie vor dem einfarbig grauen (oder beigen?) Hintergrund in der Firmenzentrale sah, aber das wirbelnde, wogende, schwindlig machende Durcheinander in einem Supermarkt war etwas völlig anderes. Es ist gar nicht so einfach, in einem Umfeld bemerkt zu werden, wo selbst Kellogg's leicht übersehen wird.

Vielleicht ist es tatsächlich Zeit für ein neues Display für Gewürze. Aber bei der Entwicklung des Prototyps waren von Anfang an Fehler gemacht worden. Die wichtigsten Entscheidungen darüber, wie die Produkte eines Unternehmens im Laden präsentiert werden sollen, werden von der Firma selbst und drei außenstehenden Agenturen getroffen – der Werbeagentur, den Designern für das Verpackungsmaterial und der PoP-Agentur, die üblicherweise keinen Einfluss darauf hat, was die beiden anderen entscheiden und bestimmen. Alle drei Agenturen haben ihre eigenen Pläne und Prioritäten, die herzlich wenig damit zu tun haben, was geschieht, wenn das Display schließlich im Laden landet. Solange die vielen unterschiedlichen Pläne nicht durch einen einzigen praktischen und vernünftigen ersetzt werden, wird noch viel nutzloses Displaymaterial aufgestellt werden.

Noch eine letzte Geschichte. Ein wohl bekannter Hersteller von Erfrischungsgetränken hatte gerade eine Menge Geld für neue Displayständer für Supermärkte ausgegeben und beauftragte uns, den Prototyp zu testen. Als ich mit einer Kundin vor einem der Geschäfte ankam, schauten wir zunächst durchs Fenster hinein und sahen einen ganzen Stoß von Getränkekisten, die auf dem Fußboden standen – ein riesiger, leuchtender, einfarbiger Berg von Erfrischungsgetränken.

»Ich frage mich, warum sie das hier so stehen lassen«, sagte meine Kundin. »Es sieht wirklich unordentlich aus.« Ehe sie den Geschäftsleiter bitten konnte, die Getränkeflaschen sauber in den Ständer zu stellen, bat ich sie, das gegebene Arrangement einen Tag lang filmen zu dürfen. Unseren Ergebnissen nach zu urteilen, fiel 60 Prozent der Kunden der

Kastenberg auf, ein wesentlich höherer Aufmerksamkeits-
grad, als irgendein Displaymaterial des Getränkeherstellers in
einem Laden jemals erzielte. Ganz offensichtlich war dieser
große Farbklecks genau das Richtige, um die Kunden zu ban-
nen.

17. Einkaufen im Cyberspace

Man kann jemanden im Internet treffen. Man kann sich im
Internet verlieben. Man kann sogar im Internet den Bund fürs
Leben schließen.

Folglich war es unausweichlich, dass jemand auf die Idee
kommen würde, man könne im Internet auch einkaufen. Wie
in der Liebe braucht man auch zum Einkaufen zwei, einen
Käufer und einen Verkäufer, aber im Internet wird daraus
durch die Einbeziehung des Cyberjockeys eine Dreiecksbe-
ziehung. Die ersten beiden wollen nach wie vor ungefähr das
Gleiche wie im wirklichen Laden: Der Kunde möchte eine
große Auswahl vorfinden, bequem einkaufen und einen akzeptablen Preis, alles Elemente eines erfreulichen Einkaufserlebnisses; die Ladenbesitzer möchten verkaufen, Ge-winne
erzielen und auf kostengünstige Weise mit neuen Kunden in
Kontakt kommen. Welches Spiel der Cyberjockey spielt, ist
schwerer zu durchschauen, und sei es nur, weil es für uns ganz
neu ist. Er (oder sie, aber es scheint immer ein »er« zu sein)
ist natürlich dazu da, den Handel übers Internet zu ermöglichen und zu erleichtern, aber er hat noch eine viel wichtigere Mission.

Diese Mission werde ich in Kürze erläutern, aber zuerst
möchte ich mit einem Bild beginnen. Es hat mit den Grenzen
zu tun, die uns bei fast jeder Website gesetzt sind, über die
wir Transaktionen tätigen können: Nur wenige Websites
geben uns die Chance, festzustellen, ob ein bestimmter Artikel in einem Laden in unserer Nähe vorrätig ist, diesen Artikel zu bestellen, zu bezahlen und dann persönlich in das

Geschäft zu gehen, um die Ware abzuholen. Mit anderen Worten, der Einkauf als eine Mischung aus Realität und Cyberspace ist selten möglich. Stellen wir uns einmal vor, wir besuchten die Website einer wohl bekannten Kette für Oberbekleidung, die im ganzen Land viele Geschäfte hat – beispielsweise C&A, die inzwischen einen Internet-Laden eröffnet haben. Man tippt seinen Namen ein, die E-Mail-Adresse und die Postleitzahl und dann die Anfrage: »Ich brauche ein Paar khakifarbene Kordhosen, Größe 52, mit Aufschlag, und ein schwarzes T-Shirt mit V-Ausschnitt, Größe M. Gibt es die in einem Geschäft in meiner Nähe?« Man schickt die E-Mail ab und etwa eine Stunde später kommt die Antwort: »Unser Geschäft in der Paco-Straße Ecke Underhill Avenue hat die gewünschte Ware auf Lager, wir werden die von Ihnen angegebene Kreditkarte mit der Transaktion belasten, Ihre Rechnung und die verpackte Ware werden in einer halben Stunde an der Abholtheke direkt neben dem Eingang für Sie bereitliegen. Vielen Dank, dass Sie bei uns eingekauft haben. Brauchen Sie nicht vielleicht auch noch einen braunen Ledergürtel, damit die Hosen nicht rutschen?«

Das klingt eigentlich recht einfach. Vom Standpunkt desjenigen, der die Website entwickelte, scheint es einfach zu sein, auch vom Standpunkt des Einzelhändlers, und für den Kunden bedeutet es einen echten Vorteil, weil es ihm zumindest das langweilige Schlangestehen an der Kasse erspart. Vermutlich würde man auf diese Weise nie einen Designeranzug kaufen, aber irgendwelche standardisierten Artikel – Bücher, CDs, Büromaterial, Haushaltswaren, Computer-Hardware, Einheitskleidung – sind für diese Verkaufsmethode hervorragend geeignet.

Der ganze Ablauf dieser Transaktion ist bekannt – der Computer des Kunden redet mit dem Computer des Geschäfts, dann tritt jemand in dem Geschäft in Aktion. Genau das haben Menschen früher am Telefon erledigt. Der einzige Unterschied besteht darin, dass statt der Computer, die sich miteinander unterhalten (über die gleichen Telefonleitungen, die schon unsere Großmütter nutzten), damals der Kunde selbst mit einem Verkäufer sprach, der nachsah, ob die gewünschte Ware vorrätig war, und sie dann zum Abholen bereitlegte. Auf diese Weise konnte man in Amerika schon im Jahre 1938 einkaufen, wenn nicht gar früher.

Warum bieten, von wenigen Ausnahmen abgesehen, die Websites der Einzelhändler nicht einen so einfachen, aber nützlichen Service? Vermutlich aus einem Grund, der mit dem Geschäftsleben nichts zu tun hat: Weil es zu einfach wäre. Weil dieser Service für das System im Hintergrund der Show keine echte Herausforderung darstellt. Weil man den Eindruck hat, es sei nichts Neues. Die Notwendigkeit, dass ein Kunde tatsächlich in ein richtiges Geschäft marschiert, geht den Cyberjockeys gegen den Strich und sie bestimmen das Einkaufen im Internet. Diese Jungs scheinen dem Cyber-Kult anzuhängen und das Evangelium dieses Kults befiehlt, die physische Welt, wo auch immer man ihr begegnet, zu eliminieren. Sie sind der festen Überzeugung, dass jemand, der das Bedürfnis verspürt, sich vom Computerbildschirm zu lösen, aus der Tür und in ein Geschäft zu gehen, sein Modem lieber jemandem überlassen sollte, der es wirklich verdient. Die Magier, die Online-Sites für den Einzelhandel kreieren, entwickeln, überwachen, warten und zum Laufen bringen, könnten mühelos solch einfache Transaktionen wie die oben erwähnte ermöglichen, aber warum sollten sie? Die Tatsache, dass dies für den Handel eine prima Idee wäre, genügt nicht. Warum ist die Internet-Gemeinde wohl so vernarrt in den Gedanken, dass man Software, Bücher, CDs und Videos über das weltweite Netz verkaufen kann? Weil man, statt physische Güter tatsächlich auszuliefern, alles dies in naher Zukunft einfach aus dem Internet runterladen kann, sodass sich der Konsum in rein digitaler Form abspielen wird.

Und das ist echt cool, oder? Doch solange es sich auf diese Art von Verkäufen beschränkt, wird das Internet niemals eine echte Konkurrenz für den realen, physisch vorhandenen Laden werden. Die Cyberjockeys und Zukunftsforscher werden dieser Meinung nicht zustimmen. Sie können sich nicht daran erinnern, dass man vor etwa zehn Jahren damit rechnete, dass Kataloge das herkömmliche Einkaufen ersetzen würden. Hauptsächlich aufgrund der Tatsache, dass berufstätige Frauen es gerne bequem haben, machten Versandhäuser dem Einzelhandel das Leben schwer. Aber es ist dem Versandhandel niemals gelungen, mehr als etwa zehn Prozent des Einzelhandelsumsatzes an sich zu reißen, was ein gewaltiger Erfolg war, egal, wie man es misst und betrachtet. In mancher Hinsicht stellt der Einkauf übers Internet eine Verbesserung der Einkäufe per Katalog dar, aber nicht in jeder Hinsicht. Das Internet arbeitet schneller und ist praktischer, außerdem kann es mehr Waren zeigen und mehr Information zur Verfügung stellen; in Katalogen gibt es dagegen weniger Funktionsstörungen, man kann die Seiten schneller umblättern, die Fotos sind besser und außerdem kann man in einem Pendlerzug oder auf der Toilette nicht im Internet einkaufen. Das Internet wird auch die Kataloge nicht völlig verdrängen. Man schätzt, dass heutzutage etwa zwei Promille des amerikanischen Einzelhandelsumsatzes über das Internet getätigt werden. Selbst wenn der Handel über das Internet doppelt so erfolgreich sein wird wie der Versandhandel, werden immer noch 80 Prozent der Käufe in der realen Welt getätigt werden.

Trotz allem hege ich keinen Zweifel daran, dass das Internet die Einkaufswelt verändern wird. Einige Schätzungen sagen voraus, dass im Jahr 2002 bereits 61 Millionen Amerikaner übers Internet einkaufen und dass sie dabei etwa 41 Milliarden Dollar ausgeben werden. Je älter wir werden, umso wichtiger wird die Bequemlichkeit und Leichtigkeit, mit der wir im Internet einkaufen können, und anders als die heutigen Senioren werden sich die Alten von morgen hervorragend im Internet auskennen. Wir sollten uns also daran gewöhnen, dass das Internet die Art und Weise verändern wird, wie Hersteller und Einzelhändler Geschäfte machen. Diejenigen Firmen, die das neue Handwerkszeug verstehen und gut einzusetzen wissen, werden gegenüber denjenigen, die es nicht verstehen, im Vorteil sein. In manchen Fällen mag dieser Vorteil sogar über das Überleben eines Unternehmens entscheiden.

Ein Cyberladen könnte im Vergleich zu einem richtigen, realen Geschäft einiges bieten:

Unbegrenzte Auswahl: Zumindest theoretisch könnte man eine Website für den Einzelhandel schaffen, über die man alle Arten von Waren verkaufen kann. Eine Großbuchhandlung kann eine Titelpräsenz von über 100 000 Einzeltiteln haben, während die Online-Buchhandlungen die Zahlen, mit denen sie prahlen, ständig erhöhen – 2 Millionen Titel, dann 3 Millionen, inzwischen gar 5 Millionen, die sie »auf Lager« haben, obwohl nur die Tatsache, dass es eben kein Lager, keine Lagerarbeiter und auch keine Lagerware gibt, diese riesige Auswahl möglich macht.

Bequemlichkeit: Man kann von zu Hause aus einkaufen, vom Büro, von überall dort, wo es eine Steckdose und eine Telefonbuchse gibt. Man kann zu jeder Tageszeit und an jedem Wochentag einkaufen. Man kann das Geschäft binnen Minuten erreichen. Man muss sich nie einen Parkplatz suchen. Man muss keinen Mantel anziehen. Man braucht *überhaupt nichts* anzuziehen.

Geschwindigkeit: Man kann sich ins Internet einwählen, wann immer man möchte (vorausgesetzt, die Verbindung kommt zustande, was in Stoßzeiten nicht immer der Fall ist), und selbst das Tempo bestimmen, mit dem man sich bewegt (vorausgesetzt, die einzelnen Seiten werden schnell geladen, was nicht immer der Fall ist, egal, zu welcher Zeit man sich einwählt), dann ruck, zuck die Bezahlung erledigen – in manchen Fällen mit einem einfachen Mausklick. Natürlich gibt es jetzt auch keine freundlichen Gespräche mit der Kassiererin mehr, andererseits steht man sich in der Schlange auch nicht mehr die Beine in den Bauch.

Information: Über den Online-Anschluss kann man sich Berge von Produktinformation und sonstigen Lesestoff beschaffen und dann speichern, alles binnen weniger Augenblicke, viel mehr, als man in der Realität an Broschüren und Handbüchern mitschleppen beziehungsweise an Wissen und Erfahrung aus einem Verkäufer herausquetschen könnte.

Bisher funktioniert das Internet am besten für Waren, über deren Kauf man etwas nachdenken muss, die man aber nicht so genau anschauen, anfassen oder ausprobieren muss. Das Internet ist hervorragend für den Aktienhandel geeignet und es ist schuld daran, dass die Provisionen der Börsenmakler einen Tiefpunkt erreicht haben, was für den Käufer natürlich ein zusätzlicher Vorteil ist. Es ist auch sehr praktisch, sich Flugtickets online kaufen zu können. Es ist einfach, Bücher, CDs und Videofilme online zu kaufen. Außerdem ist e-Commerce praktisch für Geschenke – Lebensmittel, Wein und Blumen, sogar Kleidungsstücke, da man vermutlich sowieso nicht plant, den BH, den man seiner Frau zu Weihnachten schenken will, vorher anzuprobieren. Die beliebteste Website in Amerika, über die Transaktionen laufen, ist diejenige, über die man elektronische Grußbotschaften durchs Internet verschicken kann. Das Internet-Geschäft mit Computer-Hardware und -Software blüht, was einen nicht wundert, wenn man sich einmal das Profil des typischen Cyberspace-Käufers vor Augen hält (allein stehend, männlich, mit Hochschulabschluss, zwischen 30 und 40 Jahre alt, mit einem Jahreseinkommen von etwa 60 000 Dollar). Viele Käufer gehen erst in ein richtiges Geschäft, finden heraus, was sie wirklich wollen, und suchen sich das Produkt dann im Internet zu einem niedrigeren Preis. Irgendwann werden viele Artikel auf diese Weise verkauft werden, vor allem teure, standardisierte Produkte wie Armbanduhren, Matratzen und Haushaltswaren, bei denen hohe Rabatte einen immensen Preisunterschied bedeuten. Wirklich motivierte Käufer werden einen Tag lang durch die Geschäfte gehen, ihre Wahl treffen, dann nach Hause zurückkehren, sich ins Internet einwählen und von einem Händler kaufen, dessen Preise niedrig sind, weil er keine Miete bezahlen muss, keine Betriebskosten, keine Versicherung und keine Gehälter. Im Internet wird der Kampf ausgetragen werden zwischen dem reinen e-Commerce und den Einzelhändlern mit einem tatsächlichen Geschäft, die auch eine Website betreiben. Die zweite Gruppe wird nicht einmal in der Lage sein, durch niedrige Preise zu konkurrieren, wenn sie den eigenen Läden nicht Konkurrenz machen will.

Aber: Kann man online den Duft eines reifen Pfirsichs einatmen? Kann man rein zufällig einen Schuh entdecken, der sich so gut trägt, dass man aus einer Laune heraus gleich drei

Paar davon kauft? Während man für die Lebensmittel online bezahlt, kann einen da ein Display-Ständer auf einmal daran erinnern, dass man noch Pfefferminzbonbons kaufen wollte? Es gibt drei wichtige Dinge, die nur wirkliche Geschäfte ihren Kunden bieten können:

Berühren, Probieren oder sonstige Sinneswahrnehmungen;
Vergnügen oder Genuss auf der Stelle;
Soziale Interaktionen.

Diese drei Aspekte haben nichts mit der regulären, geplanten Beschaffung von Waren zu tun, sind aber mit dem Erlebnischarakter und den sinnlichen Aspekten des Einkaufens eng verbunden – die ganz gewöhnlichen, alltäglichen Vergnügen, die normale Menschen so sehr schätzen, Cyberjockeys aber verachten. Deshalb sind sie ja auch Cyberjockeys geworden.

Natürlich müssen weder Käufer noch Verkäufer Vollbürger der schönen neuen Welt werden, um ihre Vorteile genießen zu können. Unsere Haltung den Cyberjockeys gegenüber sollte die gleiche sein wie reinen Vegetariern gegenüber: Wir verstehen, dass eine rein pflanzliche Ernährung sehr gut für den Menschen sein kann, aber wir selbst möchten nicht so weit gehen. Wir schließen einen Kompromiss: Statt fünfmal in der Woche Fleisch zu essen, verspeisen wir es nur noch zweimal und betrachten uns als halbwegs perfekte Menschen.

Aufgrund des missionarischen Eifers der Cyberjockeys und ihrer eigenen Verliebtheit in die moderne Technik haben viele Einzelhändler Websites installiert, ohne genau zu wissen, warum. Manche befürchten ganz einfach nur, dass sie, wenn sie nicht bald im Internet vertreten sind, irgendetwas verpassen. Möglicherweise ist ihnen gar nicht in den Sinn gekommen, dass es einen Grund für das Anlegen einer Website geben sollte – dass es irgendetwas geben muss, was sie mit der Website erreichen wollen. Sie wussten nur, dass alle anderen auch eine hatten und dass alle die schlauen Köpfe im Fernsehen so davon sprachen, als ob wirklich jeder eine haben müsste. Aber grundlos eine Website zu haben oder eine zu haben, ohne zu wissen, was man damit machen soll, oder eine Website zu haben, aber weder die Zeit noch das Geld noch das Personal, um sie angemessen zu warten, ist schlimmer, als gar keine Website zu haben, und zwar aus einem ganz einfachen Grund: Wenn jemand im Internet surft und eine Website aufsucht und diese verwirrend, vage oder einfach nutzlos findet, dann wird er sie nie wieder anschauen.

Manche Einzelhändler richten absichtlich keine Website ein, und zwar aus einem ganz bestimmten Grund: Sie fürchten, dass Internet-Verkäufe den Abverkauf aus ihren realen Geschäften kannibalisieren könnten. Diese Leute denken falsch. Der Denkfehler besteht nicht in der Annahme, Online-Verkäufe würden zu Lasten der Verkäufe aus ihren Läden gehen – das wird passieren. Aber das ist gut und nicht schlecht. Es ist billiger, eine Website zu unterhalten als ein Ladengeschäft. Wenn man also einige Transaktionen vom Laden ins Internet verlagern kann, reduziert man Kosten. Irgendwann wird es dann vielleicht sogar möglich sein, die Anzahl der Läden zu verringern, aber dank des Internets den Umsatz trotzdem zu steigern. Die Banken profitieren davon, dass sie viele Transaktionen automatisiert haben, die früher am Schalter erledigt wurden. Auch Läden können Vorteile aus diesem System ziehen.

Zunächst muss man allerdings entscheiden, was man mit einer Website wirklich erreichen will. Für ein Geschäft kann sie vier verschiedene Aufgaben übernehmen:

1. Sie kann für das Unternehmen werben und das Image der Firma fördern, indem Pressemitteilungen, neueste (natürlich positive) Zeitungsartikel über das Unternehmen, Produktinformationen und sonstige Marketingdaten auf der Website zur Verfügung gestellt werden. So nutzen Hersteller herkömmlicherweise das Internet, denn ein Verkauf über das Netz würde in ihrem Fall bedeuten, dass sie mit den Händlern in Wettbewerb treten, die ihre Produkte vertreiben. Üblicherweise ist man sich in einem Unternehmen darüber einig, dass ein Surfer, der sich im Internet an eine Suchmaschine wendet und den Firmennamen eintippt, in

der Fülle des Materials auch Informationen über die offizielle Firmenpolitik finden sollte. Eine solche Website ist auch eine Art von Werbung, allerdings momentan im Vergleich zur Fernseh- oder Anzeigenwerbung noch keine besonders effektive.

2. Sie kann Surfer darüber informieren, was das Unternehmen herstellt (oder vertreibt), umfangreiche Details über die Produkte liefern und eine Liste über alle Orte bereitstellen (oder gar eine Verbindung dazu herstellen), wo man diese Waren kaufen kann.

3. Sie kann eine verkleinerte Online-Version des Ladens sein und einige Produkte zum Kauf anbieten – die eher standardisierte Ware, die sich leicht über das Internet einkaufen lässt –, um eine Art Platzhalterfunktion für das Unternehmen im Internet zu übernehmen.

4. Sie kann eine virtuelle Version des ganzen Ladens sein. Sie kann genau genommen die einzige Version des Ladens sein, wenn man nur e-Commerce betreibt und ausschließlich über das Netz verkauft.

Entsprechend diesen vier Funktionen gibt es vier Hauptgründe, warum Leute sich in virtuellen Läden umsehen:

Der erste Grund ist, dass es schnell geht. Das trifft vor allem auf die Websites zu, über die man Bücher und CDs kaufen kann – man sucht etwas ganz Bestimmtes, als Geschenk oder für einen selbst, man findet es schnell, bestellt es schnell und verlässt die Website wieder.

Der zweite Grund, sich eine Website anzusehen, ist, dass man sowieso schon im Internet ist und ein paar Minuten Zeit hat. Vielleicht kauft man etwas, vielleicht auch nicht, je nachdem, was man findet. Irgendetwas kann man immer brauchen.

Drittens möchte man vielleicht Informationen vor einem Kauf (übers Netz oder nicht) sammeln, ein paar Broschüren und technische Beschreibungen.

Der vierte Grund ist für diejenigen wichtig, die weder etwas kaufen noch sich umsehen wollen, die aber mit einer Firma aus irgendeinem Grund in Kontakt kommen möchten, beispielsweise, um eine Frage hinsichtlich eines Produktes zu stellen, das sie bereits besitzen, oder um sich zu beschweren. Diese Leute nutzen das Internet statt der kostenlosen Telefonnummer, die sie bei den meisten Unternehmen anrufen könnten, da sie wissen, dass es schneller geht, eine E-Mail zu schreiben als am Telefon zu warten.

Irgendwo an der Schnittstelle zwischen den beiden obigen Listen findet man den Grund für virtuelle Läden und ihr Potenzial. Wenn man von diesen abstrakten Erwägungen einmal absieht, muss man zugeben, dass die interaktiven Websites an Steinzeitläden erinnern. Das Design der meisten ist schlecht, sie sind ungünstig strukturiert und tragen der natürlichen menschlichen Bewegung durch irgendwelche Räume, auch die virtuellen, in keiner Weise Rechnung. Natürlich steckt das ganze System noch in den Kinderschuhen. Es gibt noch nicht genug Websites und es gibt sie erst so kurze Zeit, dass noch keine klaren Regeln und Standards für ihr Design und die Art, wie man sie am besten benutzt, eingeführt werden konnten. Niemand, der für ihre Entwicklung zuständig ist, hat all die Probleme konsequent durchdacht, mit denen wir beim Einkauf konfrontiert werden. Manche Schwierigkeiten haben sicherlich damit zu tun, dass die Designer keine Einzelhändler sind. In fünf oder zehn Jahren wird das virtuelle Einkaufen ganz anders funktionieren, aber bis dahin ist noch ein langer Weg. Wenn ich mich jetzt über ein paar Websites auslasse, werde ich nicht einmal Namen nennen, denn ich bin sicher, dass alle diese virtuellen Läden schon wesentlich besser sein werden, wenn dieses Buch erscheint.

Der folgende Fehler passiert recht häufig und würde in einem richtigen Laden niemals auftauchen: Viele Websites machen nicht deutlich, was sie können und was sie nicht können. Mit Hilfe der Suchmaschine Yahoo! haben wir Websites von Einzelhändlern gefunden, über die nicht verkauft wurde. Das scheint ein Widerspruch in sich zu sein, auf jeden Fall demonstriert es einen Mangel an Selbstvertrauen oder Ehrgeiz. Diesen Websites scheint es im Moment zu genügen, dass sie einfach da sind und etwas Produktinformation liefern. Manche großen Ketten haben Websites, über die man bestimmte Artikel nicht kaufen kann, was sicherlich viele potenzielle Käufer frustrieren wird. Es gibt einige Websites, die dem Verkauf von Neuwagen gewidmet sind, und es dauert eine Weile, bis man feststellt, dass man die Autos nicht übers Internet kaufen kann. Man arbeitet sich Stück für Stück vorwärts und gibt an, was man alles von dem neuen Auto erwartet – Marke, Modell, Farbe, optionale Extras, Preis und so weiter. Aber nach all der Plackerei tut die Website nichts weiter, als einen Händler in der Nähe davon zu unterrichten, dass man ein paar neue Autoreifen braucht – etwas, was man mit einem Telefon und einer Tageszeitung auch alleine gekonnt hätte. Sobald man einen richtigen Laden betritt, weiß man, was dort verkauft wird und welche Dienstleistungen angeboten werden. In virtuellen Welten kann man solche elementaren Sachen oft nur erraten.

Die Regel aus dem wirklichen Leben, dass man in einem Geschäft direkt nach dem Eingang erst eine Übergangszone braucht, trifft auch auf den Cyberspace zu. Wenn Kunden zu einer Website kommen, dann brauchen sie etwas Zeit, um sich zu orientieren, ehe sie mit Informationen oder Wahlmöglichkeiten zugeschüttet werden. Sie müssen stehen bleiben, sich umschauen und die Lage sondieren. Wenn man zu viel auf die Homepage schreibt, werden die Leute, die sie anschauen, vieles davon gar nicht mitbekommen. Wenn jede Wahlmöglichkeit direkt nach der Eingangstür präsentiert wird, fühlen sich die Kunden überwältigt. Aber wir haben Websites gesehen, wo die Homepage einfach voll getippt war. Wir haben Seiten gesehen, wo man sich zwischen Dutzenden von Optionen entscheiden musste, ehe man überhaupt wusste, was man mit dieser Website anfangen kann. Eine Website muss graduell aufgebaut sein, und Aufgabe der ersten Seite ist es, der Kundin zu sagen, wo sie sich überhaupt befindet, und ihr die gesamte Ausstattung des »Ladens« vor Augen zu führen. Man muss wissen, ob man in einem riesigen Verbrauchermarkt ist oder in einer Boutique. Außerdem muss man wissen, wo der Eingang ist und wo die Gänge sind – wie komme ich zur Herrenbekleidung, wo ist der Informationsstand, und ähnliche Sachen.

Eine Website muss attraktiv aussehen, mit genügend leerem Zwischenraum, damit man den Text gut lesen kann. Außerdem muss die Schrift ausreichend groß sein, damit man sie auch unter den alles andere als optimalen Bedingungen eines durchschnittlichen Monitors lesen kann. Die gleichen Überlegungen, die Designer von Hinweistafeln und Displays für richtige Läden anstellen müssen, sollten auch den Entwurf der Websites bestimmen, aber das passiert selten. Die Tatsache, dass die meisten Leute, die Websites entwerfen, junge Computerfreaks sind, beeinflusst das Design und macht es für den Rest der Menschheit schwierig. Ich habe in virtuellen Läden Schriftgrößen gesehen, die kleiner sind als diejenigen, die für irgendeine Privatanzeige in der Zeitung verwendet werden.

Auf einer Website muss es, genau wie in einem Laden, möglich sein herauszufinden, wohin man gehen muss, und dann ohne große Raterei dorthin zu kommen. Bei dieser Aufgabe machen manche Websites die größten Fehler. Was diesen Punkt betrifft, war die Website einer bekannten Lebensmittelkette eine der schlimmsten, die ich gesehen habe. Nachdem man die Website erreicht hatte, sah man zuallererst die mysteriösen Worte: »Gehen Sie zu allen Abteilungen zurück.« Kann mir jemand sagen, was das heißen soll? Es ist völliger Unsinn, den Kunden dies als erste Option anzubieten. Wir beschlossen, in dem virtuellen Laden Babywindeln zu suchen. Vielleicht waren die in der Babyabteilung? Die gab es nicht, zumindest war sie auf dem Bildschirm nicht als mögliche Option gelistet. Dann vielleicht in der Kinderabteilung? Nein, die gab es auch nicht. Wir fanden sie in der Abteilung »Nonfood und Tierhaltung«. Wenn man einmal dort war, sah man den Bereich für »Babypflege«, wo man auch Windeln fand. Es gab sogar eine Bildschirmseite voll mit Babynahrung, und für jeden Artikel gab es ein Bild – ein so kleines Glas, dass man die Schrift auf dem Etikett unmöglich lesen konnte. Das war ein generelles Problem dieser Website – wir stießen auf das Bild einer Kinderzahnbürste, die so klein war, dass sie wie ein Zahnstocher aussah. Als wir auf die »Gourmet-Speisen« klickten, erschien zuerst das Wort »Knusperriegel« auf dem Monitor. Es gab kein Foto dieser Delikatesse, nur die Zeichnung einer Kamera, über der die Worte standen »Bild folgt«. Hieß das in Sekunden oder Monaten? Wir warten immer noch.

Es sollte möglich sein, sich allein mit den Richtungsweisern in einer Website vorwärts und rückwärts zu bewegen, anstatt sich auf die »Zurück«-Taste des jeweiligen Browsers verlassen zu müssen. Wenn man »in« einem Geschäft ist, sollte man dort alles erledigen können, ohne den Laden verlassen zu müssen. Aber viele Websites halten sich nicht an diese Regel. Es gibt unzählige kleine Funktionsfehler beim Einkauf in der virtuellen Welt. Selbst die besten Websites sind nicht fehlerfrei. Wir versuchten einmal, eine CD zu kaufen, indem wir unsere Wahl anklickten, aber erst mussten wir herausfinden, worauf man klicken musste. Durch mehrere Versuche entdeckten wir, dass es nicht der Titel war, auch nicht der Name der Band oder die CD selbst, sondern der Preis. Auf der gleichen Website packten wir einige Sachen in unseren Einkaufswagen und mussten dann an der Kasse feststellen, dass der Wagen leer war. Wohin waren die CDs verschwunden? Auf allen Websites für CDs gibt es Listen mit allen Liedern für einige der Artikel, für andere nicht, ohne dass man dafür eine Erklärung bekommt; man fragt sich, ob man möglicherweise an der falschen Stelle sucht.

Ich bin sicher, dass Einkaufen in virtuellen Läden in Zukunft noch einen zusätzlichen Vorteil haben wird: Es wird Spaß machen. Momentan macht es keinen Spaß und das ist ein echtes Problem. Wenn die virtuellen Welten ihr kühles Ambiente loswerden wollen, müssen sie alle Tricks anwenden, die ihnen zu Gebote stehen. Computer machen alle möglichen Arten von interaktiver Unterhaltung möglich, aber nur wenige Websites machen davon Gebrauch. Es wundert mich, dass es in keinem virtuellen Laden ein Wesen gibt, das Kunden willkommen heißt, sie durch den Laden dirigiert und Fragen beantwortet. Es könnte auch ein Wesen sein, das die Cyberjockeys mögen – der Roboter Max Headroom aus der Frühzeit von MTV zum Beispiel oder irgendein anderer kundenfreundlicher Android. Websites werden umso erfolgreicher sein, je besser es ihnen gelingt, ihre Beschränkungen zu überwinden. Die Website eines riesigen Verbrauchermarktes zeigt überhaupt kein Bild der Waren, die zum Verkauf angeboten werden. Wer wird schon etwas kaufen, ohne zumindest ein Foto davon zu sehen? Mir ist momentan kein virtueller Laden bekannt, der irgendwelche akustischen Signale benutzt, man hört noch nicht einmal die Kasse klingeln, was als Zeichen dafür dienen könnte, dass die Transaktion abgeschlossen ist. Es scheint endlos viele Möglichkeiten zu geben, das Einkaufen im Internet wirklich unterhaltsam zu gestalten. Warum macht es dann niemandem Spaß?

Natürlich sind die Cyberjockeys vollauf damit beschäftigt, die Websites so einzurichten, dass einfache Transaktionen durchgeführt werden können. Es ist besser, eine ordentliche, aktuelle Website vorzufinden, die ein paar einfache Sachen gut kann, als eine ehrgeizige und komplizierte, um die sich niemand kümmert. Wer nicht genug Personal hat, um die Seiten mit der Saisonware auf dem neuesten Stand zu halten, sollte diese Ware nicht im Internet anbieten. Wenn der Server es nicht möglich macht, Bilder schnell zu laden, dann sollte man keine Illustrationen benutzen. Wenn es ewig dauert, bis man sich die letzte Rede des Firmenchefs anhören kann, sollte man die Rede lieber weglassen.

Vor kurzem führte die *New York Times* eine Untersuchung durch, wie lange es dauert, bis die E-Mail an irgendwelche Websites von Unternehmen beantwortet wird. Die Zeitung stellte fest, dass für die meisten Firmen die Beantwortung von E-Mails keine hohe Priorität hat, was bedeutet, dass viele Kunden Nachrichten an das Unternehmen schicken, in der Erwartung, dass sie zumindest höflich behandelt werden, um dann eines Besseren belehrt zu werden. Manche dieser Firmen würden sich selbst weniger schaden, wenn sie nie eine Website installiert hätten.

Einmal besuchte ich auch die Website einer amerikaweiten Videothek und versuchte, einen Videofilm zu kaufen. Ich fand ihn im Nu, alles war einfach, logisch und ließ sich schnell erledigen, bis es ans Bezahlen ging. Ich tippte die Information über meine Kreditkarte ein, sandte sie ab und erhielt eine

Fehlermeldung – angeblich hatte ich das Formular auf dem Bildschirm nicht vollständig ausgefüllt. Ich schaute nach und stellte fest, dass ich alle erforderlichen Angaben gemacht hatte. Ich versuchte es ein zweites Mal und erhielt die gleiche Fehlermeldung. Ich versuchte es noch zweimal, mit demselben Ergebnis. Schließlich gab ich den Plan auf, mir den Videofilm zu kaufen, aber nicht bevor ich dem Unternehmen eine E-Mail geschickt hatte, in der ich mich über die unverdiente Fehlermeldung beschwerte.

Neunzehn Tage vergingen. Dann kam eine E-Mail zurück mit der Information, dass mein Fehler möglicherweise darin bestand, die Bindestriche der Kartennummer mit eingegeben zu haben. Ich schickte eine E-Mail zurück mit der Bemerkung, dass nichts und niemand auf der Website mich darauf hingewiesen hätte, die Bindestriche wegzulassen. Außerdem sagte die Fehlermeldung nichts über Bindestriche. Schon einen Tag später erhielt ich die Antwort, dass tausende anderer Kunden ihre Kartennummer korrekt eingegeben hatten, was diskret unterstellte, dass das Problem bei mir lag und nicht bei der Website. Ich vermute, die Person, die mir die E-Mails geschickt hatte, ist einer dieser virtuellen Typen und kein Einzelhändler, der darin geübt ist, höflich mit den Schwächen und Fehlern seiner Kunden umzugehen. Vielleicht besteht ja das eigentliche Problem virtueller Läden darin, dass sie, auch wenn sie von den Cyberjockeys perfekt entworfen wurden, für ganz normale Menschen nicht idiotensicher genug sind.

18. Testen Sie selbst

Mitunter mache ich unsere Kunden zu Amateurwissenschaftlern, indem ich Folgendes tue: Ich zwinge sie, mit mir eine halbe Stunde lang in einem Geschäft an einem Fleck zu stehen und einfach nur zu beobachten. Man macht dabei eine ähnliche Erfahrung wie mit Zen, denn wenn man einfach nur schaut, ohne sich zu bewegen, dann sieht man Dinge, die sonst unsichtbar bleiben. Nach fünf Minuten sieht man Sachen, die man nach einer Minute noch nicht zur Kenntnis genommen hat, und nach zehn Minuten fällt einem etwas auf, was man nach fünf noch nicht gesehen hat. Ich stehe beispielsweise mit einem Kunden hinter der Eingangstür und frage: »Was sehen Sie jetzt? Was hat dieser Kunde gerade getan? Wie ist diese Mutter mit dem Buggy gerade durch die Tür gekommen? Was meinen Sie, warum sieht dieser Mann so verwirrt aus? Was machen diese beiden Leute hier – wer kauft ein und wer ist die Begleitperson? Wie hat diese Frau auf das Display reagiert? Verhält sie sich so, wie Sie es erwartet hätten?« Wir stehen so lange da, bis die Antworten von selbst kommen und der Kunde allmählich begreift, warum wir so viel Zeit damit verbringen, zu schauen, zu zählen, die Zeit zu stoppen und Videoaufnahmen zu machen.

Grundsätzlich sind alle Läden gleich, egal was sie verkaufen oder für welche Art von Geschäft sie gedacht sind. Wir beschäftigen uns hier damit, welche Interaktion zwischen den Menschen und dem Umfeld im Einzelhandel stattfindet. Von dieser Warte aus betrachtet unterscheidet sich eine Bank nicht von einer Videothek, einem Supermarkt oder einem Bekleidungsgeschäft. Was wir lernen, kann überall angewendet werden. Ich möchte jetzt einen Mehrzweckworkshop darüber veranstalten, wie man selbst einen Laden testet. Und da dies ein Buch ist, gehen wir jetzt in eine Buchhandlung.

Wir fangen damit an, dass wir uns an den Punkt stellen, von dem aus man die Einzelhandelsumgebung am besten beurteilen kann: einen halben Häuserblock entfernt. Hier stoßen wir auf das erste Problem – wir können den Laden nicht sehen. Das Gebäude sehen wir durchaus, aber es gibt kein großes Hinweisschild oder ein riesiges Buch über der Tür oder irgendetwas, das darauf hindeutet, dass wir in der Nähe einer Buchhandlung sind. Natürlich wissen die Stammkunden, wo das Geschäft ist. Aber wer weiß, wie viele andere Menschen genau da stehen, wo wir jetzt sind, und sich suchend umsehen, um herauszufinden, wo genau der Laden ist. Außerdem gehen jeden Tag Menschen durch diese Straße, die spontan entscheiden könnten, dass sie in den Laden gehen möchten, aber nur dann, wenn sie wissen, dass er da ist. Vielleicht haben sie eine halbe Stunde Zeit und wollten ursprünglich in ein Café gehen, aber dann sehen sie plötzlich den Hinweis auf eine Buchhandlung und denken sich: Ich könnte mich dort ein wenig umschauen und vielleicht gibt es dort sogar einen Kaffee! (Siehe da, es gibt ihn.) Wie viele potenzielle Spontankäufer gehen dem Geschäft verloren aus dem einfachen Grund, dass es keinen von allen Seiten sichtbaren Hinweis auf den Laden gibt?

Gut, wir gehen näher heran und bleiben vor dem Geschäft stehen. Jetzt können wir das Hinweisschild gut sehen. In den Schaufenstern sehen wir Bücher. Diese Fenster sind groß, sehr breit und sehr hoch und die Straße ist ziemlich belebt, mit vielen Fußgängern und Buggys und Fahrrädern, der übliche städtische Parcours, und wenn man sich das alles vor Augen führt, wird einem vielleicht auch klar, dass es in diesem Umfeld ziemlich schwer fällt, sich auf Bücher zu konzentrieren. Die Leute, die Schaufenster von Drogeriemärkten, Papierwarengeschäften und Eisenwarenhandlungen dekorieren, haben ähnliche Probleme: Die Ware ist klein und kommt daher im Schaufenster kaum zur Geltung. Das Problem wird noch dadurch vergrößert, dass die Glasscheiben mit einem Blendschutzfilm überzogen sind, was sie etwas weniger transparent macht, außerdem sind sie schmutzig, was das Schaufensterbummeln noch mehr erschwert.

Bücher sind noch aus einem anderen Grund problematisch: Anders als die Leute, die uns Waschpulver verkaufen wollen oder Eiscreme, sind die Designer von Buchumschlägen nicht der Meinung, dass sie Verpackungsmaterial kreieren. Für sie ist das, was sie schaffen, eher eine Art Gebrauchsgrafik oder ein Mittel des literarischen Ausdrucks oder eine Kombination von beidem. Infolgedessen wird ein Buchumschlag nicht nach denselben harten, aber effizienten Kriterien beurteilt wie die meisten anderen Verpackungen. Auf einem Buchumschlag stehen möglicherweise sechs verschiedene Botschaften und alle wetteifern um die Aufmerksamkeit des Lesers. Auf einem Buch sehen wir den Titel, den Untertitel, das Wort »Roman«, den Namen der Autorin, den Titel ihres letzten Buches, den

Namen des Verlags und einen runden Aufkleber, der besagt, dass dieses Buch auf der Bestsellerliste steht. Dann gibt es da noch ein verschwommenes Bild, zwei, um genau zu sein, auf kunstvolle Weise übereinander fotografiert. Und die Farben? Hauptsächlich lila, wodurch die Schrift nicht besonders gut lesbar ist. Die Passanten versuchen, all dies in den eineinhalb Sekunden aufzunehmen, die sie brauchen, um an diesem Fenster vorbeizugehen. Auch den besten Schaufensterdekorateuren der Welt würde es nicht gelingen, dieses Buch aus drei Meter Entfernung sichtbar zu machen, was genau die Entfernung ist, über die eine Schaufensterdekoration wirken muss. In manchen Branchen unterhalten sich die Hersteller mit den Einzelhändlern darüber, wie man die Verpackungen gestalten sollte, damit sie im Geschäft am besten wirken, aber im Verlagswesen ist das nur selten der Fall. Insgesamt gelingt es der Unterhaltungsindustrie – zuständig für CDs, Audiokassetten, Videofilme und Bücher – nur sehr unzureichend, für Merchandisingzwecke die richtigen Verpackungen zu schaffen. Bis die Buchumschläge besser werden, sollten sich die Buchhandlungen vielleicht darauf beschränken, in den Fenstern große Poster von den Büchern oder etwas Ähnliches zu zeigen.

Betreten wir nun den Laden. Es ist gar nicht so einfach, Bücher mit sich herumzutragen, besonders wenn man versucht, mehrere zu halten, und außerdem noch einen Mantel und eine Tasche dabeihat. Ein Einkaufskorb ist also ein Muss. Wie bereits erwähnt: Unsere Studien zeigen, dass der Verkauf automatisch steigt, wenn man Kunden dazu bewegen kann, einen Korb zu benutzen. In der besagten Buchhandlung sind, wie in neunzig Prozent aller Geschäfte, die ich aufsuche, die Körbe diskret gleich hinter der Eingangstür aufeinander gestapelt. Keine gute Idee. Man sieht sie nicht. Sie sollten etwas weiter hinten im Laden zu finden sein, etwas höher platziert, am besten im ganzen Laden verstreut.

Das Erste, was wir im Laden zu unserer Rechten sehen, sind Kalender. Im August. Kauft irgendjemand im August Kalender für das nächste Jahr? Wahrscheinlich nicht, aber hier sind sie, in rauen Mengen, direkt rechts vom Eingang, was in jedem Geschäft die beste Position für Ware ist. Hier im Dezember Kalender auszustellen ist bestimmt eine gute Idee; wenn man sie hier im August sieht, vermute ich stark, dass der Geschäftsführer nicht willens ist, die Ware jeweils so zu platzieren, wie es dem üblichen Einkaufszyklus entsprechen würde. Man sieht, dass der Displayständer mit den Kalendern in diesem Geschäft schon eine ganze Weile herumsteht – er ist teilweise verdeckt durch ein paar frei stehende Ständer aus Karton, die offensichtlich erst vor kurzem hier gelandet sind. Einer dieser Ständer macht es unmöglich, an einen Teil der Kalender überhaupt heranzukommen, ohne dass man die ganze Einrichtung umbaut, was die meisten Kunden nicht tun werden.

Ebenfalls gleich am Eingang findet man einen Korb mit Informationsmaterial, in dem auf die Autorenlesung in diesem Monat und andere Ereignisse hingewiesen wird. Das ist eine gute Sache am falschen Ort: Kein Mensch geht in eine Buchhandlung und fängt als Erstes damit an, die Werbung und Informationsblätter zu lesen. Das wäre völlig unvereinbar mit dem eigentlichen Grund, warum man in dieses Geschäft gekommen ist, nämlich herumzuwandern und sich Bücher anzuschauen. Da man nicht beides gleichzeitig machen kann, übersehen die meisten Kunden die Flugblätter, wodurch die an sich intelligente Marketingstrategie des Ladens weniger wirkungsvoll wird, als sie sein sollte. Wir haben immer wieder beobachtet, und zwar in jeder Art von Geschäft, dass es völlig sinnlos ist, das zielgerichtete Handeln eines Kunden stören zu wollen. Wenn eine Bankkundin einen Überweisungsträger ausfüllen möchte, dann ist sie nicht in der richtigen Stimmung, um eine Broschüre über günstige Urlaubs-kredite zu lesen. Jede Art von Werbung und Information muss in einem Geschäft dort platziert werden, wo die Kunden in ihrem Rundgang eine natürliche Pause einlegen, wenn sie überhaupt eine Chance haben soll.

Der vordere Teil dieser Buchhandlung wird vom Kassenbereich begrenzt. An dieser Stelle verbringen alle Kunden des Geschäfts eine gewisse Zeit damit, stillzustehen und in die gleiche Richtung zu schauen. Wie wir beim Thema »Zeit und

Zeitgefühl« gesehen haben, ist es eine Kunst, diesen günstigen Augenblick optimal zu nutzen, und dieses Geschäft kommt dem Ziel sehr nahe – aber eben nur sehr nahe. Beispielsweise gibt es hier mehrere Ständer für Spontankäufe – mit Lesezeichen, Postkarten und dergleichen –, aber alle stehen ein kleines bisschen zu weit von der Schlange und der Kasse entfernt, um es den Wartenden möglich zu machen, hier zuzugreifen. Infolgedessen sehen die Leute gelangweilt aus und kaum jemand nimmt etwas von den Ständern. Es gibt da ein Gestell mit der aktuellen *New York Times Book Review*, was sehr sinnvoll ist. Aber es ist weit links von den Kassen platziert worden, nahe beim Ausgang, was bedeutet, dass die Kunden erst daran vorbeigehen, wenn sie ihre Einkäufe bezahlt haben – zu spät. Es wird kein Versuch unternommen, die Kunden zu unterhalten, die in der Schlange stehen; hinter den Kassen hängen keine Plakate, die man sich anschauen könnte, es gibt keine Hinweistafeln, die man lesen könnte, und keine Warenständer zum Betrachten. Im Kassenbereich wäre der ideale Platz für die oben erwähnten Flugblätter, die jetzt gleich neben dem Eingang versauern. Wenn man seine Bücher ausgewählt hat, hat man den Kopf frei, um etwas anderes zu lesen, denn es fällt auf, dass die Kunden in einer Buchhandlung sich fast nie die Bücher anschauen, die sie ausgewählt haben.

Nun sind wir endlich bei den Büchern. Hier, wie inzwischen in den meisten anderen Buchhandlungen, werden die Neuerscheinungen und beworbenen Bücher auf Warentischen ausgebreitet, eine großartige Neuerung, um den Unterschied zwischen Buchhandlungen und langweiligen alten Bibliotheken zu betonen, wo alle Bücher mit dem Rücken zum Betrachter im Regal stehen (aber auch das ändert sich). Flache Tische sind hervorragend geeignet, um Bücher zu präsentieren, aber von der Warte des Käufers aus gesehen ist diese Anordnung nicht so gut. Die Angestellte, die die Ware anordnet, tut dies so sorgfältig wie möglich, sie schafft ein richtiges Kunstwerk. Daher zögern die Kunden, einfach zuzugreifen und etwas wegzunehmen. Sie haben das Gefühl, sie machen die harte Arbeit einer anderen Person zunichte. Wir haben bei unseren

Untersuchungen in Buchhandlungen zahllose Videoaufnahmen gemacht, auf denen man beobachten kann, wie es Kunden widerstrebt, sich einem solchen Display zu nähern. Hier haben wir ein Beispiel dafür, wie ein gut aussehendes Display, das mit größter Sorgfalt aufgebaut wurde, Kunden tatsächlich vom Kauf abhalten kann. Wie wir am Beispiel des Bagelgeschäftes in Kapitel 12 gezeigt haben, raten wir Kunden in solchen Fällen, den Eindruck der Perfektion etwas zu stören – Leerräume zu schaffen, die andeuten, dass Ware schon weggenommen wurde, die Anordnung weniger symmetrisch zu gestalten, damit sie eher zufällig wirkt, irgendetwas, um den Kunden klarzumachen, dass sie sich hier bedienen dürfen.

Trotzdem werden an diesem Stand viele Bücher in die Hand genommen. Meist gilt im Einzelhandel die Regel, dass die Chancen eines Verkaufs umso größer werden, je länger ein Kunde ein Produkt in der Hand hält. In Buchhandlungen ist es umgekehrt – die Wahrscheinlichkeit, dass jemand, der ein Buch 60 Sekunden lang durchblättert, dieses kauft, ist geringer als die Chance, dass jemand ein Buch kauft, das er 30 Sekunden lang angesehen hat. Vermutlich gibt es Leute, die Bücher nur deshalb ausgiebig anschauen, weil sie gar nicht die Absicht haben, diese zu kaufen. Man bemerkt ein Buch, das bedeutsam aussieht, oder eines, das ausgezeichnete Kritiken bekam, nimmt es in die Hand, überfliegt die Titelseite, sieht sich das Foto des Autors an, liest vielleicht ein oder zwei Seiten – fast wie eine kleine *Hommage* an das Buch und seinen Autor. Vielleicht lesen manche Käufer nur deshalb mehrere Seiten in einem Buch, um es sich selbst auszureden. Wie auch immer, dieses Phänomen liegt teilweise auch in der Natur der Buchhandlungen – sie sind der ideale Ort zum Stöbern. Dieser Zeitvertreib gibt einem die Möglichkeit sich zu informieren, worüber die Leute gerade nachdenken und worüber in den Zeitungen geschrieben und im Fernsehen gesprochen wird. Wenn man sich einen Ständer mit Pullovern ansieht, lernt man nicht so viel. Das heißt auch, dass Leute, die in eine Buchhandlung kommen, um sich umzusehen, nicht unbedingt die Absicht haben, überhaupt etwas zu kaufen. Wir führten eine Studie für eine Buchhandlungskette durch, die

Geschäfte sowohl in Einkaufszentren als auch in anderem Umfeld hat. Wir fanden heraus, dass die Kunden, die in die Läden im Einkaufszentrum kamen, viel seltener Bücher kauften als die Kunden in den anderen Geschäften der Kette. Das traf besonders auf Männer zu und der Grund dafür schien offensichtlich: Sie vertrieben sich die Zeit, während ihre Frauen oder Freundinnen oder Familien in einem anderen Laden einkauften. Auch die Art und Weise, wie sich diese Männer umschauten, war anders – in die Läden, die nicht in einem Einkaufszentrum lagen, gingen sie hinein und direkt in eine bestimmte Abteilung. Im Einkaufszentrum kamen sie in den Laden und spazierten eher ziellos herum. Daher gibt es nur wenige Buchhandlungen in Einkaufszentren – der Umsatz rechtfertigt nicht die hohen Mieten.

Nach den Tischen mit Neuerscheinungen haben wir die übliche Gestaltung einer Buchhandlung vor uns – Regale, viele, viele Meter gerader Holzregale, vielleicht zwei Meter hoch. Vernünftigerweise hat man Bereiche je nach den Interessen der Leser geschaffen, so gehen beispielsweise Kochbücher, Gesundheit, Haushalt und Selbsthilfe – alles typisch »weibliche« Interessensgebiete – fließend ineinander über, während auf der anderen Seite die Themengruppen Computer, Business und Sport alle nebeneinander zu finden sind. Jeder Bereich ist durch ein elegantes kleines Hinweisschild gekennzeichnet, aber diese Schilder sind so geschmackvoll und so klein, dass man sie unmöglich aus einer Entfernung von zehn oder gar zwanzig Schritt sehen kann, aus der sie aber sichtbar sein sollten. Welchen Zweck erfüllt ein Schild mit dem Hinweis »Fotografie«, das so klein ist, dass man es erst bequem lesen kann, wenn man davor steht?

Das Problem mit der typischen Regalanordnung in einer Buchhandlung besteht darin, dass sie phantasielos und unbequem ist. Sie erzeugt fast schon Klaustrophobie. Wieso wurden hohe, nebeneinander stehende Regale zum Standard? Bloß weil die Leute so ihre Bücher zu Hause aufbewahren? Das ist kein vernünftiger Grund – man stelle sich einmal vor, Geschäfte für Haushaltswaren oder Bekleidung folgten dem gleichen Prinzip. Dann würden wir Küchenschubladen durchwühlen, um einen Spargelschäler zu kaufen, und Kleiderschränke, um einen Pullover zu finden. Hohe Regale, die enge Gänge bilden, sind so ungefähr die schlechteste Möglichkeit, Bücher zu präsentieren. Es besteht ein direkter Zusammenhang zwischen dem verfügbaren Raum und der Zeit, die man in einem Laden zubringt, das haben wir in fast allen unseren Studien gesehen: Die Zeit, die ein Kunde in einem Bereich zubringt, ist direkt proportional zu dem dort für ihn vorhandenen freien Platz (sei es real oder in der Vorstellung der Konsumenten). Wenn eine Abteilung in einem Geschäft geräumig wirkt und man von dort nach allen Richtungen schauen und über einige Entfernung hinweg sehen kann, dann ist man auch geneigt, dort länger zu bleiben. Wenn man aber eingeengt ist – oder wenn die Architektur und die Anordnung der Ware das auch nur suggerieren –, dann möchte man schnell von dort weg. Es gibt nur wenige entschlossene Kunden, die ein Buch im Regal, das sich über Augenhöhe oder unterhalb der Taillenhöhe befindet, intensiv anschauen. Es ist besonders schwierig, Bücher anzusehen, die auf Regalen in Bodennähe untergebracht sind, daher schaut man nur dorthin, wenn man muss. Infolgedessen leidet der Verkauf der Bücher, die das Pech haben, der alphabetischen Anordnung wegen dorthin verbannt zu werden. Es ist ein lächerliches System: Gibt es irgendwelche anderen Geschäfte, in denen das Alphabet diktiert, wo die Waren ausgestellt werden? Bei CDs ist das zwar der Fall, aber dabei gibt es kein Problem, weil sie horizontal angeordnet werden, und vielleicht sollte das jemand mit Büchern ausprobieren. Zumindest sollten Geschäfte Sitzkissen oder niedrige Stühle anbieten, damit es einfacher wird, sich die Regale in Bodennähe anzusehen. Oder man sollte die Bücher in dieser Höhe mit der Titelseite nach oben in schräger Position ausstellen, damit sie eine faire Chance bekommen, die Aufmerksamkeit des Kunden zu erregen. Aber auch mit dieser Methode werden die unteren Regale in Buchhandlungen die abgelegensten Orte im Einzelhandel bleiben.

Und jetzt kommen wir zu der anderen großen Neuerung in Buchhandlungen – Stühle. Wenn jeder Laden Sitzgelegenheiten böte, dann würde der Einzelhandel für Kunden und ihre Begleiter sofort viel freundlicher. Stühle haben die Atmosphäre von Buchhandlungen völlig verändert und sie zu einem beliebten Aufenthaltsort gemacht – einem Ort, der weder Zuhause noch Büro ist, aber ein Platz, an dem wir gerne etwas Zeit zubringen. Und wer in einem Geschäft etwas Zeit zubringt, kauft wahrscheinlich auch etwas. Aber wer auch immer diese Stühle aufstellte, hat den Standort sicherlich nicht selbst getestet, denn hinsichtlich des Geschäftes bieten die Sitzgelegenheiten keinen Ausblick auf irgendetwas Sehenswertes, kein Display und keine Hinweistafel spricht dies Menschen direkt an. Aber jeder Ort, an dem sich Kunden länger aufhalten, bietet die Möglichkeit, mit ihnen zu kommunizieren, und wer sitzt, hat eine wunderbare Gelegenheit, einige Zeit lang Plakate und Tafeln zu lesen.

Noch ein letzter Punkt. An der Wand in der Nähe des Informationsschalters hängt die Bestsellerliste dieser Woche, genauer gesagt, eine ziemlich schmuddelige Fotokopie davon. Daneben hängt eine ebenfalls schmutzige Fotokopie der Modern-Library-Liste der besten hundert Romane des zwanzigsten Jahrhunderts. Eine überaus jämmerliche Präsentation von an sich nützlicher und interessanter Information. Diese Listen sollten großformatig kopiert und an einem auffallenden Platz im vorderen Teil des Ladens aufgehängt werden. CD-Läden haben begriffen, dass wir alle Listen lieben und dass Kunden sie gerne als Gedächtnisstütze nutzen. Das ist in Buchhandlungen noch nicht bekannt. Ich würde nicht nur die Listen ganz vorne hinhängen, ich würde auch die entsprechenden Bücher darunter stapeln.

Ich habe dieses Kapitel mit der Aussage begonnen, dass grundsätzlich alle Geschäfte gleich sind und die gleichen Aufgaben wahrzunehmen haben. Folglich können Einzelhändler voneinander lernen, selbst dann, wenn sie völlig verschiedene Waren verkaufen. Beispielsweise denkt in der Buchhandlung, die wir gerade besucht haben – genau wie in den meisten anderen Buchhandlungen, in die ich je ging – niemand daran, den Kunden, die zum Ausgang streben, eine Botschaft mit auf den Heimweg zu geben, irgendeinen Anreiz, damit sie bald wiederkommen. Videotheken machen das hervorragend mit einer großen Schautafel, auf der die Termine angegeben sind, zu denen neue Videofilme herauskommen werden. Warum teilen Buchhandlungen ihren Kunden nicht mit, dass beispielsweise der neue Roman von Stephen King in einer Woche vorrätig sein wird? Wenn ein solches Plakat über den Kassen hinge, dann hätten die gelangweilten Kunden in der Schlange etwas, worüber sie nachdenken könnten.

Andererseits können Videotheken auch etwas von Buchhandlungen lernen. Letztere unternehmen große Anstrengungen, um Kunden mehr zu bieten als nur ihre Ware – sie veranstalten Lesungen und Diskussionsrunden über Bücher, organisieren Leseclubs und Sonderveranstaltungen für Kinder. Außerdem sind Cafés in Buchhandlungen in Amerika fast schon zur Selbstverständlichkeit geworden. Warum treten Videotheken nicht als Sponsoren von Diskussionsrunden über Filme auf oder organisieren Auftritte von Autoren, Kritikern oder Filmwissenschaftlern? Eine Videothek könnte der Treffpunkt für einen Martin-Scorsese-Club werden, der das Werk des Regisseurs studiert und dafür sorgt, dass seine älteren Filme regelmäßig ausgeliehen werden, und vielleicht sogar Filme, die von ihm beeinflusst wurden. Heutzutage ist fast jeder ein Filmfan und hält sich für einen Experten, und Videotheken können davon genauso profitieren wie die Buchhandlungen, die sich um die Belesenen unter uns kümmern. Im Buchhandel wird noch etwas getan, was die Videotheken kopieren sollten. Bei Büchern sieht die Titelseite des Taschenbuchs fast immer anders aus als der Umschlag der gebundenen Ausgabe, wodurch das Buch neu wirkt. Außerdem kann man so gute Kritiken werblich nutzen. Die Titelseiten der Videofilme werden durch rechtliche Absprachen zwischen den Filmproduzenten und den Stars bestimmt; die Kassetten sehen genauso aus wie die Film-Poster – keine gute Idee, denn was in Großformat wirkt, sieht normalerweise nicht so gut aus, wenn es auf die Größe einer Videokassette reduziert wird. Videotheken müssten für sich die Freiheit fordern, die Verpackung so zu verändern, dass sie den Bedürfnissen der Kunden entgegenkommt. Auch für Videokassetten sollten ein paar Monate nach ihrer Erstausgabe neue Titelseiten verwendet werden, um beispielsweise auf den neuesten Hit des Stars oder des Regisseurs hinzuweisen oder um mit der Beliebtheit des Videos Reklame zu machen.

Der Fast-Food-Sektor kann andere Einzelhändler eine ganze Menge lehren. Die erste Lektion besteht darin, dass jeder, der den kindlichen Geschmack anspricht, sichergehen kann, dass die Eltern ihre Kinder mitbringen werden. Fast-Food-Restaurants sind auch besonders gut, was das phantasievolle Koppeln eines Menüs an einen anderen Artikel angeht (ein Essen plus ein Spielzeug, das zu einem Film paßt), was dynamische Hinweisschilder und -tafeln betrifft (ein kurzer, telegrammartiger Hinweis im Fenster, weitere Details an den Theken) und hinsichtlich der Verwendung von mehr Bildern als Text (digitale Speisekarten und Fotos der Speisen sind eine bessere Hilfe, um Kindern etwas zu verkaufen, als Worte, aber sie werden auch von älteren Menschen mit schlechten Augen bevorzugt sowie von Ausländern, die der Sprache noch nicht mächtig sind).

Der Fast-Food-Markt kann dem übrigen Einzelhandel auch eine Menge über Suggestion beibringen. Während einer Studie, die wir für ein Fast-Food-Restaurant durchführten, beobachteten wir, dass in 47 Prozent aller Fälle die Frage, ob der Kunde nicht ein größeres Getränk haben wolle, dazu führte, dass tatsächlich mehr verkauft wurde. Die Moral der Geschichte ist, dass die meisten Verkäufer zu schnell aufgeben, wodurch Zusatzverkäufe verloren gehen, gerade von Artikeln mit hohen Gewinnspannen. Die allgemeine Regel sollte sein, dass die Angestellten so lange (auf höfliche Weise) weiter anbieten, bis der Kunde nein sagt.

Was kann der Rest des Einzelhandels von Banken lernen? Banken gehören zum Einzelhandel, obwohl das den meisten Menschen nicht klar ist. Sie haben eine Art Ladenlokal, genau wie andere Geschäfte auch, und die Regeln über die menschliche Anatomie und menschliches Verhalten gelten auch dort, in einer Bank genauso wie in einer Obsthandlung oder einem Burger King. Hinweistafeln sind Hinweistafeln; wir bewegen uns immer in Reaktion auf gewisse architektonische Gegebenheiten und das vorhandene Design. Banken verkaufen auch etwas – jede Dienstleistung, jede Finanztransaktion, die sie anbieten, muss bezahlt werden. Jeder andere Einzelhändler kann von Banken etwas über Automation lernen: Wenn man den Kunden beibringen kann, wie sie etwas selbst machen können, dann muss man diesen Dienst nicht mehr für sie leisten. Wir lieben Geldautomaten, weil sie so praktisch sind; die Banken lieben sie, weil sich die Kunden nun selbst bedienen.

Meistens sind Banken jedoch miserable Einzelhändler. In den frühen achtziger Jahren glaubten viele der größten amerikanischen Banken, dass sie bald mit dem Privatkundengeschäft nicht mehr viel zu tun haben würden. Die Zukunft gehöre den großen Darlehen an Unternehmen und der Betreuung von einigen wenigen reichen Privatkunden. Aber irgendwie hat das nicht funktioniert – einige wenige Großkunden generierten nicht den gleichen Gewinn wie viele kleine Kunden. Also müssen Banken Einzelhändler bleiben. Vielleicht machen sie darum so viel falsch. Wir arbeiten häufig für Banken, sowohl in den Vereinigten Staaten als auch in Europa, Südamerika und Australien. Ich kann Ihnen einige gute, geschäftstüchtige, kundenorientierte Banken nennen – aber es gibt davon noch nicht genug.

Was machen die Banken verkehrt? Das fängt bei den einfachsten Aspekten an, zum Beispiel den Öffnungszeiten. Gibt es irgendein anderes Geschäft, das nur von 9 Uhr bis 17 Uhr geöffnet hat, von Montag bis Freitag? Aber Banken sehen ihre Niederlassungen nach wie vor als störenden Kostenfaktor und nicht als Möglichkeit, Kunden persönlich zu treffen und Mittel und Wege zu finden, um ihnen Dienstleistungen anzubieten und dadurch Einnahmen zu generieren. Banken bieten einen Service, der mit den wichtigsten Aspekten unseres Lebens zu tun hat – Bauspardarlehen, private Altersvorsorge, Finanzierungskredite für Autos, die Ausbildung der Kinder und dergleichen mehr. Aber wie einer aktuellen Studie, die ich gelesen habe, zu entnehmen ist, zählen Amerikaner Banken nicht zu den fünf wichtigsten Informationsquellen, wenn sie Ratschläge über finanzielle Themen oder wichtige Veränderungen in ihrem Leben suchen. Wenn man bedenkt, dass wir automatisch den größten Teil unseres Geldes auf der Bank haben, dann ist das ein Armutszeugnis. Die Bankangestellten sollten uns schon an der Tür willkommen heißen, damit wir ihnen zuhören. Wie wir in einer italienischen Bank, für die wir eine Untersuchung durchführten, herausgefunden haben, ist der uniformierte Wachmann an der Tür der Angestellte, der am meisten mit den Kunden in Kontakt kommt. Auf die meisten amerikanischen Banken trifft das auch zu. Die Kunden gehen in eine Bank, bemerken den unübersehbaren Wachmann und fragen ihn, wenn sie es wissen wollen, wo sie hingehen müssen. Meist wird er aber von einem unabhängigen Sicherheitsdienst beschäftigt, nicht von der Bank. In den meisten Bankfilialen ist es einfach, den Filialleiter zu finden – sein Büro ist am weitesten von der Eingangstür entfernt. So wenig verstehen Banken heutzutage vom Einzelhandel. Wie wir in früheren Kapiteln gesehen haben, setzen Banken Hinweistafeln und Werbemittel für die Niederlassungen besonders schlecht ein. Fast keine dieser Mittel werden strategisch richtig platziert, sie werden einfach irgendwohin geheftet oder gestellt, wo gerade Platz ist, und niemand verschwendet einen Gedanken daran, was der Kunde wohl gerade tut und sich denkt, wenn er auf eine Tafel oder einen Ständer mit Broschüren stößt.

Wenn man tatsächlich einem Bankangestellten gegenübersitzt, dann sagt das Arrangement des Schreibtischs eine Menge über die Beziehung zwischen Angestelltem und Kunden aus. Er oder sie sitzt auf einer Seite des Schreibtisches, und der Computerbildschirm, auf dem die intimsten Details ihres Finanzlebens erscheinen, ist nur für ihn oder sie sichtbar, nicht für die Kunden. Dem Gesichtsausdruck der Angestellten nach zu schließen, schaut sie sich gerade etwas Beunruhigendes an, und man würde nur zu gerne wissen, was es ist. Wir führten für die HFC Bank in Großbritannien eine Studie durch, in der wir eine wichtige Lektion lernten: Ein Darlehen lässt sich leichter und schneller verkaufen, wenn der Bank-angestellte und der Kunde nebeneinander und sich nicht an einem breiten Schreibtisch gegenübersitzen. Es wäre so einfach, ein Arbeitsumfeld zu schaffen, in dem sich sowohl die Beschäftigten als auch die Kunden wohl fühlen können. Eine solche Möglichkeit bietet ein PC auf einem Drehgestell, sodass jeder auf den Bildschirm sehen kann; eine andere Möglichkeit besteht darin, die Stühle nebeneinander zu stellen, damit der Bankangestellte und der Kunde zusammenarbeiten können, wie ein Team und nicht wie Gegner, die sich niederstarren.

Schließlich arbeitet auch die größte Erfindung der Banken, der Geldautomat, gegen sie. Vor kurzem hörte ich auf einer Versammlung einen leitenden Angestellten von Chase Manhattan sagen, dass »Beziehung« zurzeit das Modewort im Bankenbereich sei, aber ehe man eine Beziehung aufbauen kann, braucht man zunächst einen Ort, wo man das tun kann. Die Geldautomaten halten Kunden davon ab, den Schalterraum einer Bank zu betreten, was bedeutet, dass Banken keine sichere Möglichkeit haben, mit ihren Kunden in Kontakt zu kommen und ihnen irgendwelche Dienstleistungen zu verkaufen. Im Einzelhandel ist so etwas tödlich.

19. Schlußbemerkung

Wer mir vor zehn Jahren gesagt hätte, aus mir würde einmal ein allgemein anerkannter Experte zum Thema »Wie kaufen Frauen Kosmetik ein« – und das aufgrund zahlloser Stunden, in denen ich sie beim Kosmetikkauf beobachtet hätte –, den hätte ich für verrückt erklärt. Ich fühle mich immer noch etwas unbehaglich, wenn man mich im Besprechungszimmer eines Unternehmens einen führenden Marktforscher nennt. Die meisten Leute, die ihr Leben im Einzelhandel zubringen, tun das aufgrund irgendeines Verkaufstalents. Trotzdem bin ich dankbar, dass ich einen Weg in diese Domäne gefunden habe. Meine Kollegen und ich wurden von einer seltsamen Krankheit befallen – wir sind alle keine Händler, aber wir verbringen eine Menge Zeit damit, die Probleme zu entwirren, mit denen der Handel zu kämpfen hat. Wir können keine Geschäftsstraße entlanggehen oder die Speisekarte in einem Restaurant lesen, ohne diese Erfahrung zu analysieren und zu überlegen, wie man es besser machen könnte. Die Händler in meiner Nachbarschaft wollen die kostenlosen Ratschläge, die ich ihnen gebe, schon nicht mehr hören. Wenn meine Freundin und ich in Urlaub fahren, dann muss sie mich daran erinnern, das automatische Geschäftsanalysesystem in meinem Gehirn abzuschalten. Selbst dann treibt es mich in ein Einkaufszentrum, nur um mich ein bisschen umzusehen. Anders als die Forscherin Margaret Mead muss ich nicht nach Neu Guinea fahren, um vor Ort recherchieren zu können.

Für die meisten Wissenschaftler ist eine Entdeckung der Höhepunkt ihrer Forschung – der Augenblick, in dem sie ein noch fehlendes Knochenteil finden, das alles erklärt, oder die Entstehung von Leben in der Petri-Schale mitverfolgen können. Häufig liegt der Schlüssel zur Lösung in etwas, was wir schon häufig gesehen haben, wir haben ihn nur nicht erkannt. Ein Beispiel dafür aus unserer Arbeit ist der Bumerang-Faktor, den ich in Kapitel sechs beschrieb. Es ist nur zu offensichtlich, dass Kunden in einem Laden häufig nicht bis zum Ende eines Ganges gehen. Aber wir hatten schon mehr als zehn Jahre Läden untersucht, ehe wir auf den Gedanken kamen, dieses Verhalten zu quantifizieren und seine Bedeutung zu messen. Wir waren erstaunt, wie wir etwas so Wichtiges hatten übersehen können, aber wir sind eben immer noch dabei, das grundlegende Handwerkszeug für unsere Arbeit zu entwickeln. Es gibt noch viel zu tun.

Die Psychologie des Konsums ist ein Zwitter – teils Naturwissenschaft, teils Sozialwissenschaft und überhaupt nur zum Teil eine Wissenschaft, andernteils eine Kunst. Aber sie ist immer eine praktische Disziplin, darum bemüht, Informationen zu liefern, die dem Einzelhändler einen Vorteil verschaffen und die Gefahr einer Fehlentscheidung verringern. Für unsere Kunden sind wir deshalb wichtig, weil wir nicht einfach nur Daten sammeln, sondern aufgrund dieser Daten qualifizierte Vermutungen anstellen, was das alles bedeutet und wie man am besten darauf reagieren sollte. Ich kann guten Gewissens sagen, dass unsere Interpretationen sich bisher meistens als richtig erwiesen haben; mitunter haben wir uns aber auch geirrt. Daher suchen wir weiter.

Was die Psychologie des Konsums entdeckt, ist vielfach nicht von Dauer. Die menschliche Anatomie bleibt zwar mehr oder weniger konstant, aber die Geschäfte entwickeln sich weiter und der Geschmack und das Verhalten der Konsumenten ändern sich. Genauso wie der Bauer aus dem Jahr 1900 mehr mit seinen Vorgängern vor tausend Jahren gemeinsam hatte als mit seinem Enkel, dem Agrartechniker des Jahres 1950, genauso müsste ein Einzelhändler aus dem Jahr 1900 eine Menge lernen, um heute bestehen zu können. Wenn wir einmal nur an die siebziger Jahre zurückdenken, dann fällt uns auf, dass viele der damals führenden Ketten entweder ganz verschwunden sind oder doch erheblich an Bedeutung verloren haben. Gottlieb, Kaiser's Kaffeegeschäft und Konsum sind heute nur noch Geschichte, und viele andere werden folgen. Könnte Aldi ins Schleudern kommen, Horten wanken oder wird die britische Kette Marks & Spencer jemals weltweit vertreten sein? Die Welt ändert sich. Früher konnte man sich darauf verlassen, dass man mit dem richtigen Produkt am richtigen Ort auf jeden Fall erfolgreich sein würde. Heute muss man mit dem richtigen Produkt am richtigen Platz sein, um einfach nur überleben zu können. Jeder konkurriert gegen jeden, daher kann man von überall her bedroht werden. Geschäftsinhaber denken gefährlich einseitig, wenn sie glauben, nur diejenigen Läden wären ihre Konkurrenten, die in der gleichen Branche tätig sind. Tatsächlich konkurrieren Einzelhändler mit vielen anderen Unternehmen um die Zeit und das Geld von Konsumenten. Vor kurzem haben wir das Verhalten von Kinobesuchern studiert, was uns bewusst machte, dass die zehn oder zwölf Mark, die man fürs Kino ausgibt, dem Einzelhandel verloren gehen. Wenn es mehr Spaß macht, sich während der Mittagspause zwanzig Minuten lang in einem Computergeschäft umzusehen als in einer Buchhandlung, dann wird vermutlich einige Software verkauft werden, aber sicherlich kein Buch. Die Zeit der Visionäre unter den Einzelhändlern oder der dominierenden Hersteller ist endgültig vorbei. Im einundzwanzigsten Jahrhundert wird der Kunde König sein. Genauso wie die Mode inzwischen den Bedürfnissen normaler Menschen folgt, genauso wird auch der Einzelhandel den Wünschen der Konsumenten folgen müssen.

Das Einkaufsverhalten wird in erster Linie durch soziale Veränderungen bestimmt, und wehe den Geschäftsleuten, die das nicht begreifen. Ohne Zweifel betrifft die größte soziale Veränderung, die in unserer Zeit stattfindet, das Leben der Frauen. In seinen Vorlesungen betont der Zukunftsforscher Watts Wacker, die vorliegenden Beobachtungen deuteten darauf hin, dass Männer auf dem besten Weg sind, exotische Haustiere zu werden. Der Einzelhandel muss darauf eingehen, wie Frauen leben möchten, was sie wollen und brauchen, sonst wird er verlieren. Selbst die immensen Veränderungen im Leben von Männern und Kindern sind nur eine Folge des Wandels im Leben der Frauen. Heutzutage sind Kunden wankelmütig und ihre Treue zu einem Markennamen – egal ob Hersteller- oder Handelsmarke – hält nur so lange wie die Erinnerungen an den letzten Einkaufstrip.

Schlechte Ergebnisse in einem Quartal erschüttern eine landesweite Handelskette, aber zwei oder drei schlechte Quartale bringen das Unternehmen an den Rand des Ruins. Die beste Methode, um Selbstgefälligkeit zu verhindern, besteht darin, die Entfernung zwischen dem Laden und den Leuten zu verringern, die darüber entscheiden, was dort passiert. Heutzutage ist es eine äußerst kluge Management-Entscheidung, den Geschäftsführern in den Läden mehr Verantwortung und Autorität zu geben. Die Männer in Vorständen und Aufsichtsräten müssen den Geschäftsführern irgendwie beibringen, was sie tun müssen, damit ein Laden wirklich den Kunden dient. Im letzten Jahr habe ich den meist männlichen Managern von Wal-Mart gesagt, ich könne das Geschlecht des Geschäftsführers in einem Laden allein dadurch bestimmen, dass ich mir anschaute, wie lange die Damen-Umkleidekabinen nicht frisch gestrichen wurden. Ich weiß nicht, ob ich dafür verantwortlich bin, aber während der letzten sechs Monate ist mir aufgefallen, dass viele Umkleidekabinen von Wal-Mart frisch gestrichen wurden.

Trotz allem, was uns die Psychologie des Konsums lehrt, stellen wir immer wieder fest, dass es Platz für kreative Händler gibt, die sämtliche Lehrbücher ignorieren und sich nicht an Regeln halten. In Toronto ging ich in ein etwa 37 Quadratmeter großes Geschäft namens No.6. Auf winzigem Raum verkaufte die Besitzerin Hüte, Kleider, Schmuck, Handtaschen, Schuhe, Halstücher und Musik. Das Mobiliar stammte aus einem der Läden der Heilsarmee. Das Geschäft ist einfach großartig, ein Triumph der Energie über räumliche und finanzielle Beschränkungen. Es fällt schwer, in diesen Laden zu gehen und nichts zu kaufen. Ein anderes Beispiel: Man glaubt immer, es sei eine der Grundregeln des Einzelhandels, dass Kunden in der Lage sein sollten, den Namen eines Geschäfts auszusprechen. Aber ein Freund von mir besitzt einen sehr erfolgreichen Laden mit dem Namen Mxyplyzyk, ein Wort, das man in keiner Sprache der Welt aussprechen kann und das von einer eher unbekannten Figur aus den Superman-Comics stammt. Der Laden ist mit allen möglichen Produkten voll gestopft, von Armaturen fürs Badezimmer bis zu Büchern, und die Preise variieren enorm. Die Kasse ist primitiv und die Rechnungen werden von Hand geschrieben. Aber ich kann Kevin, dem Besitzer, absolut nichts übers Verkaufen beibringen – er hat einen Laden nach seinen eigenen Vorstellungen geschaffen und es sieht so aus, als mache ihm das viel Spaß. Trotz aller Wissenschaft, die wir predigen, ist uns doch klar, dass jemand auch auf andere Art erfolgreich sein kann.

Als berufsmäßige Beobachter haben wir eine merkwürdige Rolle im Handel. Ich mache mitunter Witze darüber, dass ich die einzige Person im Einzelhandel bin, die begeistert ist, wenn sie einen Ladendieb entdeckt. Wir sind nämlich in der Lage, Heisenbergs Unschärferelation zu widersprechen und Leute in Geschäften zu beobachten, ohne ihr Verhalten zu verändern. Zu meinen lebendigsten Erinnerungen gehören solche an Ladendiebstähle. Ich entsinne mich, dass ich auf einem Videofilm eine gut gekleidete ältere Dame an der Parfümerietheke von Filene's in der Washington Street in Boston entdeckte. Sie schickte die höfliche Verkäuferin mehrfach in entfernte Ecken der Abteilung, während sie ihre Einkaufstüte mit Parfümflaschen füllte, die auf der Theke standen. Es ist tatsächlich so, dass wir häufig gut gekleidete Ladendiebe sehen, die einen Artikel kaufen und einen anderen klauen. In einem Drogeriemarkt in Spartanburg, South Carolina, entdeckten unsere Feldleute in verschiedenen Ecken und Winkeln einzelne (saubere) Windeln. Sie fanden die Lösung des Rätsels, als sie eine Kundin beobachteten, die einen großen, halb leeren Windelkarton mit Gläsern voll teurer Kopfschmerztabletten füllte. Die Hauptperson des kläglichsten Ladendiebstahls, den wir beobachteten, war ein Vater, der einen Schraubenzieher in den Windeln seines schlafenden Babys versteckte.

Unsere Arbeit ist genau wie die der Besatzung von Star Trek – wir beobachten und berichten, aber wir greifen nicht ein. Die Privatsphäre der Menschen, die wir filmen, wird gewahrt, damit unsere wirkliche Zielgruppe, die einkaufenden Konsumenten, nicht das Vertrauen in uns verlieren. Da meine ursprüngliche Forschungsarbeit an der Seite von Verbraucherschützern begann, bin ich sehr empfindlich, was das Eindringen in die Privatsphäre anderer bei unserer Arbeit betrifft. Ich war entsetzt, als einer der ersten Zeitschriftenartikel, der über Envirosell erschien, uns als »Spione im Supermarkt« bezeichnete. Wir alle akzeptieren die Techniken der sozialwissenschaftlichen Feldarbeit, wenn sie dazu verwendet werden, um einen ländlichen Marktplatz in Papua Neuguinea zu studieren. Warum sollte dann ein anderer Maßstab an unsere Untersuchungen eines Einkaufszentrums in Minnesota angelegt werden? Auf jeden Fall weiß die Psychologie des Konsums deutlich weniger über individuelle Konsumenten als der durchschnittliche Direktmarketing-Berater, der ruck, zuck den Namen, die Anschrift, die Telefonnummer, den Familienstand und die Schufa-Daten für jeden Amerikaner zur Verfügung haben kann.

Ein paar Kollegen haben mich gewarnt, dass ich durch das Schreiben dieses Buches das Risiko einginge, alle unsere Geheimnisse zu verraten – ein Unternehmen könnte diese Lektionen lesen und dann darauf verzichten, uns anzustellen. Aber dieses Buch ist nur der erste Schritt in eine bestimmte Richtung. Ein Geschäft, das seinen Kunden die nötige Aufmerksamkeit schenkt, wird wahrscheinlich schon eine Menge von dem praktizieren, was ich in diesem Buch schildere. Viele unserer Kunden sagen uns, dass unsere Arbeit eine Bestätigung dessen sei, was sich das Unternehmen ohnehin schon dachte. Es ist für uns immer befriedigender, für Firmen zu arbeiten, die bereits auf dem richtigen Dampfer sind. Die andere generelle Beobachtung ist die, dass unsere Empfehlungen meistens eher der Feinabstimmung dienen als einer grundsätzlichen Kursänderung. Es ist wirklich so: Man kann eine Hinweistafel einen halben Meter weiter rücken oder ein Warenregal marginal anders ausrichten und damit das Geschehen an der Kasse deutlich verändern. Wenn man in einem Geschäft ein Dutzend kleine Änderungen vornimmt, dann hat man die Gesamtsituation mitunter enorm verbessert. Wie ich gerne zu sagen pflege: In einer Welt, in der sich das Marketing auf Strategien konzentriert, wird die Taktik häufig ignoriert.

Im ersten Kapitel habe ich als ein Beispiel erwähnt, dass die Kosmetikabteilungen in Drogeriemärkten nur unzureichend auf die Bedürfnisse älterer Frauen eingehen, denn wenig auffällige Produkte wie Abdeckstifte werden in Bodennähe aufbewahrt, was Kunden mitunter wirklich in die Knie zwingt. Wir hatten auf unseren Videokassetten sogar Aufnahmen von Kunden, die kriechen mussten, um sich diesen Bereich anschauen zu können – die Bilder waren eindeutig und verfehlten meiner Meinung nach nicht ihre Wirkung. Heute sind Kosmetikabteilungen dahin gehend geändert worden, dass sie auch älteren Kunden Rechnung tragen. Bestimmte Artikel werden nun einen halben Meter höher platziert, was für die Kunden wesentlich bequemer ist und sich in den Abverkäufen widerspiegelt.

Die Tatsache, dass eine kleine Änderung eine große Verbesserung bringen kann, sollte niemanden überraschen. Schließlich basiert jede Wissenschaft im Großen und Ganzen auf der Untersuchung von kleinen Unterschieden. Grundsätzliche Wahrheiten werden auf diese Weise entdeckt. Charles Darwin vermaß die Länge der Schnäbel von Vögeln, was selbst in unseren Augen Kleinarbeit ist. Aber aus seinen Untersuchungen resultierte eine grundlegende Änderung der Theorie über das Verhalten von Lebewesen und die Gründe dafür, warum manche überleben und andere nicht. Die wichtigste Entdeckung Darwins scheint einfach auf gesundem Menschenverstand zu basieren – der Gedanke, dass die erfolgreichen Organismen diejenigen sind, die sich am besten an ihre Umgebung anpassen. In Geschäften passiert etwas Ähnliches, nur dass sich im Einzelhandel die Umgebung dem Organismus anpassen muss, und nicht umgekehrt.

Vor zwanzig Jahren habe ich geglaubt, es würde uns gelingen, eine lebensfähige Handelswissenschaft zu begründen, wenn wir nur genügend Beweise dafür sammeln könnten, dass eine Verbindung zwischen dem einfachen Zugang zur Ware und dem daraus resultierenden Gewinn besteht. Ich bin Realist genug, um zu wissen, dass jede Verbesserung für die Gesellschaft, die sich wirtschaftlich lohnt, eine gute Chance hat, angenommen zu werden, und dann grenzenlose Möglichkeiten bietet.

Danksagung

Ohne die harte Arbeit, den Fleiß und die Intelligenz von Bill Tonelli wäre dieses Buch niemals zustande gekommen. Als Zuhörer, Interviewer, Organisator, Lektor und Schriftsteller ist weder seine Geduld noch sein Interesse je erlahmt. Während dieses Projekt lief, wechselte er seinen Arbeitsplatz und sein Sohn wurde geboren, aber er hatte immer ein freundliches Lächeln, ein gutes Wort und eine positive Einstellung. Die Perspektive, aus der ich Envirosells Arbeit während der letzten zwanzig Jahre gesehen habe, ist durch die Arbeit mit Bill an diesem Projekt geformt worden.

Während der letzten beiden Jahre sind Glen Hartley und Lynn Chu meine Agenten und meine Freunde gewesen. Beide gehören zu jenen seltenen Menschen, die sich dem Denken, der Wahrheit und der Verehrung des geschriebenen Wortes widmen. Ich bin ihnen dankbar für ihre Hilfe bei der Konzeption und beim Schreiben dieses Buches.

Alice Mayhew und Elizabeth Stein vom Verlag Simon & Schuster haben mich zu diesem Werk ermutigt und begleiteten das Buch bis zu seiner Vollendung. Ohne ihren Einsatz wäre das letzte Jahr für mich viel schwieriger gewesen.

Nur wenige Karrieren und ganz gewiss kein Unternehmen kann man ohne die Hilfe von anderen aufbauen. Envirosell kann sich glücklich schätzen, dass es uns im Laufe der Jahre gelungen ist, einen harten Kern von so genannten Botschaftern zu gewinnen – Menschen, die mit unserer Arbeit in Berührung kamen und die uns von ganzem Herzen unterstützten. Ich möchte einigen von ihnen für ihre Hilfe danken.

Richard Kurtz gab mir ein Zuhause und lehrte mich die Grundlagen der Forschungsarbeit. Richard leitet immer noch ein kleines Marktforschungsinstitut in New York.

Alexandra Anderson Spivey trieb mich voran und schützte mich. Als Kunstkritikerin, Autorin und Beobachterin der Gesellschaft brachte sie mir bei, wie man in einer Großstadt überlebt. Man kann sich keine bessere Anwältin und großzügigere Freundin wünschen.

Bonnie Predd sprüht nur so vor Leben. Sie hat viel Humor, ein großes Herz und einen klaren Verstand. Wir haben sie bei ihrer Karriere begleitet, von Waldenbooks zum U.S. Post Office und zur NationsBank.

Cal Mann begann seine berufliche Karriere als Fischer im Golf von Alaska. Als Besitzer von Walden Partners, einer PoP-Agentur, hat er für uns die Köder ausgelegt.

Mitch Wolf widmet sich mehreren Taco-Bell-Franchise-Läden an der Küste Kaliforniens. Er joggt, fährt Rad und trainiert Kinder in einem Baseball-Team. Ich kann mich an ihn erinnern, als er noch einen Nadelstreifenanzug trug und sein Wharton MBA wichtig war, als er Marketingwissen vermittelte und gute Ratschläge erteilte.

John Ryan ist von den guten Menschen, die ich kenne, derjenige mit dem meisten Glück. Seine Firma hat das Bankgeschäft mit Privatkunden auf der ganzen Welt verändert. Sein freundlicher Umgangston und seine Wärme sind ein Zeichen von Tugenden, die man nicht oft mit immens erfolgreichen Geschäftsleuten verbindet.

Peter Hoyt ist der Herausgeber der *PoP Times*, der führenden Spezialzeitschrift für die Merchandising-Welt. Er hat sich unermüdlich für Envirosell eingesetzt und uns auf Menschen und gute Ideen aufmerksam gemacht. Ich möchte ihm auch dafür danken, dass er einer der ersten Leser dieses Buches war.

Peter Katz kam in mein Leben, als mein Geschäft noch ziemlich ziellos und chaotisch war. Ohne seine Ermutigungen hätte ich mich niemals auf diese Reise begeben.

Charlene Stern leitet eine Marketing-Agentur für Banken in Berkeley. Als sie die Leiterin der Merchandising-Abteilung bei der Wells Fargo Bank war, hörte ich, wie hart und fordernd sie sein könne. Ich bin dankbar, dass sie von unserer ersten Begegnung an verstand, was wir zu erreichen versuchten.

Doug Leeds ist der Präsident von Thomson-Leeds, einer der weltweit führenden Merchandising-Firmen. Sein Charme und seine Unterstützung haben mir im persönlichen und beruflichen Leben immer viel bedeutet. Da er einer der Veteranen im PoP-Geschäft ist, waren seine Unterstützung und sein Rat unschätzbar wichtig.

Wendy Liebmann ist die Direktorin von WSL Strategic Retail. Sie ist eine der klügsten und witzigsten Marktforscherinnen, die ich kenne.

James Lucas ist der Marktforschungsdirektor bei Frankel & Company, der Werbeagentur von McDonald's in Chigaco. Wenn sich Kunden zu Freunden entwickeln, sollte das behutsam geschehen. Jim ist wie ich dem akademischen Leben entflohen und seine Fähigkeit, all unsere Möglichkeiten zu sehen, hat unseren Horizont erweitert.

Wilton Connor inspiriert. Seine Verpackungsfirma in Charlotte ist ungeheuer beeindruckend. Durch sein Beispiel habe ich gelernt, mutig zu sein und meinem Instinkt zu vertrauen.

Giusi Scandroglio ist meine Geschäftspartnerin in Mailand. Ihre Freundschaft und Gastlichkeit gehen weit über das hinaus, was man aufgrund guter Manieren und guter Geschäftsbeziehungen erwarten würde; bei ihr habe ich mich immer als Teil der Familie gefühlt. Ihre Innovationen und Vorschläge hinsichtlich unserer Methoden und Praktiken haben sich als äußerst fruchtbar für unsere Entwicklung erwiesen.

Alberto Pasquini ist der Präsident von PoPAI Italia und Partner bei Creativity, einer bedeutenden europäischen Designagentur. Seine unermüdliche und beständige Hilfe hat zur Errichtung unseres italienischen Büros geführt.

Jean Pierre Baade ist eine Autorität, was die Geschichte des Merchandising in Frankreich betrifft. Er ist außerdem der Besitzer einer Design- und Marketingagentur in Straßburg. Seine Unterstützung war für unsere europäischen Bemühungen sehr wichtig.

José Luis Nueño ist Marketingprofessor bei IESE, der Hochschule für Managementstudien in Barcelona. Sein Urteil und Wissen über europäische Geschäfte und den europäischen Einzelhandel waren von unschätzbarem Wert.

Es gab noch viele andere Helfer: Carol White von der Advertising Research Foundation, Joel Granoff bei Compaq, James Adams und Lisa Hudson bei Retail Concepts, Carrie Strader bei Hewlett-Packard, Robert Gorrie von Gorrie Marketing Services in Kanada, John Lombardi von Revlon, Margo Weitekamp bei Neutrogena, Carmen Spofford bei Federated, Allen Klose von Blockbuster, Pam Horwitz bei NARM und Jed Horowitz bei Video Pipeline und wahrscheinlich eine Menge andere, die ich versäumt habe, namentlich zu erwähnen.

Die Medien waren sehr freundlich und haben uns viel Aufmerksamkeit geschenkt. Malcolm Gladwell vom *New Yorker* schrieb eine geradezu peinlich schmeichelhafte Ge-schichte über Envirosell und mich, die, was sicher jeden überraschen wird, »Die Psychologie des Konsums« betitelt war. Von den Herausgebern des *New Yorker* haben David May und Patti Renton uns unterstützt. Ebenfalls unterstützt wurden wir von Cathy Black bei Hearst Publications; Kate White, der Herausgeberin von *Cosmopolitan*; Kathy O'Connell und Mary Noonan von *48 Hours*. Eine ganze Reihe von Leuten von National Public Radio und viele andere haben uns Verständnis und Interesse entgegengebracht.

Eric Larson schrieb das erste Profil von Envirosell für das *Smithsonian Magazine*. Nachdem mein Vater Erics Artikel gelesen hatte, sagte er mir, endlich verstehe er, womit ich meinen Lebensunterhalt verdiene. Schon allein dafür bin ich dankbar.

Ohne Freunde und Familie ist kein Leben vollkommen. Meine Freundin, Sheryl Henze, war geduldige Leserin und Lektorin. Jeff und Christine Hewitt, Rip Hayman und Barbara Pollitt haben mich unermüdlich angefeuert, genauso wie Francis, Savie und Lisa Underhill.

Ich erfülle jetzt endlich ein Versprechen, das ich vor fünfundzwanzig Jahren gegeben habe, und möchte mich bei Paula Kartus bedanken. Ich hoffe, dir ist es seither gut ergangen.